Roberto C.
Provenzano

Il linguaggio del *cinema*

Significazione e *Retorica*

INDICE

INTRODUZIONE

> Comme l'eau, comme le gaz, comme le courant électrique viennent de loin dans nos demeures répondre à nos besoins moyennant un effort quasi nul, ainsi serons-*nous alimentés d'images visuelles ou auditives, naissant et s'évanuissant au moindre geste, presque à un signe.* (...) Je ne sais si jamais philosophe a rêvé d'une société pour la *distribution de Réalité Sensible à domicile.*
> [Paul Valéry, 1934]

Era il lontano 1934 quando Paul Valéry – poeta, saggista, pensatore, ma anche studioso di Leonardo Da Vinci, che considerava lo spirito universale capace di coniugare insieme il razionale e l'estetico[1] – scriveva queste parole profetiche[2] nelle quali non è difficile riconoscere, a posteriori, una precisa descrizione della *televisione* che, poeticamente ma efficacemente, chiama *distribuzione della realtà sensibile a domicilio* e del *telecomando* (*presque à un signe*).

Paul Valéry intuì, quindi, con grande anticipo che la comunicazione audiovisiva era destinata a diventare quotidianità e a sostituire – come sta progressivamente avvenendo – gran parte della comunicazione scritta. Perché ciò stia avvenendo non è forse difficile da capire. Se la fotografia aveva dato all'uomo la possibilità di "salvare l'essere mediante l'apparenza" [Bazin, 1979, p. 3], la possibilità cioè di trasportare nello spazio e nel tempo l'immagine delle persone e delle cose; se a questa il cinema ha aggiunto la capacità di riprodurre e *imbalsamare* il movimento ed il tempo [*ibid.*]; e se, già prima del cinema, il telefono e la radio avevano permesso la trasmissibilità del

1. Cfr. Valéry Paul, *Introduction à la méthode de Léonard de Vinci*, 1895.
2. Il primo a scoprirlo è stato Walter Benjamin che in *L'opera d'arte nell'epoca della sua riproducibilità tecnica*, [1966, p. 21, 11ma edizione, 1980] riporta la prima parte della nostra epigrafe, ed esattamente: "Come l'acqua, il gas o la corrente elettrica entrano, grazie a uno sforzo quasi nullo, provenendo da lontano, nelle nostre abitazioni per rispondere ai nostri bisogni, così saremo approvvigionati di immagini e di sequenze di suoni che si manifestano a un piccolo gesto, quasi un segno, e poi subito ci lasciano".

suono e accorciato progressivamente, fino ad annullarlo, il lasso temporale che intercorre fra il verificarsi di un evento e l'informazione ad esso relativa; la televisione oggi riesce a riunire in un solo medium tutte quante queste possibilità e – arrivando gratuitamente o quasi nelle case e non richiedendo particolari sforzi attivi per la partecipazione/fruizione – si impone come il principale strumento di comunicazione di massa.

In questo panorama c'è da chiedersi però se i fruitori – cioè i *destinatari* della comunicazione – abbiano un'effettiva competenza (grammaticale, sintattica e culturale) per decodificare correttamente il linguaggio audiovisivo e quale possa essere, nel lungo periodo, l'effetto sociale di un linguaggio che, fondamentalmente, viene utilizzato solo in forma passiva.[3] Certo è possibile pensare che il continuo uso, dovuto al bombardamento d'immagini cui si è sottoposti, porti ad una "naturale" grammaticalizzazione del linguaggio audiovisivo, ad un apprendimento cioè per pura deduzione. È vero peraltro che al suo apparire il linguaggio cinematografico venne chiamato *pasigrafia*, cioè linguaggio universale comprensibile da tutti, letterati e analfabeti, proprio perché faceva uso delle immagini, ma è veramente così? Il linguaggio (audio)visivo è davvero universalmente intelligibile? E lo è per tutti allo stesso modo? O dipende – come quasi tutti gli aspetti della vita – dalle competenze linguistico-culturali del singolo?

Il linguaggio audiovisivo è molto seducente perché è insito in esso, come proprietà inalienabile, un *effetto di realtà*, che si esplica nella "naturale" propensione dello spettatore ad assumere come "duplicato" della realtà ciò che le immagini mostrano.[4]

Ciò poiché "Qualunque sia l'avvenimento meraviglioso che si produce sullo schermo, lo spettatore ne diviene testimone ed è come se vi partecipasse [...] nello stesso momento in cui comprende-coscientemente il carattere irreale di ciò che gli passa davanti, lo percepisce

3. Nonostante il sempre più massiccio diffondersi di telecamere e videoregistratori "consumer", non si può, infatti, dire che il linguaggio audiovisivo venga utilizzato in modo "attivo", se non in una forma – film di vacanze, matrimoni, battesimi, ecc. - per qualche verso paragonabile ad una comunicazione diaristica, cioè rivolta a se stessi.

4. Così come fanno – in *Les carabiniers* (t.l. I carabinieri, 1963) di Jean Luc Godard – due contadini-soldati che, vedendo sullo schermo una donna dentro una vasca da bagno, si arrampicano sul telone convinti di poter ammirare le sue nudità se la loro testa supererà l'altezza dell'orlo dell'immagine della vasca.

emozionalmente come un avvenimento reale".[5] Come ha rilevato Christian Metz [1980] questa propensione dello spettatore è dovuta a quel contraddittorio atteggiamento psichico che Freud ha chiamato *denegazione* (o negazione che afferma) che sospende temporaneamente la nostra razionalità e ci permette di comportarci "come se" credessimo anche nei confronti di qualcosa che pure sappiamo irreale, di vivere cioè le immagini in movimento su uno schermo/monitor in modo allucinato, come se fossero presenze reali pur sapendo che si tratta di fantasmi incorporei.

È questo un effetto *perverso* della comunicazione audiovisiva da sempre sotto analisi dei sociologi delle comunicazioni di massa preoccupati che l'immagine possa essere letta e decodificata come un sostituto effettivo della realtà, giacché fra la realtà e la sua rappresentazione in immagine c'è uno scarto ineliminabile, una distanza incolmabile che fa sì che la realtà non sia mai "conoscibile" per mezzo di una sua icona.

In effetti, l'immagine – fotografica o cinematografica o televisiva che sia – può essere tanto "neutrale", vale a dire documentativa e veritiera, quanto assolutamente falsa e bugiarda. Può registrare e ripresentare in modo "innocente" fatti, eventi e sembianze del mondo fenomenologico, ma può anche manipolare la realtà, o "inventarla", vale a dire costruirla ex-novo. È questa una duplicità insita nelle possibilità d'utilizzo del mezzo e, di solito, richiamata dagli storici nell'opposizione "Cinema dei Lumière/Cinema di Méliès". I primi (oltre che, ovviamente, inventori del mezzo) intesi come epigoni del cinema documentativo e veritiero per i loro film-inquadratura che "documentavano" l'arrivo di un treno in una stazione o l'uscita degli operai dalla fabbrica ecc.; il secondo come primo campione del trionfo della fantasia e del fantastico cinematografico per i suoi visionari film come *L'homme orchestre* (*L'uomo orchestra*, 1900) o *Le voyage dans la lune* (*Viaggio sulla luna*, 1902) ecc.

Se però si trattasse di vera opposizione, se cioè le due possibilità fossero reciprocamente alternative ed autoescludenti, forse non esisterebbe problema. La preoccupazione nasce invece, per un verso, dal fatto che le due possibilità possono essere compresenti e indistin-

5. Lotman Juri, [1977, p. 23]. Sull'argomento si vedano anche (fra gli altri): Metz Christian, [1968, pp. 13-24]; Morin Edgar, [1982. pp. 32-41]; Calabrese/Volli [1983, pp. 14-17].

guibili e, per l'altro, dal fatto che l'immagine è comunque e sempre incommensurabile con la realtà che raffigura e, al di là delle possibilità più o meno subdole di manipolazione/falsificazione, che dipendono dall'uso che si fa del mezzo,[6] l'aspetto che maggiormente preoccupa è proprio quest'ultimo, in quanto è insito nel medium.

Dall'avvento della fotografia, tutti i diversi settori della nostra cultura (filosofia, psicologia, fisiologia percettiva ecc.) si sono preoccupati di mettere sull'avviso contro questo pericolo. Lo ha fatto anche – in modo ovviamente provocatorio – il pittore surrealista Magritte, il quale ha aggiunto ad alcuni suoi celebri dipinti riproducenti una mela e una pipa le maliziose didascalie *Ceci n'est pas une pomme/pipe* (rispettivamente), intese a richiamare la nostra attenzione sul fatto che il mondo che vediamo in immagine non è la realtà, bensì il suo significato (metaforicamente) spostato su un altro significante (vedi foto 1).

Nonostante tutti gli avvisi, però, il pericolo non è scomparso e, ovviamente, l'insidia è diventata più preoccupante con l'avvento e il diffondersi della televisione come mezzo di comunicazione di massa. Non sono stati pochi coloro che nel passato accusarono la televisione dei peggiori crimini: si sostenne che rimbecilliva ed ideologizzava, che rendeva gli uomini uguali sì, ma al livello più basso, e la si chiamò "oppio dei popoli". Tutto ciò proprio perché si temeva – e ancora si teme – che l'uomo comune, lo spettatore non educato, non abbia competenze adeguate per distinguere fra realtà e sua immagine e non sappia quindi decodificare correttamente i messaggi audiovisivi. In questo caso c'è il grave rischio che lo spettatore risulti molto "influenzabile" (se non addirittura condizionabile) e che perda così

6. Con buona probabilità, la prima dimostrazione cinematografica di questa possibilità di manipolazione della "verità" è dell'acuto e geniale comico Buster Keaton. Nel suo ammirabile *The Cameraman* (*Io e la scimmia*) del lontano 1928, egli, nel finale, mette in scena la capacità documentativa del cinema mostrando come anche un'innocente e ignara scimmietta possa usare la cinepresa per registrare la "verità" di un avvenimento (azionata dalla scimmietta a insaputa di Buster, la cinepresa registra infatti che a salvare la protagonista del film è stato Buster e non il suo rivale in amore), ma, in precedenza, aveva anche messo in scena un cinereporter che interveniva sulla realtà che deve documentare falsandola (nel corso di una battaglia fra bande cinesi rivali, lo stesso Buster fornisce un coltello ad uno dei contendenti quando si accorge che, per mancanza di armi, la battaglia sta scemando e rischia di spegnersi).

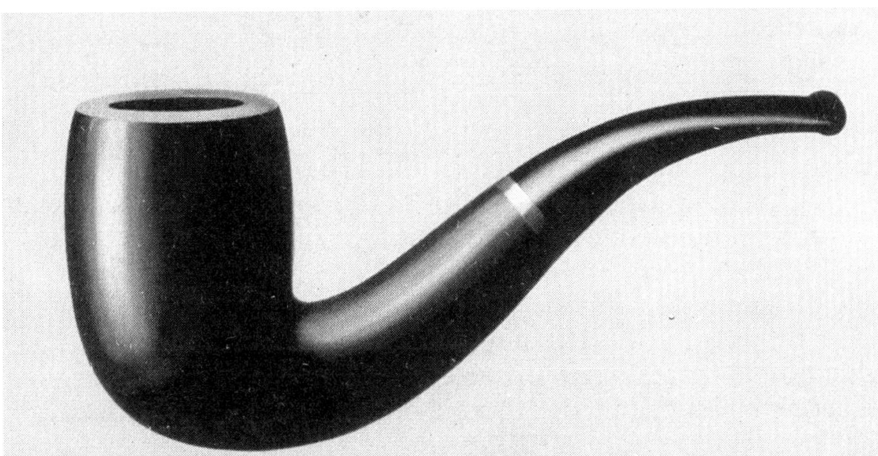

Foto 1

la propria capacità di discernimento e di arbitrio, in una parola, la propria *libertà*.[7]

Nel corso degli anni la demonizzazione della televisione è diminuita in seguito alla verifica dei suoi reali effetti e per la crescente abitudine alla sua presenza nella quotidianità. Tutto ciò ha favorito riflessioni più ponderate e opinioni meno radicali e sconfortanti,[8] ma il dibattito, ancor oggi, non solo non è concluso (perché non potrà mai esserlo), ma nemmeno equilibrato e/o sereno. Le preoccupazioni riguardano principalmente il controllo delle "fonti" (pubbliche o private che esse siano), cioè il rilevante potere di chi possiede gli strumenti per comunicare tramite dei media, ma anche la relativa *naiveté* linguistica dell'uomo comune (e non solo di quello) che non è adeguatamente conscio del fatto che "il *medium* è il messaggio" [Cfr. McLuhan Marshall, 1977], del fatto cioè che ogni medium ha proprie leggi e propri codici che ne strutturano il linguaggio tanto da far cambiare significato al messaggio a seconda del medium utilizzato.

È questo un campo d'indagine precipuo della sociologia delle comunicazioni nel quale non ci si vuole addentrare. Per nostra parte si intende invece limitarsi ad analizzare e descrivere il linguaggio degli audiovisivi per cercare di comprenderne le particolari forme comunicative. Ciò al fine di favorire l'acquisizione di competenze che possano permettere una migliore interazione con i testi audiovisivi, in particolare con quelli narrativi e, eventualmente, se si vorrà, tentare anche un uso "attivo" di questo linguaggio tanto semplice e seducente all'apparenza, ma, in effetti, difficile e complesso.

A tal fine si è cercato di contemperare e compenetrare, per quanto possibile, il punto di vista dell'analista con quello di colui che debba (o voglia) accingersi alla complessa costruzione di un testo audiovisivo. Per questo, le categorie d'analisi teorica sulle particolari caratteristiche comunicative dell'immagine e quelle relative alla struttura significante del testo narrativo sono state compendiate da una breve e succinta descrizione delle forme organizzative della produzione e

---

7. Sull'argomento si veda il capitolo sulla teoria "ipodermica" in: Wolf Mauro, *Teorie della comunicazione di massa*, [1985. p. 16 e seguenti].

8. Non sono mancate neppure opinioni sugli effetti positivi della televisione. Si ricorderà, ad esempio, che Pier Paolo Pasolini asserì provocatoriamente – ma non troppo – che la televisione *laicizzando* la visione del mondo degli italiani aveva favorito la vittoria dei divorzisti in occasione del Referendum relativo.

da apporti "manualistici" relativi ai problemi tecnico-linguistici da affrontare sul set.[9]

Per concludere, occorre infine notare che questo testo nasce da un'esperienza di insegnamento più che decennale, in varie situazioni didattiche, istituzionali e non, che hanno permesso di rilevare che il livello di partenza degli studenti in questo ambito è estremamente eterogeneo e che per ogni concetto presentato c'è sempre qualcuno che necessita di nozioni di base o, al contrario, di approfondimenti. Per rispondere a tali esigenze, si è arricchito il testo di note esplicative che, di volta in volta, cercano o di fornire nozioni basilari a chi non le possiede o informazioni aggiuntive atte a stimolare approfondimenti ulteriori.

9. Va comunque specificato che queste parti sono state inserite solo a chiarificazione dei presupposti d'analisi teorica e che in nessun modo possono essere considerate totalmente sostitutive di "manuali" di organizzazione della produzione e/o di *grammatica filmica*. Per questi argomenti si rimanda ai testi indicati in bibliografia e, in particolare, a: Arjon D. [1986]; Reisz K.-Millar G. [1953, riedit. Butterworth & Co., London, 1981 con un'integrazione di Gavin Millar. Trad. it. *La tecnica del montaggio cinematografico*, SugarCo, Milano, 1983.

LINGUAGGIO VISIVO E LINGUAGGIO PARLATO/SCRITTO: UN CONFRONTO

Felice per la sua promozione, Roberto decide di festeggiare insieme a Maria, la sua ragazza. Questa frase, che si potrebbe leggere in un qualunque romanzo o racconto, in poche semplici parole, fonde in un unico enunciato un evento passato (Roberto è stato promosso), uno presente (prende una decisione) e uno probabile in futuro (festeggerà insieme a Maria) e c'informa contestualmente sullo stato d'animo della persona in un determinato momento della sua vita, sulle cause che l'hanno motivato, sulle sue intenzioni di un fare futuro e su una sua relazione affettiva con un'altra persona.

Si può notare con facilità, che la lingua parlata/scritta ha un'estrema capacità di sintesi che non è riscontrabile in alcun altro tipo di linguaggio. Capacità che gli è data dall'esistenza di "segni" (parole), che possono esprimere concetti astratti e dalla possibilità di esprimere il "tempo" per mezzo della coniugazione dei verbi. Se ci si prova a pensare a come comunicare lo stesso messaggio della frase citata utilizzando il linguaggio audiovisivo, ci si accorge subito che l'operazione si dimostra più difficile e complessa di quanto si potesse supporre a prima vista. Nel linguaggio audiovisivo non esistono, infatti, verbi che possano essere coniugati per esprimere compiutamente e con facilità il "tempo" dell'azione, né immagini che da sole possano rendere concetti astratti e/o stati d'animo. Che fare? Si vedrà in seguito (vedi: *Scaletta, Trattamento* e *Sceneggiatura*) che il problema non è irrisolvibile, ma che anzi esisteranno infinite possibilità. La difficoltà, immediatamente evidente, suggerisce però che, prima di iniziare ad analizzare nel concreto il linguaggio audiovisivo, sia opportuno richiamare alcuni concetti base di *Semiotica (o Semiologia)* per una breve riflessione sull'essenza dei "segni iconici" per mezzo dei quali il linguaggio audiovisivo comunica e per un confronto con i segni delle lingue naturali.

1. SEMIOTICA DELL'AUDIOVISIVO

La *Semiotica* (o *Semiologia*) è la scienza dei segni[10], cioè la scienza che studia le modalità generali con cui gli esseri umani comunicano scambiandosi segnali – appunto i "segni" – portatori di significati. Competenza della Semiotica è quindi lo studio della relazione fra *segno* e *significato,* nonché dei modi in cui noi usiamo i segni, combinandoli per mezzo di regole chiamate "codici".[11]

1.1. Segno: significante e significato

Secondo la definizione di Peirce, un segno "è qualcosa che sta per qualcuno in luogo di qualcos'altro, sotto qualche aspetto o capacità".[12]

Segno è cioè qualunque manifestazione acustica o grafica, qualunque oggetto, fatto, evento, stimolo fisico o intellettuale o psicologico, ecc., che assuma un significato comunicativo per il nostro cervello. Le nuvole, ad esempio, sono un fenomeno atmosferico, ma nel momento in cui qualcuno ne nota la forma (leggera/ stratificata/ a cirri/ compatta e spessa, ecc.) e il colore (azzurro chiaro/ rosa/ grigio chiaro o scuro) e cerca di interpretare questi dati per trarne previsioni sul tempo; in quel momento le nuvole diventano un "segno".

Ogni segno consta di due diverse entità, distinte e identificabili, ma – come dice Saussure [Cfr. 1916] – inscindibili come le due facce di uno stesso foglio: il *significante* (*Sn*) e il *significato* (*St*). Il *significante* è la manifestazione fisica del segno, vale a dire l'espressione fonica o grafica di una parola, o un oggetto, un disegno, una foto, ecc., mentre il *significato* è, come dice ancora Saussure, una "entità psichica" immateriale, il valore semantico che si attribuisce al segno.

10. Schematizzando si può dire che la Semiotica si divide in tre grandi settori di studio: la *Semantica*, che studia l'organizzazione interna del sistema del significato; la *Sintattica* (o *sintagmatica*), che studia le regole di connessione reciproca delle unità del messaggio; la *Pragmatica*, che studia l'uso che viene fatto delle formule nelle situazioni comunicative concrete.

11. Come si vedrà più avanti, il "codice prevede un repertorio di simboli, le regole di combinazione fra tali simboli e le regole di corrispondenza fra simboli e significati". Calabrese-Mucci [1975, p. 154].

12. Cfr. Peirce C. S. [1931-1935] e Eco Umberto [1982, p. 26].

Esistono vari tipi di segni: naturali (es.: i fenomeni atmosferici), indicativi o indessicali (la cenere è ad esempio segno che v'è stato un fuoco), sintomatologici, onomatopeici, ostensivi (oggetti che vengono usati come significanti del proprio significato), ecc. In linea generale, tutti i diversi tipi di segno sono interessanti da studiare (in particolare quelli ostensivi) in quanto il cinema li utilizza ampiamente, ma – considerando che li trasforma tutti in immagini, cioè in segni iconici – nel contesto più ristretto di questi brevi richiami di semiotica, non interessa tanto una classificazione esaustiva della tipologia dei segni (per la quale si rinvia ai testi di Semiotica), quanto, in particolare, un confronto fra i segni *arbitrari*, cioè i segni delle lingue naturali e i segni *iconici*, cioè i segni costituiti da immagini, siano esse fotografiche che grafiche.

1.1.1. Segni arbitrari vs. segni iconici

I segni che costituiscono le lingue sono detti *arbitrari* giacché non c'è alcun legame "naturale" fra il significante e il significato, bensì un legame *convenzionale e arbitrario*. Ne è prova il fatto che nelle varie lingue si utilizzano significanti grafici e fonetici diversi per indicare lo stesso significato (es.: *cane*, *chien*, *dog*, ecc. per indicare un animale a quattro zampe con una testa, una coda, di varie dimensioni, ma non troppo alto, con il corpo coperto di peli, che emette un particolare suono che chiamiamo "abbaiare", ecc.).

Altre prove evidenti di quest'arbitrarietà sono nel fatto che, dato un particolare sistema linguistico, uno stesso significante grafico/fonetico può rinviare a più significati (ad esempio, il termine italiano "venti" può intendersi sia come nome plurale di un evento atmosferico che come numero)[13] e, ancora, nel fatto che in alcune lingue lo stesso significante grafico può rinviare a significanti fonetici e a significati diversi, come nel caso dell'espressione grafica inglese *wind* che può essere letta in due diversi modi ["wind" e "waind"] che rinviano a altrettanti significati diversi (fenomeno atmosferico /verbo "avvitare" e altro).

Al contrario, nei segni *iconici* vi è invece una *relazione naturale di somiglianza* fra il significante e il significato perché il segno ci riporta,

13. Si tratta delle diverse *accezioni* che una parola può assumere.

in qualche modo, l'apparenza dell'oggetto, animale o persona cui rinvia. Più correttamente, si può dire che fra i due c'è un rapporto di "analogia", cioè un rapporto di somiglianza strutturale: un cane, la sua foto o un suo disegno hanno in comune una stessa base strutturale.[14]

Questa diversità di costituzione dei due tipi di segno non è di poco conto perché determina un loro diverso modo di significare. I segni arbitrari, come già detto, possono esprimere direttamente una categoria generale o un concetto astratto, ma non possono darci un'idea della forma dell'eventuale oggetto concreto cui rinviano. Al contrario una foto o un disegno, in qualche modo, ci restituiscono la forma degli oggetti significati, ma nel fare ciò sono costretti a mostrare una "specificità" e quindi non rinviano mai "direttamente" ad una categoria generale, anche se la implicano. Ad esempio: la foto di un cane ci riporta le fattezze di una specifica specie di quest'animale, con determinati colori e lunghezza del pelo, di una limitata grandezza, ecc.; quindi la foto rinvia sì al significato generale "cane", ma molto di più a "questo cane" e non un altro.

La relazione "naturale" esistente fra Significante e Significato non deve però far pensare che non esista arbitrarietà nella costruzione dei segni iconici. Come si vedrà parlando di connotazione, l'immagine è, in effetti, il risultato di *ciò che si sa su ciò che si vede.* Il modo cioè in cui i segni iconici sono costruiti e/o letti è, sempre e comunque, il frutto di un modo *culturale* di vedere di chi comunica e di un corrispondente modo *culturale* di leggere di chi guarda.

1.2. I livelli di significazione

Il significato di cui un segno può essere portatore non è un'unità uniforme e monolitica ma va piuttosto considerato come una struttura a più livelli.[15] Per ogni segno è possibile, infatti, distinguere fra un significato primario, che è la *Denotazione* e differenti sensi secondi; la *Connotazione*, il *Mito*, la *Metonimia* e la *Metafora*, che nascono dal contesto discorsivo in cui il segno è inserito.

14. Umberto Eco, parla invece di "contiguità" [Cfr. *op. cit.*].

15. Non bisogna confondere le diverse "accezioni" che un termine può assumere con i vari livelli di significato. Per ogni accezione, un termine può avere tutte le diverse stratificazioni di significato di cui si parla nei paragrafi successivi.

1.2.1. Denotazione

La *Denotazione* è il Significato universalmente riconosciuto al segno all'interno di una determinata cultura. Nel caso di un segno verbale, ad esempio, il significato denotato è il significato fornito dalla definizione del vocabolario.

1.2.2. Connotazione

La *Connotazione* è un *valore significativo supplementare* rispetto a quello della funzione denotativa. Contrariamente a questa, la connotazione non è però un valore di significazione oggettiva ma *implica un'esperienza soggettiva.* Infatti, un segno, pur mantenendo la sua valenza denotativa, può caricarsi di valori di significazione ulteriori che possono esprimere le emozioni e l'atteggiamento sia di chi parla ("enunciatore" o "emittente"), sia di chi ascolta ("enunciatario" o "destinatario"). Si può cioè avere connotazione di un segno sia in relazione alle modalità con le quali il codificante trasmette i suoi sentimenti e giudizi sull'oggetto del messaggio (ad esempio il vocabolo che si sceglie qualora siano possibili più sinonimi per lo stesso significato, ma anche il modo e il tono di voce con cui una persona parla), sia in relazione alle modalità pragmatiche in cui il destinatario riceve e decodifica il messaggio (ad esempio le condizioni psicologiche – triste/allegro – del destinatario quando è raggiunto dal messaggio), o le variazioni epocali e sociali (qualora si legga ad esempio un libro o si veda un film prodotto alcuni anni prima o da una cultura differente).

Alcuni esempi serviranno a chiarire il concetto. A livello di significazione denotativa non v'è alcuna differenza fra "Mia *madre* ha ottant'anni" e "Mia *mamma* ha ottant'anni", ma è evidente che la scelta della parola *mamma* indica l'intenzione del parlante di comunicarci non solo l'informazione riguardante l'età della madre, ma anche la qualità del rapporto affettivo che ad essa lo lega. La scelta fra i due termini non è indifferente[16] e dipende dalle intenzioni comunicative dell'enunciatore, che, a loro volta, possono cambiare da caso a caso (in un discorso "ufficiale" probabilmente si tenderà ad

16. Com'è noto il problema può assumere una valenza sociale quando la scelta si ponga fra termini come *nero* e *negro*, il secondo dei quali è ben connotato in senso dispregiativo e razzista.

usare la prima e più neutrale forma).[17] Allo stesso modo, l'immagine di un cane può suscitare in noi un sentimento di calore, di affetto e di dolcezza o al contrario di paura e disgusto, a seconda del tipo di rapporto che noi abbiamo con questo animale in generale, ma anche a seconda della particolare specie (c'è chi ama i piccoli Barboncini ma resta indifferente o è terrorizzato dai grossi Terranova e viceversa). È evidente che questi significati non sono insiti nel significato denotato dell'immagine e universalmente condivisi, ma dipendono dal rapporto "soggettivo" che ognuno di noi intrattiene con l'animale in questione. Essendo così intrinsecamente legati a due soggettività (Enunciatore e Enunciatario) risulta evidente che il numero dei significati connotati che un segno può assumere è praticamente infinito, perché ogni significato connotato può diventare significante di un nuovo significato connotato in una *catena* illimitata.[18]

La pluralità di significazione del segno, già a questo primo livello di distinzione fra denotazione e connotazione, pone delle immediate differenze fra comunicazione verbale e comunicazione per immagini. La natura convenzionale del rapporto fra Significante e Significato dei segni arbitrari che compongono le lingue naturali fa sì che in essi sia facilmente rilevabile la distinzione fra i due livelli di significazione (in una frase tipo: "In Italia ci sono più cani che in Francia", è chiaro che la parola "cane" in questo contesto discorsivo non contiene alcun valore connotativo particolare). Lo stesso non accade invece nei segni iconici dove, come detto, già la sola "specificità" del segno comporta un'automatica e inevitabile aggiunta di significati connotati. Inoltre, sono inscindibili dal significato denotato anche i significati connotati dovuti alla "soggettività" di chi costruisce il segno. Come detto, i segni iconici ci restituiscono, in qualche modo, l'apparenza delle persone e delle cose cui rinviano, ma quest'apparenza dipende dal "punto di vista" da cui all'oggetto si guarda e quindi, essendo i punti di vista possibili illimitati (posso fare la foto di un cane da diverse angolazioni o posso disegnarlo con un tratto più o meno stilizzato, ecc.), è evidente che altrettanto infiniti in numero potranno essere i significanti ottenibili, ognuno con sue proprie connotazioni.

Come scrive Jean Mitry, nel cinema (ma più in generale in tutti i

17. Sull'argomento si veda la teoria di Jakobson sulle *funzioni del messaggio* [1958].

18. Per un discorso approfondito sulla *catena connotativa* rinviamo ai testi di Semiotica indicati in bibliografia.

tipi di comunicazione iconica) *la connotazione non è altro che la forma assunta dalla denotazione.*[19] Cioè, nel linguaggio cinematografico il più essenziale e diretto modo di connotare è dato dalla scelta fra gli infiniti punti di vista possibili ad ognuno dei quali corrisponderà un diverso rapporto fra denotazione e connotazione. Com'è evidente, l'inscindibilità del rapporto denotazione-connotazione comporta che nei segni iconici i significati siano espressi sempre insieme ai commenti (soggettivi di chi enuncia) sui significati stessi. Queste caratteristiche differenti dei segni sono particolarmente importanti perché, come si vedrà, stanno alla base del diverso funzionamento linguistico-comunicativo del cinema rispetto alla letteratura.

1.2.3. Mito

Come detto, i significati connotati sono sensi secondi che possono essere aggiunti sia dagli enunciatori che dai singoli enunciatari (o destinatari), ma può accadere che all'interno di specifiche comunità culturali si determini un *insieme di risposte soggettive* condivise da tutti (o quasi) i membri della comunità culturale; che si crei cioè un'area di *intersoggettività* all'interno della quale alcuni sensi secondi sono riconosciuti da tutti. È questo il campo di un segno particolare che Roland Barthes ha chiamato *Mito*.

Il Mito – secondo Barthes – nasce da un insieme di segni che vengono *spogliati* del loro significato denotato e che insieme costituiscono un *nuovo segno che porta con sé significati culturali più che o prima che rappresentativi.*[20] Ad esempio, quando vediamo in televisione dei

---

19. Cfr. Mitry J. [1963]. Il testo è stato pubblicato originariamente in due volumi, ma successivamente rieditato in forma ridotta e in volume unico a cura di Benoît Pata, *Estétique et psycologie du cinéma*, Editions Universitaires, Paris, 1990.
20. "Il mito è *un sistema semiologico secondo*. Ciò che è segno nel primo sistema, nel secondo diventa semplice significante. È, infatti, opportuno ricordare che i materiali della parola mitica (lingua propriamente detta, fotografia, pittura, manifesto, rito, oggetto ecc.), per differenti che siano all'inizio e al momento in cui sono colti dal mito, si riconducono a una pura funzione significante: il mito non vi vede che un'identica materia prima; la loro unità sta nel fatto che sono ridotti, tutti, al semplice statuto di linguaggio. Si tratti di grafia letterale o di grafia pittorica, il mito vi vuol vedere soltanto un totale di segni, un segno globale, il termine finale di una prima catena semiologica. E questo termine finale, appunto, è destinato a diventare primo termine o termine parziale del sistema ingrandito che esso edifica. Tutto avviene come se il mito scalasse di un grado il sistema formale delle prime significazioni." Barthes R. [1957, 1974 p. 196].

soldati, ciò che leggiamo non è soltanto il colore e la foggia della loro divisa (segni indicativi della professione e, talvolta, della nazionalità), ma un insieme di segni che globalmente si riferiscono al *mito* della *difesa della patria*, dell'*ordine*, e così via, o a quello opposto e speculare della *sopraffazione*, dell'*oppressione*, ecc. La dimostrazione di quanto sopra è nel fatto che, come succede molto spesso, qualcosa che si vede in un reportage televisivo d'attualità ricordi immagini simili già viste al cinema o viceversa (ad esempio: soldati che si appostano per difendere una posizione o che vanno all'attacco). Ciò succede appunto perché sia gli autori dei servizi del telegiornale che i registi cinematografici sono partecipi dello stesso mito nella nostra cultura e, forse anche inconsapevolmente, tendono ad usare punti di vista e immagini similari per attivare il *mito* nell'un caso e nell'altro.

Caratteristica molto importante di questo segno è la sua *mobilità* nel tempo e nello spazio. Essendo un segno "culturale", il significato cui il *mito* può rinviare non è fisso e immutabile, ma è costantemente in evoluzione. Il *mito* cioè si confronta con la realtà e cambia con il cambiare dei valori culturali della società.[21]

1.2.4. *Metonimia - Metafora* (e *Simbolo*)

Se connotazione e mito hanno già spostato la significazione dal livello primario ai sensi secondi, altri tre tipi di segno – le figure retoriche *Metonimia* e *Metafora* e il *Simbolo* – spingono ulteriormente verso una significazione non legata alla denotazione, ma comunque rilevabile; spingono cioè verso una lettura dei significati "in profondità".

Metonimia in greco significa "scambio di nome" e, tradizionalmente, in letteratura la metonimia è data dall'*uso del nome della causa per*

21. Ad esempio, nella società italiana degli anni '70, a causa del diffondersi delle lotte sociali prima e del terrorismo poi, le forze dell'ordine italiane (polizia, carabinieri, esercito) erano viste o come strumento di oppressione (da chi era implicato in prima persona nelle lotte sociali o simpatizzante per quelle cause) o come la negazione del concetto di efficienza (da chi rilevava più che altro la loro supposta impotenza ai fini del mantenimento della pace sociale e dell'ordine). La vittoria sul terrorismo e, in seguito le buone prove dell'esercito italiano quale forza di pace in Libano prima e in Kuwait e altri paesi poi, hanno cambiato quella visione negativa e oggi si può dire che le forze dell'ordine italiane siano tornate a rispondere al mito classico degli eserciti: difesa dei valori nazionali e della pace.

l'effetto (vivere del proprio lavoro) o del *contenente per il contenuto* (bere una bottiglia di vino), *della materia per l'oggetto* (sguainare il ferro), *del simbolo per la cosa designata* (non tradire la bandiera), del *luogo d'origine per la cosa prodotta* (un fiasco di chianti), dell'*astratto per il concreto* (eludere la sorveglianza) o, al contrario dell'*uso di determinati per l'astratto* (il tesoro della corona, teste coronate). Per quanto concerne i linguaggi iconici, a queste tradizionali forme della metonimia gli studiosi R. Jakobson e E. Leach[22] associano anche lo scambio di nome causato da una *sineddoche*, cioè dall'espressione di una parte per il tutto o viceversa, (prendere il metrò, comprare uno stereo, ecc.).

La *Metafora* invece – sempre in letteratura – è la *sostituzione di un termine proprio con uno figurato, in seguito ad una trasposizione simbolica di immagini.* Di solito la sostituzione fra i due termini avviene in base ad un'analogia naturale (es.: le spighe ondeggiano, la gamba del tavolo, il collo della bottiglia, ecc.) o concettuale (es.: la famosa metafora di Aristotele "la sera della vita" per indicare la vecchiaia o l'omerico "balzò un leone" riferito ad Achille); talvolta invece la relazione fra i due termini è solo asserita, cioè convenzionale, come nelle espressioni "Re della giungla" per indicare il leone o "The big apple" per New York.

Assimilabile al funzionamento di quest'ultimo tipo di metafora è quello del *Simbolo*[23], un segno che agisce come sostituto di un altro segno con il quale non intrattiene alcuna relazione di somiglianza naturale, ma solo d'arbitrarietà e che "si caratterizza per la sua funzione psicologica e/o culturale".[24] Un oggetto, infatti, può diventare un simbolo quando acquisisce un significato proprio ad un altro segno, attraverso una convenzione arbitraria ed un uso sociale frequente. Come dice Peirce [1931], ad esempio, una Rolls Royce è un segno che indica ricchezza e allo stesso tempo è un simbolo di stato sociale.

Secondo i citati Jakobson e Leach la *metonimia* e la *metafora* sono le due forme principali di attività mentale dell'uomo perché la prima

22. Cfr. Jakobson R. [1958; 1960, pp. 350-377] e Leach E. [1976]. Sull'argomento si veda anche: Fiske J. & Hartley J. [1978, pp. 46-50].
23. Roland Barthes considera il simbolo come portatore di un terzo livello di significato e lo tratta indipendentemente dalla metafora [1977, pp. 52-68], ma concordemente con quanto scrive John Fiske [1982, pp. 95-96], e considerato che in Retorica il *Simbolo* viene anche chiamato "metafora assoluta" si preferisce associarlo alla *Metafora* nella nostra trattazione.
24. Cfr. Calabrese-Mucci 1975, p. 192].

agisce sulla capacità combinativa e la seconda su quella associativo/selettiva. Di conseguenza si configurano come i due modi principali in cui i segni comunicano i loro significati secondi. Ma che relazione hanno questi segni tipici della letteratura e della poesia con i linguaggi iconici? Per la stessa esistenza di una cornice che delimita lo spazio in cui i segni iconici appaiono (sia essa la cornice di un quadro o più semplicemente i bordi dello schermo cinematografico o del foglio di carta su cui è stampata una foto), si può dire che un segno iconico è sempre e comunque una metonimia perché il segno si costituisce *ritagliando* una parte dello spazio[25] della realtà che, nella sua totalità, ingloba molto di più di ciò che appare nel segno iconico. Questo implica, per correlato, che nell'immagine non si legge mai soltanto il significato e lo spazio mostrato bensì un significato ed uno spazio ben più ampi, che nell'immagine sono implicati, suggeriti, anche se non espressi, e che si possono inferire metonimicamente da ciò che l'immagine mostra.[26]

Per questa stessa capacità di significazione metonimica, ogni significante iconico può combinarsi sintatticamente con altri significanti (così come le parole di una frase), per creare nuovi significati autonomi dati dall'insieme e non dalle singole parti. Un altro dipinto surrealista del 1930, del già citato Magritte, può illustrare molto facilmente le essenziali capacità comunicative di quest'altra proprietà metonimica dell'immagine. Si tratta di l'*Évidence éternelle*, in cui l'artista riproduce – incorniciandoli separatamente – cinque diverse parti del corpo di una donna nuda (vedi foto 2). Presi separatamente, ognuno dei singoli quadri incorniciati rinvia metonimicamente all'idea del corpo di una donna, ma nessuno preso singolarmente risulta esaustivo di tutti i significati che ha l'insieme. Infatti, ognuno di essi fornisce alcuni dati informativi, ma si tratta sempre di dati parziali: dal solo volto, ad esempio, si può inferire la sua bellezza/bruttezza e si può presupporre il suo stato d'animo (sereno, piuttosto che addolorato, ecc.), ma non si può inferire l'idea di nudità del corpo; da ognuna delle altre parti si può inferire la nudità (totale o parziale) del corpo, ma non si può

25. Per quanto riguarda il cinema, come si vedrà meglio più avanti parlando di *découpage*, anche di tempo.

26. Come si vedrà più approfonditamente nei capitoli successivi il "fuori campo", cioè la parte di spazio che rimane fuori dai bordi del riquadro dell'immagine ma che è implicato dai segni presenti in essa, è uno dei problemi cui i teorici e i registi più attenti hanno sempre posto il massimo dell'attenzione.

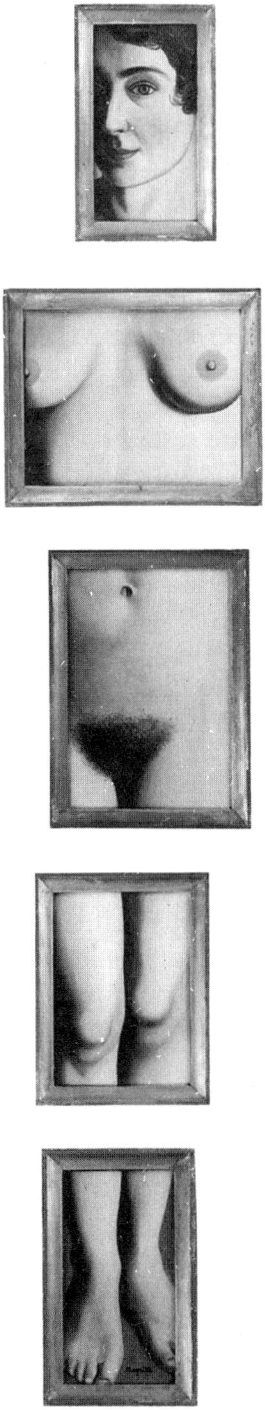

Foto 2

avere nessun'idea dello stato d'animo; infine, da nessuna parte presa separatamente si può avere un'idea della sua altezza o di altre sue caratteristiche fisiche (snella piuttosto che grassa, ecc.). Si può notare anche che ogni cornice non rappresenta totalmente la parte di corpo che illustra (si veda l'evizione delle anche nel dipinto centrale o quella parziale delle cosce in quello sottostante) ed inoltre che fra il dipinto di una cornice e l'altro (ad esempio fra il volto ed il busto o fra questo e la parte sottostante), mancano piccole parti di corpo. Nondimeno, nel complesso, cioè guardando insieme le varie parti, ci si può costruire l'idea della sua altezza, snellezza, ecc. Concetti questi che scaturiscono solo dall'insieme, cioè dalla riunificazione in un unico quadro delle cinque cornici.

In effetti, se Magritte avesse usato un unico tipo di cornice, il suo quadro oltre che una visione surreale del vivisezionamento cui viene sottoposto il corpo della donna, sarebbe stato (così come si è tentato di fare nell'illustrazione di copertina del testo) una vera e propria illustrazione pittorica di uno dei primi esperimenti del regista e sperimentalista russo Lev V. Kulesov, il quale aveva ripreso separatamente diverse parti del corpo di varie donne e poi proiettandole in consecuzione sequenziale a varie persone aveva potuto verificare che questi si creavano la stessa immagine di una donna ex-novo ed irreale (stessa altezza e stesse caratteristiche fisiche) che non corrispondeva in specifico a nessuna di quelle che aveva utilizzato come modelle.

Il contenuto metonimico di un'immagine è quindi "sommabile" a quello di altre, creando significati nuovi. Presi nel loro insieme cioè, un gruppo di significanti iconici possono diventare un immateriale significante che rinvia a propri significati. Da questo punto di vista, un altro esperimento di Kulesov risulta ancora più interessante. Egli aveva ripreso il volto alquanto inespressivo di un uomo e poi lo aveva accostato prima con l'immagine di un piatto di minestra, poi con quella di una donna discinta, poi con la bara di un bambino, ecc., e proiettando le immagini in sequenza a pubblici diversi aveva potuto constatate che tutti leggevano nel volto dell'attore un significato diverso a seconda dell'immagine da cui era seguito il volto: fame per il piatto di minestra, desiderio sessuale per la donna, dolore e contrizione per la bara, ecc.

Il secondo esperimento di Kulesov introduce all'altra caratteristica peculiare dei segni iconici, cioè alla loro intrinseca capacità metaforizzante. Infatti, come notano ancora Jakobson e Leach [*op.cit.*], lavorando sul piano associativo/selettivo la metafora implica una trasposizione, uno spostamento dal significato al significante, insieme al riconoscimento che tale spostamento implica un'equivalenza di un qualche tipo fra i due elementi del segno. In questo senso, tutti i significanti sono metaforici in quanto sul piano denotativo implicano un'*equivalenza costruita* (cioè culturale e convenzionale) fra il segno e la realtà cui rinviano. Se ciò è vero per tutti i tipi di segno, lo è in particolare per i segni iconici. Infatti, come detto, la similarità che noi percepiamo fra il significante iconico e il relativo significato, al di là del rapporto di analogia, deve essere sempre considerata come un'equivalenza costruita da una soggettività.

Peraltro, l'immagine opera spostamenti metaforici di significato anche su altri piani. Prendiamo ad esempio l'immagine di una "strada". A seconda che sia circondata da prati o da case essa significherà metonimicamente la campagna o un'intera città, ma nel contempo, a seconda che sia deserta o affollata di auto e di gente, potrà comunicare, per traslato metaforico, anche i significati – rispettivamente – di tranquillità, solitudine e abbandono o di dinamicità e vitalità o al contrario – vista l'ambiguità dell'esempio – caos, rumore, stress e inquinamento. Un esempio famoso tratto dalla storia del cinema muto, servirà a chiarire ulteriormente il modo in cui l'immagine opera simultaneamente a livello metonimico e metaforico. In *La corazzata Potemkin* (*Bronenosec Potemkin*, 1926), Sergei M. Ejzenstejn caratterizza il medico di bordo che dichiara commestibile la carne imputridita (episodio che conduce all'ammutinamento), per mezzo di un paio d'occhialini di foggia particolare che assolvono la funzione di *simbolo* della classe dirigente cui egli appartiene. Successivamente, quando, durante la rivolta, subito dopo il lancio in acqua di un ennesimo uomo, si vedono un paio occhialini penzolare fuori bordo perché nel volo la cordicella si è impigliata ad uno spuntone della nave (vedi foto 3), per concatenazione metonimica si inferisce che l'uomo lanciato in mare è il medico, e, per traslato metaforico, che l'equipaggio si è liberato dall'oppressione della sua classe dirigente.

Se i segni iconici sono in sé metaforici, peraltro, non è detto che con le immagini in movimento non si possano creare metafore come quelle letterarie in base a similarità rilevate o semplicemente asserite. Al contrario, il linguaggio audiovisivo può facilmente costruire metafore ricorrendo ad una semplice giustapposizione di immagini. Un esempio ben noto è rilevabile nell'inizio di *Modern Times* (*Tempi moderni,* 1936) in cui Charlie Chaplin dissolvendo l'immagine di un gregge di pecore al pascolo su quella di una folla di operai che entrano in

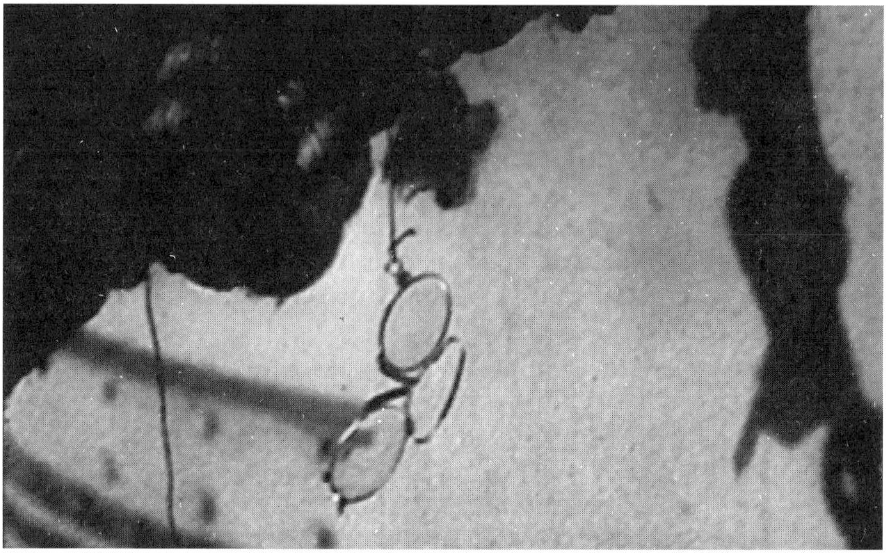

Foto 3

fabbrica, crea un facile commento ironico-metaforico sulla condizione delle masse proletarie fra le due guerre (se non addirittura sulla società di massa di tutte le epoche). Come si vedrà meglio parlando del montaggio, il cinema muto, e in particolare quello del citato grande regista russo, sono pieni di esempi di significati metaforici resi espliciti per mezzo della giustapposizione di due immagini di significato analogo o contrapposto (a seconda di ciò che si vuole esprimere). Rimanendo al citato *Corazzata Potemkin*, celebri sono le immagini del leone di pietra che si sveglia, si alza e ruggisce (vedi foto 4) per commentare il possente risveglio delle masse popolari e altrettanto giustamente famose sono le immagini di *Ottobre* (*Oktjabr*, 1928) in cui Kerenskji viene paragonato ad un pavone o quelle in cui le violente cariche della polizia contro i dimostranti vengono giustapposte a immagini della macellazione dei buoi al mattatoio.

Riassumendo, si può quindi dire, come regola, che nel linguaggio audiovisivo due inquadrature, seppur di contenuto affatto differente, se unite in sequenza lineare fanno nascere un significato terzo che non è rilevabile né nella prima né nella seconda inquadratura. Infatti, in base ai processi di concatenazione logica del nostro cervello, l'accostamento non sarà mai inteso come casuale, ma farà nascere, sempre e comunque, un nesso, un significato ex-novo di carattere concettuale. Significato che può nascere sia dalle connessioni sintattiche

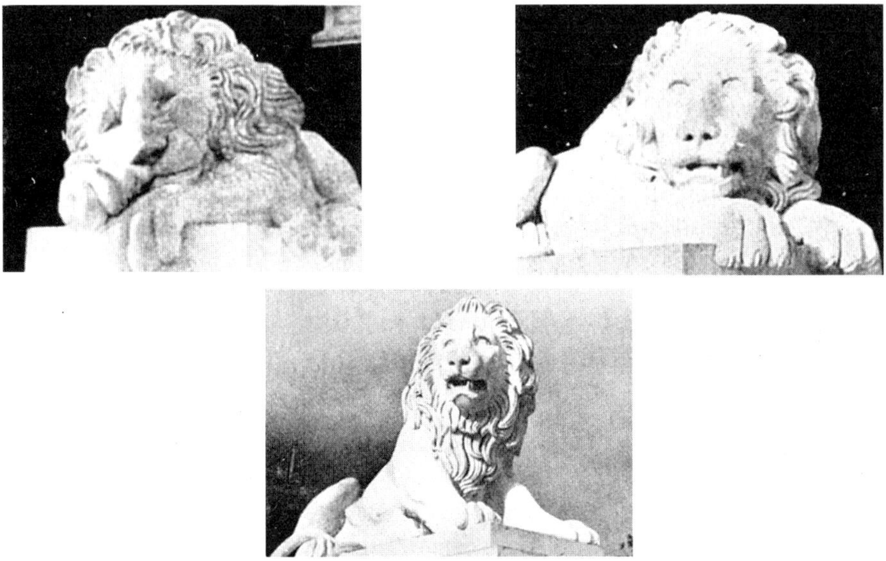

Foto 4

a livello metonimico, sia dalle associazioni/esclusioni a livello metaforico. Sul piano del contenuto primario (manifesto) prevale la funzione metonimica mentre su quello dei sensi secondi (contenuto latente) prevale la funzione metaforica che spinge ad associazioni concettuali.

La pubblicità, che deve comunicare messaggi in un breve lasso di tempo, è diventata particolarmente abile nello sfruttare tutte le stratificazioni di significato di cui le immagini sono capaci. Ad esempio, l'immagine di una mamma che dà da mangiare omogeneizzati al suo bambino è, contemporaneamente, una metonimia di tutte le attività materne (cucinare, pulire il bambino, fare i lavori domestici, ecc.) e una metafora dell'amore, della sicurezza e della felicità che la mamma dà al suo bambino. Se si sostituisce un pannolino all'omogeneizzato la cosa non cambia molto e se poi si considera che il bambino rappresenta tutti i bambini del mondo e che la mamma diventa il simbolo di tutte le mamme buone e amorose, ci si può rendere facilmente conto di quanta significazione può esserci in uno spot di trenta secondi.

Per tutte le caratteristiche messe in luce, l'immagine può diventare facilmente *ambigua e ridondante*, in altre parole può contenere più di quanto sia necessario da un punto di vista informativo, ma come si vedrà più approfonditamente nei capitoli successivi, per essere veramente espressiva è preferibile che l'immagine non contenga niente di più (ma anche niente di meno) di ciò che è strettamente necessario e sufficiente alle intenzioni comunicative dell'emittente. Per questo, ricordando che, come dice Mitry, nella comunicazione audiovisiva la connotazione (e, in senso più lato, tutti i sensi secondi) non è altro che la forma che assume la denotazione, sarà importante analizzare tutte le implicazioni connotative e metaforiche che ogni scelta di "punto di vista" può comportare.

2. I CODICI DEL LINGUAGGIO AUDIOVISIVO

Come accennato, la comunicazione non avviene per mezzo di segni isolati, bensì tramite una pluralità di segni combinati in funzione di regole predeterminate. Nel suo famoso testo *Semiologia del cinema*, Christian Metz ponendo la questione se il cinema sia una *lingua* o un *linguaggio*, nota innanzitutto che in una lingua agiscono vari codici ma che allo stesso tempo una lingua è un codice fortemente organizzato, e finisce con l'affermare che il cinema non è una lingua – perché non costituisce un sistema di segni organizzati da regole combinatorie fisse e rigorose – ma è comunque un linguaggio perché applica dei codici.[27]

Un *linguaggio* è un sistema comunicativo meno strutturato di una lingua, costituito da una famiglia di segni usati soggettivamente per significare qualcosa, in virtù di certe regole socialmente condivise da tutti i membri di una comunità culturale. Nella fattispecie, Metz [*op.*

27. Cfr. Metz C. [1972, pp. 169-174]. Per chiarire la differenza fra i due termini si può dire, schematicamente, che un codice stabilisce:
• un repertorio di simboli che si distinguono per opposizione reciproca
• regole combinatorie dei simboli (grammatica e sintassi)
•una corrispondenza termine a termine fra ogni simbolo e un significato.
In una lingua le tre caratteristiche del codice devono essere tutte presenti, mentre in un linguaggio basta che ne siano presenti soltanto due e anche queste possono avere una strutturazione meno rigida che nella lingua. Per dimostrare la mancanza di una strutturazione *forte* dei codici del linguaggio cinematografico, Metz [p. 170] fa notare, fra l'altro, che i campi e i piani (vedi voce al terzo capitolo) sono sì combinabili come le parole di una lingua, ma contrariamente a queste sono di numero infinito e che diversamente da quanto succede nelle lingue dove esistono sistemi preorganizzati di parole (i lessici), i campi e i piani sono invenzioni del cineasta. L'argomento è comunque molto più complesso di quanto possa apparire da questa schematizzazione; per eventuali approfondimenti si rimanda, oltreché al testo di Metz, ai testi di semiotica indicati in bibliografia e in particolare a Eco e Bettetini.

cit., pp. 101-102, n. 6] definisce il linguaggio cinematografico come "quel livello specifico di codificazione costituito dalle organizzazioni significanti proprie al film e comuni a tutti i film", ma avverte comunque che "la nozione di linguaggio cinematografico è un'astrazione metodologica". Infatti, nei film esso "non appare mai da solo, ma sempre commisto ad altri vari sistemi di significazione: culturali, sociali, stilistici, percettivi". Invece "il cinema in quanto totalità [...] rappresenta un fenomeno ampio, all'interno del quale il linguaggio cinematografico non costituisce che uno strato significante fra molti altri" [Cfr. *ibid.*]. L'enunciazione filmica è infatti costituita da più livelli significanti: *l'enunciazione visiva* (cioè la consecuzione lineare di immagini sullo schermo), *l'enunciazione linguistica* (cioè le parole verbali e scritte che si possono ascoltare/leggere durante l'enunciazione), *l'enunciazione musicale* (cioè la musica e i rumori di commento). Questi tre principali livelli di enunciazione significante sono inoltre accompagnati da altri tratti (che potremmo chiamare *sovrasegmentali*) che, se non sono portatori di significazione propria, servono comunque ad organizzare l'enunciazione e quindi la significazione globale: il *ritmo*, e le tipologie di *scansione*: *scalare* (cioè l'alternarsi di campi e piani diversi), *cromatica* e *sonora*. Come si vedrà nei successivi capitoli, questi tratti sovrasegmentali possono agire sia autonomamente in ognuno dei tre livelli enunciativi sia in modo complementare, collegandosi cioè l'uno all'altro.

Tenendo presente l'importante avvertenza di Metz e senza la pretesa di stendere un elenco esaustivo di tutti i codici operanti nell'audiovisivo, si può tentare una certa classificazione in categorie. Oltre ai codici non specifici – percettivi, di riconoscimento, di gusto, ecc. – che dipendono in massima parte dal recettore del messaggio, nella comunicazione audiovisiva agiscono tre diverse categorie di codici:

1. codici cinematografici

- codici linguistici: (campi e piani, tipologie di raccordi "grammaticali" e di "sintassi" di montaggio)
- codici illuministici e cromatici
- codici di composizione dell'immagine

2. codici narrativi

Sono codici che non riguardano solo il cinema, bensì la fiction in generale. La *narrativa* è, infatti, un codice *transemiotico* che agisce anche in altri ambiti comunicativi: letteratura, poesia, teatro, fumetti, pittura classica, ecc.

3. codici di genere
Sono codici di vario tipo (linguistici, narrativi, spaziali, musicali, ritmici, ecc.) non singolari, né sistematici del singolo film, che riguardano lo schema di organizzazione sia delle forme che dei contenuti di un "corpus" di film assimilabili l'uno all'altro per la presenza di caratteristiche comuni.

4. codici filmici
Sono codici tipici del singolo testo e codici mediati da altri linguaggi (musica, costumi, scenografia, ecc.).[28]

2.1. Mutabilità dei codici dell'audiovisivo

Esistono due macrocategorie di codici: *forti* e *deboli*. Ai primi appartengono i cosiddetti *codici logici* che basandosi su regole fisse e determinate, come ad esempio quelle della matematica, sono immutabili nel tempo e facilmente riconoscibili. Sono per noi poco interessanti perché non ne troveremo mai traccia nel linguaggio audiovisivo. Oltre ai codici linguistici, di cui si parlerà più avanti, interessano invece i cosiddetti *codici estetici* che sono *deboli* perché si fondano su regole normative che dipendono dall'accordo di chi li usa. Accordo che, per mutuo consenso di tutti i membri di una comunità culturale, può cambiare nel tempo. Nelle lingue naturali, ad esempio, si inventano nuove parole o nuove accezioni per parole già esistenti (cambiamenti paradigmatici) e, talvolta, si stabiliscono anche nuove combinazioni sintattiche (si veda il progressivo abbandono del congiuntivo imperfetto in quasi tutte le lingue).

In quanto dipendono da un accordo sociale, questi codici *deboli* sono soggetti agli stessi processi culturali già rilevati per il *Mito*. Non sono entità statiche eterne e universali, bensì *entità dinamiche* in costante e continua evoluzione (possono cioè mutare forma e significato nello spazio e nel tempo) e, infatti, nel loro uso quotidiano si può notare una continua tensione fra tradizione e innovazione, fra convenzione e originalità che rende molto difficile, se non impossibile, qualunque tentativo d'identificazione e classificazione.

Ciò che accade nella comunicazione di massa è che quando un

28. Lo "stile" non è un codice perché concerne solo la superficie significante dell'enunciazione e non il significato. È invece una "marca" di riconoscimento di un autore.

codice è molto stabilizzato – cioè riconosciuto come tale da una larga fascia di persone di una comunità – c'è sempre un'avanguardia che cerca di romperlo e di modificarlo per risistemare in modo più appropriato ai tempi la nostra percezione del mondo.[29] Allo stesso modo, non appena un artista o un'avanguardia scopre una nuova formula combinatoria dei segni, c'è subito un apparato commerciale pronto a "banalizzarlo". Ad esempio, anni or sono – quando sono stati introdotti i primi effetti di post-produzione televisiva – il videoartista Gianni Toti ha usato la permanenza dell'immagine data da una "memoria di quadro" per valorizzare e mettere in evidenza la plasticità dei movimenti di una ballerina.[30] La pubblicità si è subito appropriata del nuovo codice espressivo, banalizzandolo in uno spot in cui una ballerina vestita di rosso piroettava trascinandosi l'alone del vestito e si trasformava nella bottiglietta rossa a forma conica di una nota marca italiana di aperitivi.[31]

La maggiore possibilità di rottura dei codici iconici rispetto a quelli delle lingue naturali, è data proprio dalla natura contemporaneamente *concreta* e *arbitraria* di questo tipo di segni. L'uso frequente e ripetuto di una combinazione di determinati segni introduce, infatti, in essi un elemento di *convenzionalità* che lo trasforma in codice. Allo stesso tempo però, laddove la convenzionalità, per l'eccessivo uso del codice, prenda il sopravvento sulla naturalità, trasforma il codice in un *cliché*, cioè in un sistema retorico che, gradatamente e progressivamente, si svalorizza e "sclerotizza" perdendo il suo originale potere significante.[32]

---

29. Ad esempio, come si vedrà meglio più avanti, la cosiddetta "grammatica" filmica, cioè le norme concernenti i raccordi spaziali e le tipologie di montaggio, altro non sono che una *retorica* applicabile con ampia discrezionalità soggettiva.
30. Visivamente la "memoria di quadro" dà un'immagine paragonabile a quella di varie foto in successione *stampate* sullo stesso fotogramma, come in alcuni lontani esperimenti fotografici di Marey.
31. Non s'intende con questo dire che l'autore dello spot abbia *copiato* (non è detto infatti che fosse a conoscenza degli esperimenti di Toti), ma semplicemente che laddove nella sperimentazione del videoartista c'era la ricerca di una forma espressiva nuova e originale, nello spot ci si limitava invece a sottolineare una banale analogia fra la forma che assumeva il vestito della ballerina piroettando e la particolare forma di una bottiglietta.
32. Quando un codice risulta troppo abusato, infatti, il rapporto fra il significante e il significato del segno perde ogni carattere di somiglianza con la realtà (o se si vuole, di verosimiglianza) e risulta pertanto determinato unicamente dal legame convenzionale. In quanto "unicamente convenzionale" il codice estetico non risulta così più credibile.

Christian Metz [Cfr. *op.cit.*], per esempio, ha notato come nel cinema western il cappello bianco fosse gradualmente diventato un simbolo per identificare l'eroe buono, fosse cioè diventato un codice comunicativo-estetico. In seguito, a causa dell'uso prolungato e troppo frequente del segno, il simbolismo insito nel colore divenne un segno troppo facile da riconoscere; il simbolo perse quindi tutto il suo valore psicologico e causò la "sclerosi" del codice che divenne privo di una reale significazione, tanto che, alla fine, il pubblico vedendo apparire sullo schermo un cow-boy con un cappello bianco si metteva a ridere, in quanto sapeva già fin troppo bene che avrebbe svolto la funzione di "eroe buono".

Un altro esempio di codice decaduto, che non ha più un rapporto motivazionale con la realtà referente, è quello del detective che si nasconde dietro un giornale (ed infatti oggi è usato solo in funzione comica).[33] Lo stesso si potrebbe dire per l'impermeabile quale segno indicativo di un ruolo narrativo: se confrontiamo il rigido e impeccabile impermeabile di Humphrey Bogart dei famosi *hard-boiled* americani degli anni '40 o quello del più domestico tenente televisivo Sheridan (Ubaldo Lay) dei primi anni '60, con quello del più recente tenente Colombo (Peter Falk), possiamo notare come il *trench* di quest'ultimo, così spiegazzato e malandato com'è, porta con sé una forte connotazione comico-ironica perché altrimenti oggi non sarebbe più credibile. Si potrebbe anzi dire che tutto il personaggio del tenente Colombo è fortemente connotato in senso comico-ironico, proprio perché se lo si fosse fatto veramente "serio", sarebbe risultato meno accattivante, e probabilmente non sarebbe piaciuto affatto. Ciò, anche se la Televisione, mezzo molto più convenzionale e massificato del cinema (almeno per quanto concerne la fiction), usa segni che sono spesso al limite della sclerosi, cioè sul punto di diventare cliché.[34]

33. Fra tutti i possibili esempi si può ricordare quello di Antoine Doinel che nel suo temporaneo lavoro di investigatore in *Baisers volès* (*Baci rubati*, 1968) di François Truffaut si serve appunto di questo futile "nascondiglio", con risultati alquanto disastrosi.
34. Ciò in quanto si rivolge ad un pubblico estremamente variegato ed eterogeneo che include anche le fasce meno acculturate, in grado di riconoscere e decodificare solo segni e codici "ipercodificati".

DALL'IDEA ALL'IMMAGINE: LA PRE-PRODUZIONE

La realizzazione di un qualunque prodotto audiovisivo comporta lunghe e complesse operazioni che coinvolgono varie e differenti figure professionali distinte per ruoli e responsabilità a seconda delle competenze e degli specifici adempimenti cui devono assolvere.[35] Nel complesso iter produttivo si possono distinguere tre differenti fasi operative:

- *Pre-produzione*
- *Produzione* (*Riprese*)
- *Post-produzione* (o *Edizione*)[36]

La *Pre-produzione* consiste nell'ideazione del progetto di discorso audiovisivo (*fase letteraria*) e in tutti quei procedimenti tecnico-organizzativi (casting, sopralluoghi, noleggio e sistemazione degli studi, stesura del piano di produzione, contratti di assunzione del personale, organizzazione di uomini e mezzi della produzione, ecc.) che si impongono prima di poter passare alla fase direttamente operativa.

La fase di *Produzione*, come indica il nome, è invece quella che concerne l'effettivo momento delle riprese sul *set*, mentre la fase di *Post-produzione* è il momento in cui si procede all'assemblaggio (montaggio) delle varie parti filmate per ri-costruire concretamente le unità discorsive individuate – almeno teoricamente – nella fase di pre-produzione.

In questo capitolo si tratterranno i problemi relativi alla pre-produzione, rinviando ai successivi la trattazione delle altre due fasi.

---

35. Ci si riferisce alla cosiddetta *troupe* che, oltre alle professionalità artistiche – regista, sceneggiatore/i, attori, direttore della fotografia, scenografo, costumista, compositore delle musiche, orchestrali, ecc. - coinvolge anche professionalità finanziarie (produttori), amministrative (direttori di produzione, produttori esecutivi, organizzatori, ecc.), tecniche (fonici, elettricisti, ecc.) e collaboratori di vario genere e tipo (sarte, truccatrici, operai, ecc.).
36. Nel caso di *dirette* televisive le fasi di *produzione* e *post-produzione* coincidono.

Prima di procedere in quest'analisi, è opportuno però chiarire quali sono i principali ambiti d'intervento del linguaggio audiovisivo.

Se si prende il termine in senso lato, è chiaro che questo linguaggio non ha limiti perché, alle capacità comunicative di una lingua naturale somma tutte le possibilità del linguaggio visivo e le sollecitazioni emotive che possono venire dalla musica e/o dai rumori. Ma avrebbe senso un programma audiovisivo in cui un oratore si limitasse a leggere davanti ad una telecamera un suo saggio di filosofia o psicologia o scientifico ecc.?

La domanda è ovviamente retorica perché è evidente che in un siffatto prodotto il linguaggio visivo non svolgerebbe alcun ruolo veramente significativo e non aggiungerebbe alcunché a quanto contenuto nella comunicazione audio, unica portatrice di tutti i significati.[37] Considerando invece il termine in un'accezione più mirata, riferendosi cioè a quello che può essere il ruolo attivo, specifico e non fungibile del linguaggio audiovisivo, per quanto detto nel capitolo precedente, si potrà notare che esso non risulta funzionale per la scrittura di "saggi" teoretici e/o scientifici.

Schematizzando, si può invece affermare che esso è essenzialmente finalizzato a:

- *narrare una storia*
- *indagare/documentare fatti, luoghi, eventi, persone*
- (*rap*)*presentare eventi reali o costruiti*

Con il termine *indagare/documentare* s'intende qui non solo il documentario classico ma anche alcune particolari articolazioni del "macrogenere" informativo quali, per esempio, l'inchiesta e il *reportage*. Con presentare/rappresentare s'intendono invece tutti quei momenti in cui il cinema e la televisione intervengono per ricreare in forma di discorso audiovisivo realtà preesistenti rispetto al mezzo, cioè, rispettivamente, le riprese di eventi sportivi o eventi di derivazione teatrale quali: spettacoli di varietà, balletti, quiz, *talk-show*, ecc. (il presentare), o la registrazione di azioni messe in scena appositamente per la ripresa cine/televisiva (il rappresentare).

37. Si potrebbe obiettare che il linguaggio visivo svolgerebbe comunque un ruolo in quanto darebbe la non irrilevante possibilità di vedere l'immagine (cioè l'apparenza) del comunicatore, ma, in ogni caso, non svolgerebbe un ruolo veramente e significativamente attivo.

1. LA FASE LETTERARIA

Nel processo ideativo si possono distinguere vari stadi e differenti forme d'elaborazione secondo il tipo di discorso audiovisivo che s'intende svolgere. Nei casi più complessi, come la produzione cinematografica, solitamente questi successivi stadi d'elaborazione letteraria consistono in:

- *Ideazione* (o *Tema*)
- *Soggetto*
- *Scaletta*
- *Trattamento*
- *Sceneggiatura* (o *découpage*)

1.1. Il tema

Il *tema* o *idea,* come indicano le parole stesse, è l'*argomento principale* che l'audiovisivo intende sviluppare. Solitamente, è costituito da un dattiloscritto, di lunghezza variabile ma comunque ridotta, che si presenta spesso come una semplice dichiarazione d'intenti. Non ha rilievo ai fini operativi e serve unicamente a comunicare ad altri terzi (produttori, committenti, collaboratori, ecc.) i motivi che spingono alla realizzazione del prodotto audiovisivo proposto. Spesso comunque, il dattiloscritto concernente il tema viene omesso e il lavoro progettato viene presentato direttamente in forma di *soggetto.*

1.2. Il soggetto

Nella forma più elementare, il soggetto è la *sinossi,* breve e schematica, del discorso audiovisivo che s'intende svolgere. Come il *tema*, anche il soggetto si presenta in forma assolutamente letteraria, ma diversamente da questo, contiene già, in nuce, una prima intuizione della forma audiovisiva che il prodotto filmato assumerà. Infatti, la scrittura del soggetto impone la discriminante scelta di uno dei campi d'applicazione del mezzo cinetelevisivo, cioè rende esplicita l'opzione di una "forma" di discorso audiovisivo secondo uno dei tre macrogeneri citati, cosa che comporta passaggi e stadi d'elaborazione differenti. Per esempio: se il tema da trattare fosse "La fame nel mondo", nel caso si scegliesse di trattarlo all'interno di una narrazione, occorrerebbe pensare ad una *storia* con personaggi ed eventi che servirebbero da tramite di presentazione del problema – e quindi il soggetto si presenterebbe nella forma di una sinossi dei punti salienti della trama del racconto. Se invece si optasse per un documentario-inchiesta sui luoghi e sulle persone che vivono direttamente il problema, il soggetto prenderebbe la forma di un mini-saggio corredato da una elencazione – articolata per temi, ma non ancora sistematizzata in successione lineare – dei luoghi e degli aspetti della realtà da indagare. Infine, se il tema fosse da trattare all'interno di una tavola rotonda televisiva o di un *talk-show*, il soggetto non sarebbe altro che una bozza schematica della struttura generale del programma con l'indicazione previsionale delle categorie di esperti (sociologi, etnologi, psicologi, politici, ecc.) da invitare. Da questo punto di vista quindi, il soggetto è la prima manifestazione della forma di discorso audiovisivo che il tema scelto verrà ad assumere.

1.3. La scaletta

La scaletta è lo schema sintetico e per punti degli argomenti che il discorso audiovisivo dovrà affrontare, elencati nell'ordine che si ritiene più appropriato. Nelle sue grandi linee è paragonabile allo schema che un qualunque diligente studente di liceo prepara prima di accingersi a svolgere un tema.[38] Le scalette preparatorie dei prodotti audiovisivi però assumono una forma diversa e l'elencazione delle cose da fare e dei passi da compiere sono differenti, a seconda che le intenzioni siano di narrare, o di indagare/documentare, o di presentare/rappresentare. In alcuni casi essa può, infatti, costituire l'ultimo stadio d'elaborazione letteraria, mentre nella *fiction* è solo un momento di passaggio verso un'elaborazione più complessa. Essendo però la narrazione audiovisiva il nostro maggiore interesse, è proprio su questa che si concentrerà maggiormente la nostra attenzione. Prima di affrontare tale impegnativo argomento, è però più opportuno vedere, brevemente, come si organizza la scaletta negli altri macrogeneri dell'audiovisivo.

38. Nel gergo della produzione televisiva il termine *scaletta*, oltre che per lo schema previsionale del programma, è utilizzato anche per indicare lo schema di messa in onda delle varie parti di un programma e, spesso, la specifica sequenziale delle varie telecamere. Non vi è gran differenza fra le due se non per il fatto che la *scaletta* preparatoria subisce, ovviamente, vari cambiamenti, mentre l'altra (che viene distribuita in copia a tutti coloro che sono interessati alla produzione) è la *previsione definitiva* del programma.

1.3.1. La scaletta nell'Informazione

Escludendo i casi in cui occorre intervenire nel momento stesso in cui un evento imprevisto è nel suo divenire, cioè i casi dei servizi d'attualità in cui è materialmente impossibile prevedere l'evolversi della situazione e in cui bisogna *arrangiarsi* (cioè: recarsi immediatamente sul luogo dell'avvenimento, registrare ciò che è possibile vedere e scoprire e, quindi, costruire discorsi audiovisivi a posteriori) e le situazioni di dibattiti in studio (che rientrano nella categoria del *presentare* per ciò che concerne i caratteri organizzativi); occorre distinguere i casi di *inchieste* da quelli di *reportage/documentari.*

Nel primo caso, la scaletta consiste nell'elencazione dei vari temi che l'inchiesta vuole trattare, per ciascuno dei quali poi si prevederanno luoghi e momenti di riprese in cui verificare dal vero la situazione. Per esempio, se l'inchiesta concernesse la situazione dei "Trasporti pubblici" in una città, una scaletta (molto ridotta e schematica per convenienza) potrebbe essere la seguente:

1. Discorso introduttivo sui motivi che spingono all'inchiesta.
2. Elencazione di dati statistici: km quadrati della città, lunghezza totale delle strade, popolazione, numero degli autobus disponibili, tempi di percorrenza media, numero taxi circolanti, ecc.
3. Interviste ad utenti dei mezzi pubblici.
4. Interviste ai responsabili del servizio pubblico per esporre i rilievi degli utenti e conoscere i progetti di miglioramento.
5. Commento conclusivo.

Come si può facilmente intuire i punti 3 e 4 non sono facilmente prevedibili nei loro risultati e quindi si dovrà procedere come nel caso di servizi d'attualità. I punti 1, 2 e 5 potrebbero invece essere esposti solo a parole, ma il tutto risulterebbe molto noioso. In questi casi è allora opportuno scrivere un *commento di massima* e (come si farà per il reportage) pensare già a quali immagini potranno associarsi ad esso per illustrarne visivamente i contenuti.

Anche nel caso del documentario/reportage la scaletta assumerà la forma di un'elencazione di temi, ma in questo caso la stesura preventiva di un commento di massima risulterà molto più utile. Seguendo l'andamento del commento scritto a priori, risulterà facile elencare a fianco le varie immagini che potranno servire a illustrare il contenuto. Il commento di massima serve, infatti, da "colonna guida" per la costruzione di tutto il discorso informativo e l'immagine spesso non ha altro compito che di "illustrare e sostanziare" (con il suo effetto di realtà) quanto asserito nel commento.[39]

Nella migliore delle ipotesi una scaletta/commento da documentario può apparire come un copione cinematografico (vedi esempio 1); più spesso però il testo del commento si presenta in forma ancora non definitiva e la parte video si esaurisce in un elenco, alquanto abbondante e non organizzato, di immagini che si pensa possano servire in qualche modo ad illustrare il contenuto del commento. Laddove non si abbiano a disposizione immagini direttamente inerenti l'argomento (cioè immagini che quasi "raddoppino" le parole) e si debba ricorrere a materiali di repertorio, è bene tenere presente che le coerenze possibili fra testo e immagini sono di quattro tipi [Cfr. Calabrese-Volli, 1983]:

• di *Argomento*
Esempio: immagini di uno sciopero avvenuto in passato per illustrare quello in corso o che deve avvenire.
• di *Luogo*
Esempio: immagini di New York per parlare di un fatto lì avvenuto e di cui non si abbiano immagini.
• di *Attore*
Esempio: immagini della Regina del Regno Unito mentre parla dal trono per illustrare la notizia di un suo imminente impegno pubblico.
• di *Atmosfera*
Esempio: immagini tratte da un film di fantascienza per illustrare un servizio sulle ultime acquisizioni della scienza e della tecnologia.

Quest'ultimo tipo di coerenza è naturalmente la più difficile da organizzare in maniera chiara e esplicativa, ma proprio per questo è anche la più creativa e stimolante (non solo per chi la costruisce, ma anche per chi riceve il messaggio).

---

39. Contrariamente a quanto succede nella *fiction* dove è bene evitare che le informazioni video si costituiscano come un raddoppiamento di quelle fornite dalla colonna audio, nell'informazione televisiva il messaggio può essere (anzi è meglio che sia) alquanto ridondante anche a rischio di un certo didascalismo perché il pubblico cui ci si rivolge è estremamente eterogeneo e culturalmente indifferenziato e, molto di più, perché, di norma, riceve il messaggio in condizioni di distrazione (gente che parla intorno, telefono che squilla, rumori provenienti da altre stanze, ecc.). Il doppio canale (video e audio) su cui il messaggio viaggia risulta quindi funzionale perché l'udito integra ciò che l'occhio perde e viceversa.

MILANO 2000

VIDEO	AUDIO
NERO	Musica: "Milano città d'Europa" di L. Dalla.
TITOLI Immagini "Milano 3" con totale palazzi d vetro.	Musica sfuma in sottofondo inizia commento fuori campo
Immagini della Milano che sta nascendo e rinascendo (cantieri grattacieli e metrò in costruzione, o di palazzi, case e monumenti in via di ristrutturazione).	Unanimamente considerata da osservatori italiani e stranieri la più europea delle città italiane, Milano si prepara al 2000 sforzandosi di adeguare le sue infrastrutture e di rinnovare il suo aspetto estetico. Musica.
Monumenti celebri di Milano uniti in rapide dissolvenze incrociate.	Ma pur preoccupandosi del proprio futuro, una città veramente a misura d'uomo non può rinunciare alla memoria del proprio passato. Musica (breve)
Cittadini in mezzo al traffico, marciapiedi invasi dalle auto, cittadini che passeggiano in mezzo a giardini o in isole pedonali.	e alla ricerca di un adeguato rapporto fra strutture produttive e spazi abitativi.
ecc...	ecc... ....

Esempio 1

Un'ultima osservazione: il commento deve essere redatto secondo le più classiche regole del giornalismo (rispondendo cioè alle domande: chi, come, dove, quando e perché) e, per quanto sia possibile a seconda del tipo di argomento, deve seguire un'organizzazione cronologico-lineare poiché questa e la forma più intelligibile.

Partire dal generale per restringere al particolare, o al contrario dal particolare per allargare al generale, risulta invece indifferente per ciò che concerne la chiarezza espositiva, e dipende più che altro dal tipo di argomento.

1.3.2. La Scaletta nel "presentare"

Mentre quando si parla di "documentare" si ha a che fare con eventi già accaduti o con argomenti nei quali il tempo risulta alquanto indifferente (come potrebbe essere il caso di un documentario artistico su un pittore), nel caso del "presentare" l'evento, di qualunque tipo e genere esso sia, deve ancora accadere e quindi la scaletta non può contenere altro che una previsione dell'ordine di presentazione degli argomenti e delle personalità che eventualmente interverranno (in qualche caso "fortunato" – es. gare su circuito o all'interno di uno stadio – si potrà però prevedere anche un ordine d'intervento delle varie telecamere predisposte).

Nel caso di spettacolo di varietà (che, ovviamente, si chiamerà più propriamente "rappresentare") la scaletta in genere è costituita da una semplice elencazione della presentazione cronologica dei vari "numeri" (parlati, cantati, danzati, ecc. come nell'esempio 2). Occorre però tenere presente che qualcuno (se non tutti) di questi argomenti potrebbero comportare la stesura di una scaletta specifica o addirittura di una mini-sceneggiatura (ad es. quando il "numero" è una scenetta comica o comunque recitata).

Per quanto concerne la struttura sintattico-linguistica delle immagini, occorrerà distinguere per ogni singolo genere. Si può solo dire che in linea generale esse seguiranno l'andamento evolutivo dell'azione da presentare (le immagini presenteranno cioè il personaggio e gli elementi scenici che di volta in volta sono al centro dell'azione). Per un più specifico discorso sull'argomento, si rimanda comunque al capitolo sul *Montaggio*, in particolare al discorso sul montaggio analitico e sull'unità sintattica "scena".

BUON MATTINO
(programma ipotetico)

7:00:00	(0.20)	SIGLA	VTR
7:00:20	(1:00)	INTRODUZIONE CONDUTTORE	STUDIO POSTAZIONE BASE
7:01:20	(5:00)	TELEGIORNALE	STUDIO TG POSTAZIONE 1
7:06:20	(1:00)	PREVISIONI DEL TEMPO	STUDIO TG POSTAZIONE 2
7:07:20	(2:20)	CONDUTTORE INTRODUCE ARGOMENTO E PRESENTA OSPITE	STUDIO POSTAZIONE BASE
7:09:40	(3:05)	INTERVISTA OSPITE	STUDIO POSTAZIONE BASE
7:12:45	(7:30)	TRAILER FILM DELLA SERA SU VARIE RETI	VTR
7:20:15	(2:00)	PUBBLICITÀ	VTR
7:22:15	(4:00)	LEZIONI DI CUCINA	STUDIO TG POSTAZIONE 1
7:26:15	(1:45)	CONDUTTORE	STUDIO POSTAZIONE BASE
7:28:00	(0:50)	SERVIZIO SU GIORNATA SPORTIVA	STUDIO POSTAZIONE BASE/VTR*
7:28:50	(1:10)	STATION BREAK **	
....	....	....	....
....	....	....	....

* *Video Tape Recorder*: la sigla è cioè registrata e viene messa in onda dai tecnici addetti.
** Con il termine Station Break si intende una pubblicità interna, cioè uno spot inteso a promuovere un programma della stessa rete o di rete affiliata.

Esempio 2

1.3.3. La scaletta nella "fiction"

Anche se è solo un momento intermedio verso successivi stadi d'elaborazione letteraria, la scaletta nella fiction è comunque un passaggio nodale, un momento creativo di fondamentale importanza ed è quindi opportuno dedicare all'argomento la giusta attenzione chiamando anche in causa le più moderne teorie narrative. La moderna *Narratologia* considera la *narrativa* una forma di comunicazione autonoma, cioè un sistema significante indipendente dal *medium* in cui si manifesta. La dimostrazione empirica di tale assunto è facilmente rintracciabile nel fatto che una stessa "storia" può essere comunicata attraverso vari media (letteratura, teatro, cinema, balletto, fumetti, quadro, ecc.) e può avere più manifestazioni materiali (romanzo, poema, film, fumetto, dipinto, ecc.).

In ogni narrativa occorre distinguere fra *Storia* e *Discorso.*[40] La *Storia* è il *continuum* degli *Eventi* (suddivisibili in *azioni* e *avvenimenti*) e l'insieme di tutti gli *Esistenti* (suddivisibili in *personaggi* e *ambienti*) e presuppone tutti i dettagli possibili e immaginabili. Il *Discorso* è invece l'organizzazione lineare degli *eventi* e la presentazione degli *esistenti* così come essi sono selezionati e organizzati in racconto da un autore. Quindi: "la storia è ciò che viene rappresentato in una narrativa, il discorso è il *come*". [41]

---

40. Cfr. Chatman S. [1981, p. 15]. La distinzione fra *Storia* e *Discorso* posta da Chatman non è nuova e, molto schematicamente, può essere fatta corrispondere alle distinzioni che ponevano Aristotele fra *Logos* (o Argomento) e *Mythos* (o Intreccio) o i formalisti russi (*Fabula* e *Sjuzet*) o gli strutturalisti francesi (*Recit* e *Raconte*).

41. Chatman S. [*op. cit.*, p. 15]. Considerato che si utilizzerà spesso l'espressione "discorso cinematografico", è bene chiarire che v'è una profonda differenza fra questo e il *discorso* narrativo, di cui tratta Chatman. Per Chatman, come detto, il *Discorso* narrativo organizza gli eventi della *Storia* in un intreccio e, come tale, esiste indipendentemente dal medium (alla stessa stregua della "storia"). Egli, infatti, chiama *manifestazione materiale* l'espressione concreta (romanzo, film, ecc.,) del racconto e non prende in considerazione nell'ambito del *discorso narrativo* gli eventuali significati apportati dalle caratteristiche del medium utilizzato. In semiotica però il "discorso" è un *atto di enunciazione testuale* e, in quanto tale, ingloba in sé sia l'atteggiamento del soggetto enunciatore nei riguardi del suo enunciato (per cui si possono avere discorsi valutativi, emotivi, ecc.), sia le *modalizzazioni significanti* apportate dal medium che, come si è osservato con McLuhan, non è affatto indifferente alla significazione, ma è anzi *modalizzante*, cioè apportatore di significati propri (infatti: l'enunciazione letteraria è diversa da quella cinematogra-

Un esempio servirà a chiarire meglio questi concetti. In *Tom Jones*, Henry Fielding racconta la vita di un trovatello, dal momento del suo ritrovamento sul letto del virtuoso nobile inglese Mr. Allworthy fino alla maggiore età e al matrimonio.[42]

Ma racconta ogni singolo momento della sua vita? Ovviamente, no. Più semplicemente *ritaglia*, cioè seleziona, alcuni momenti della *storia* (quelli che lui reputa i più significativi ai fini del suo *discorso*), di modo che il suo racconto alla fine risulta come una catena di avvenimenti, più o meno salienti, scelti all'interno di tutti gli eventi possibili nella vita del personaggio. Fra un anello e l'altro della catena ci sono delle *ellissi narrative*, cioè dei salti temporali all'interno dei quali sarebbero potuti accadere eventi di cui non si fa menzione, o perché deducibili dagli eventi mostrati[43] o perché ritenuti scarsamente rilevanti dall'autore.

Occorre però fare almeno un paio d'importanti precisazioni. Sempre nel sopracitato *Tom Jones* di Fielding, gli eventi che vi raccontano sono riportati con una progressione lineare della temporalità

---

fica o quella teatrale, ecc.). Con l'espressione "discorso cinematografico" s'intende, quindi, l'*organizzazione discorsiva* operata in un testo filmico dall'istanza d'enunciazione tramite il linguaggio cinematografico. In tal senso, l'espressione include tutte le *modalizzazioni significanti* che possono essere apportate dal medium, nonché quelle dovute all'atteggiamento dell'enunciatore nei confronti dell'enunciato ed è quindi differente dal *discorso* narrativo di Chatman.

42. Com'è noto, il romanzo narra di Tom Jones che, dopo il ritrovamento, viene adottato dal nobile Allworthy che lo alleva e lo fa educare insieme al suo più giovane nipote legittimo Biflil. I due sono molto diversi e Biflil, coadiuvato dal precettore, non perde occasione per riportare allo zio le "malefatte" di Tom (fra cui un'avventura amorosa con una contadina), fino a quando, geloso per il suo amore, ricambiato, per la giovane Sofia Squire, riesce – con l'inganno – a farlo scacciare di casa. Con la compagnia di un domestico personale, Tom parte per una vita di vagabondaggio e Sofia – che non vuole assolutamente sposare Biflil – lo insegue per dividere il suo destino. I due saranno divisi a lungo da mille avventure comico-picaresche, ma, alla fine, si scoprirà che Biflil teneva nascosta una lettera della madre – scritta in punto di morte – in cui confessava la maternità di Tom. Dopo l'agnizione da parte dello zio, finalmente non vi saranno più ostacoli al suo matrimonio con la dolce e delicata Sofia.

43. Vedendo due giovani che si sposano in una chiesa cattolica, lo spettatore che conosca i precetti di questa religione, può facilmente dedurre che i due siano già stati battezzati, comunicati e cresimati anche se non li ha visti compiere queste azioni. Sul problema del *detto* e del *non-detto* in un testo, si veda il capitolo relativo in: Eco U. [1979].

diegetica,[44] cioè: ritrovamento, fanciullezza, giovinezza, e così via, ad eccezione di un dato informativo essenziale che sembra esser stato eliminato dall'autore e confinato fra le *ellissi*: l'identità della madre di Tom. Dato informativo che è, evidentemente, un elemento insito nella *storia*, ma che nel racconto non viene esplicitato se non nel finale, dando così luogo all'agnizione che permetterà *l'happy-ending*.

Per *discorso narrativo* si deve, quindi, intendere non solo l'insieme degli eventi, personaggi e ambienti narrati, bensì l'ordine in cui essi vengono riferiti. Una narrazione è infatti, per definizione, una *storia* già nota in tutti i dettagli a qualcuno[45] che può liberamente scegliere l'ordine col quale riferirne al fine di suscitare una determinata (e voluta) reazione emotiva nell'ascoltatore/lettore/spettatore.

L'elenco sintetico degli eventi "ritagliati" da tutto il narrabile e inseriti nel racconto, costituisce la *scaletta*. È essenziale che nella *Scaletta* gli eventi siano riportati nell'ordine discorsivo che si vuole dare alla narrazione e non nel presunto ordine cronologico della storia, poiché l'ordine di presentazione non è indifferente rispetto all'emotività che gli eventi possono creare e, di conseguenza, non è indifferente rispetto ai risultati estetico-espressivi che si possono raggiungere. Ciò per una duplice serie di ragioni. Innanzi tutto, organizzando la scaletta secondo un preciso ordine discorsivo si comincerà ad avere un'idea precisa della coesione e della progressione drammatica del racconto, si potrà controllare se gli eventi prescelti bastano a esprimere tutto il tema e a dare coerenza al racconto,[46] se le ellissi narrative

44. La *Diegesi* (termine aristotelico), nell'accezione usata da Metz che viene qui ripresa, è il significato remoto della narrazione presa in blocco. *Diegetico* è quindi da riferire agli elementi significati della *storia* e non a quelli significanti del *discorso*. Ad esempio, la musica che possiamo udire guardando un film è *diegetica se fa parte della scena rappresentata* (cioè se anche i personaggi della storia possono udirla), è invece *non-diegetica* se è una *musica di commento* aggiunta alla colonna sonora per sottolineare il momento drammaturgico e enfatizzare il valore emotivo della scena.

45. Ovviamente questo *qualcuno* è l'*autore*, ma all'interno del testo è meglio individuare la figura di un *narratore* (o anche più d'uno) che può agire sia dall'interno del testo (cioè come uno dei personaggi) sia dall'esterno (cioè, come voce *off*).

46. Va però sottolineato che non sempre un'incoerenza narrativa è pregiudiziale per lo scioglimento drammatico e per il risultato artistico complessivo. In molti film di Hitchcock, per esempio, sono spesso rilevabili incoerenze narrative che non pregiudicano affatto il senso e gli effetti espressivi del racconto. Clamoroso è il caso di *Vertigo* (*La donna che visse due volte,* 1958). Il film si apre con un inseguimento ad un delinquente sui tetti di San Francisco; Scottie (James Stewart) sci-

previste non costituiscono pregiudizio per lo scioglimento finale o se ci si sia dimenticati qualche dato informativo essenziale e si debbano apportare modifiche per inserire eventuali fatti ed eventi che motivino meglio l'agire dei personaggi, o momenti di suspense, o eventi accessori che servano da raccordo fra due picchi drammatici ecc.

L'altra è più sostanziale ragione per organizzare la scaletta nell'ordine di discorso, è legata ad una delle caratteristiche specifiche del linguaggio cinematografico già evidenziate: la sua incapacità di esprimere il tempo futuro o passato per la mancanza di verbi che possano essere coniugati e di avverbi (prima di, dopo che, quando, mentre, ecc.) che possano mettere le varie azioni in reciproche relazioni temporali. Ora, se non sorprende affatto che nelle narrazioni letterarie un'azione o un evento riferiti per primi risultino successivi a altri riferiti in seguito, se non sorprende cioè l'esistenza di ordini di discorso diversi da quello cronologico, perché i verbi e le locuzioni temporali possono trasportarci avanti e indietro nel tempo della *Storia* con estrema facilità (e indipendentemente dal tempo espresso nel racconto;[47] come e perché è possibile che lo stesso avvenga in discorsi narrativi scritti con un linguaggio che non può esprimere altro tempo che il "presente"?[48] La risposta è nella tendenza della nostra mente a connettere gli eventi, anche i più divergenti, in un sistema significante complessivo. Infatti, "anche se due eventi non sembrano collegati in modo evidente, pensiamo che possano esserlo"[49] e ci sforziamo di tro-

---

vola e rimane appeso ad una grondaia, un suo collega tenta di salvarlo, ma perde l'equilibrio e precipita nel vuoto. Nella scena successiva Scottie è in visita a un'amica con la quale conversa amabilmente. Si appoggia ad un bastone e dal dialogo veniamo a sapere che è in convalescenza e che soffre di vertigini, ma non sapremo mai come sia riuscito a salvarsi. Si tratta invero di un'incoerenza narrativa del racconto (Come si è salvato? Perché, il bastone? Si è forse rotto una gamba?), ma assolutamente trascurabile perché, in effetti, la prima scena del film ha solo il valore di prologo, di antefatto che serve a porre le basi della situazione narrativa di partenza (le vertigini di cui Scottie soffre e il suo senso di colpa) e l'ellisse sul suo salvataggio non ha alcun riflesso sull'evolversi narrativo del racconto.

47. Come si vedrà nel capitolo sul montaggio, il problema del "tempo" nel cinema è alquanto complesso ed è uno degli aspetti che maggiormente ha interessato ed interessa i teorici. Occorre infatti distinguere fra vari tipi di temporalità. Sull'argomento si veda, fra gli altri Bettetini G. [1979].

48. Pur mostrando eventi chiaramente riferibili ad un passato come, ad esempio, l'incendio di Roma quando era imperatore Nerone, le immagini non dicono "Nerone fece bruciare Roma", bensì "Nerone sta facendo bruciare Roma.

49. Chatman S. [*op. cit.*, p. 44].

vare relazioni causative e temporali. Come sottolinea Chatman, il principio che sottende e regola questa nostra propensione alla connessione degli eventi è ancora "da scoprire",[50] ma è comunque accertato che nel nostro cervello agiscono varie logiche di tipo *deterministico*. Jean Mitry[51] ne ha evidenziato quantomeno due: una logica *delle cose e dei fatti* della realtà oggettuale e una logica delle *implicazioni*,[52] "prodotta dall'economia discorsiva che regola la messa in rapporto dei fatti o degli oggetti in una continuità temporale".[53]

Se nel cinema il tempo di un'azione in rapporto a un'altra è rilevabile, quindi, solo dalla macrostruttura narrativa (dall'insieme complessivo di eventi esistenti), risulta chiaro che è essenziale che nella *scaletta* gli eventi siano riportati nell'ordine di racconto voluto e cioè in quello ritenuto più funzionale ai fini espressivi.

Solo così si potrà, infatti, avere un'idea precisa della coesione e dell'andamento drammatico del racconto e controllare facilmente se gli eventi prescelti bastano ad esprimere tutto il tema e a dare coerenza al racconto, o se, al contrario, ci si sia dimenticati qualche dato essenziale. Solo così si potrà intuire se l'andamento ritmico-drammatico della vicenda è quello desiderato o se si debbano apportare modifiche per inserire eventuali sequenze che motivino l'agire dei personaggi, o momenti di suspence, o *satelliti* che servano da raccordo fra i picchi

50. Una spiegazione potrebbe, forse, essere rintracciata partendo dagli assunti della psicologia della Gestalt secondo i quali il nostro cervello funziona come sistema totale e dinamico che non reagisce a stimolazioni reciprocamente indipendenti (che, così come vorrebbe la filosofia empirista inglese, solo successivamente verrebbero messi in relazione da meccanismi associativi); bensì considererà le parti come determinate dall'organizzazione dell'intero e questo come un tutto irriducibile alla semplice somma dei suoi elementi costitutivi. Questa spiegazione è in effetti molto suggestiva ma, purtroppo, apre molti più problemi di quanti non ne risolva perché, ad esempio, bisognerebbe riuscire a spiegare perché, di solito, la tendenza alla connessione degli eventi scatti già prima di conoscere l'intera narrazione. L'argomento è comunque troppo vasto perché possa essere trattato in modo esaustivo in questa sede.

51. Cfr. Mitry J. [1965]. Sulle logiche di pensiero che agiscono nel racconto cinematografico si veda anche: Bettetini G., [*op. cit.,* pp. 54-69].

52. In seguito Metz definirà la logica delle implicazioni come logica dell'"induzione semantica", cioè come logica che scatta dalla giustapposizione di immagini e che, in rapporto alle relazioni concettuali che si vengono a creare, fa nascere un *sovrappiù di senso* rispetto ai contenuti denotati delle singoli immagini. Cfr. Metz C. [*op. cit.* pp. 9-109].

53. Bettetini G. [*op. cit.*, cit., p. 58].

drammatici, o se, infine, nei casi più drastici, si debba scegliere un ordine discorsivo diverso.

Seppure già concatenati ed organizzati in forma di *Discorso narrativo*, gli eventi riportati nella *Scaletta* risultano, generalmente, in forma ancora eccessivamente succinta e letteraria e non dicono ancora molto di ciò che si vedrà nel nostro film. Si deve quindi passare ad un momento d'elaborazione successivo.

1.4. Il trattamento

In una scaletta si potrebbe leggere la frase con cui è iniziato il nostro discorso e cioè: *Felice per la sua promozione, Roberto decide di festeggiare insieme a Maria, la sua ragazza*. È giunto ora il momento di cominciare a dare delle risposte al quesito (*Che fare?*) che ci si era posti.

Il primo aiuto ci viene da Aristotele che nella *Poetica,* il primo studio sulla narrativa di cui si sia a conoscenza, distingueva fra narrazione in forma *diegetica*, cioè raccontata con parole ad opera di un narratore e narrazione in forma *mimetica*, cioè rappresentata sulla scena da personaggi con gesti e/o parole. Questa distinzione, a grandi linee, caratterizza anche la differenza fra narrazione letteraria e cinematografica (e teatrale). Non che non esistano forme di racconto mimetico in letteratura (es. :un dialogo diretto fra due personaggi non interrotto da alcuna voce narrante e/o commentativa), o che non esistano d'altronde momenti di narrazione diegetica all'interno di molti film (es.: personaggi che raccontano fatti e/o eventi), ma certo la diegesi è più propria ad un mezzo come la letteratura che può permettersi di inserire facilmente commenti, giudizi e generalizzazioni dell'autore, mentre le forme di narrazione diegetica (es.: la presenza di una voce fuori campo) nel cinema sono spesso state viste con un certo sospetto, con un pregiudizio,[54] quasi come se il cinema in questi casi rinunciasse al suo specifico che è l'immagine.

L'esigenza prioritaria cui si dovrà rispondere è quindi: ragionare in termini visivi, esprimere attraverso immagini descrittive dell'ambiente e attraverso l'agire, il *fare*, dei personaggi, tutto ciò che in letteratura è narrato in forma diegetica. A tal fine è importante notare che gli

---

54. Sui motivi di questo pregiudizio si veda ad esempio, Sarah Kozloff, *Invisible Storyteller*, University of California Press, Berkeley – Los Angeles – London, 1988, in particolare il capitolo "The Prejudices against Voice-Over Narration", pp. 8-22.

enunciati narrativi letterari possono essere di due tipi: di *processo*[55] e di *stasi*. Gli enunciati di processo non costituiscono un problema per la loro traduzione in azione mimetica perché sono nella "modalità del fare o dell'avvenire", indicano cioè un'azione o un avvenimento (es.: Mario arrivò alle tre del pomeriggio), che possono essere facilmente rappresentati. Gli enunciati di stasi sono invece nella "modalità dell'essere", servono cioè a *identificare* (es.: Mario era un impiegato) e/o a *qualificare* (Mario era felice). Il cinema trova molto difficile esprimere enunciati di stasi perché, per le evidenziate caratteristiche dei segni iconici, il linguaggio cinematografico si rivela incapace di esprimere stati d'animo precisi e/o concetti astratti in una singola immagine (non esiste, infatti, a priori un'immagine che da sola significhi felicità: un sorriso può essere dovuto ad una barzelletta, un salto può essere di gioia o di dolore, e così via) e anche l'identificazione risulta spesso dubbia (può essere relativamente facile identificare una professione, ma non altrettanto il tipo di rapporto che lega due persone).

Ciò premesso, è possibile riscontrare che nella frase presa ad esempio c'è un solo enunciato di processo (festeggiare), mentre ve ne sono due di stasi: un qualificativo ("felice") e un identificativo ("Maria, la sua ragazza"). È quindi evidente che la trasposizione in immagini di questi ultimi concetti espressi dalla frase non sarà facile. Tralasciando, almeno per il momento, l'eventuale ricorso a metafore di tipo ejzenstejniano, ci si rende subito conto che occorrerà inventare qualcosa da mostrare per fare capire il motivo dello stato d'animo di Roberto, la differenza temporale fra il momento del festeggiamento e quello in cui la decisione era stata presa e, infine, il tipo di rapporto che lega Roberto a Maria.

Se la promozione di cui si parla nel testo è scolastica, si potrebbe riprendere Roberto che entra a scuola, si avvicina al tabellone, scorre i risultati, salta di gioia, poi corre fuori verso un telefono pubblico, compone un numero e poi dice: "Maria, di' a tua madre che stasera non mangi a casa, andiamo a festeggiare". Oppure si potrebbe riprenderlo mentre risponde al telefono; dice soltanto: "Davvero?", seguito da un gioioso e frettoloso "Ti ringrazio, ciao, ci vediamo". Poi, chiude la cornetta, alza i pugni al cielo e, prendendo in mano un casco da

55. A loro volta, gli enunciati di processo possono: *raccontare* (cioè narrare in forma diegetica) o *rappresentare* (cioè mostrare in forma mimetica). Cfr. Chatman S. [*op. cit.*, p. 30].

moto, si rivolge alla madre dicendo "Sono stato promosso, esco"; infine, mentre fa le scale, si potrebbe sentirlo dire fra sé: "Maria sarà molto contenta. Andremo a festeggiare insieme".

Qualora invece si trattasse di una promozione sul luogo di lavoro, più facilmente si potrebbe vedere Roberto entrare nell'ufficio di un collega con aria trionfante e dire: "Questa sera porto Maria nel miglior ristorante della città" e dopo una pausa aggiungere: "Hai davanti a te il nuovo Direttore..."; oppure si potrebbe vederlo camminare per strada quasi ballando e fermarsi a comprare un mazzo di fiori; in una successiva scena si potrebbero vedere lui e Maria seduti al ristorante con i fiori e una bottiglia di champagne e infine dal dialogo dei due e da un successivo bacio che lei gli stampa sulla bocca, si potrebbe inferire il motivo del festeggiamento e dedurre il tipo di rapporto che li lega.

Ovviamente gli esempi potrebbero moltiplicarsi quasi all'infinito. Occorre però notare che negli esempi riportati vi sono delle differenze. Nei primi tre casi non è stato "sceneggiato" il festeggiamento che è invece solo annunciato (narrazione diegetica) e che può (se serve) far parte di un'altra scena che seguirà secondo un ordine discorsivo cronologico. Nell'ultimo caso invece tutto si esprime attraverso una mimesi del personaggio (sorride, cammina quasi ballando, compra fiori, festeggia al ristorante con una donna) il cui significato può essere compreso solo alla fine di tutta l'azione quando viene rivelata la causa (la promozione) che era antecedente a tutto.

Al di là della varietà e difformità degli esempi, in ogni caso, come si è detto, per esprimere cinematograficamente gli enunciati di stato psicologico e di intenzionalità contenute nella fase del soggetto e/o scaletta, si è costretti a descrivere "un fare" del/i personaggio/i. Scegliendo che cosa "far fare" al/i personaggio/i per ogni singolo punto della scaletta, si sta così passando al trattamento (o pre-sceneggiatura) che consente di suddividere meglio e specificare in singole scene l'intreccio della vicenda narrata e di cominciare a pre-vedere cosa mostreranno concretamente le immagini.

Nel trattamento, in ogni caso, rimangono ancora molte parti letterali: i dialoghi sono spesso appena accennati o riferiti in forma indiretta e inoltre non si ha ancora nessun tipo di descrizione della posizione dei personaggi e delle cose, né specifiche rispetto al punto di vista scelto per "guardarli". Queste sono informazioni che si troveranno invece nella sceneggiatura.

1.5. La sceneggiatura ("découpage")

Individuate le azioni da mostrare, si propone un nuovo problema di selezione, analogo e complementare a quello già visto sul piano macro-narrativo nella *scaletta,* ma relativo questa volta al *come* mostrare concretamente l'ambiente e il fare dei personaggi in ogni singola azione. Quest'operazione viene solitamente indicata con il termine francese *découpage*, derivato dal verbo *découper* che significa letteralmente "tagliare,dividere". Ma tagliare che cosa? Tagliare, o meglio suddividere, in sede di ripresa, lo spazio/tempo della realtà che ha caratteristiche di unità e continuità (e che non è riproponibile al cinema *tel-quel*, se non in casi limite,[56] in parti delimitate e discrete di spazio e di tempo, che mostrino solamente ciò che si ritiene essenziale e metonimicamente sufficiente rispetto alla totalità dell'azione.

Come scrive Noël Burch [1969, pp. 11-12] infatti, "dal punto di vista formale, il film è una successione di *parti di tempo* e *parti di spazio*. Il *découpage* è quindi la risultante, la convergenza di un *découpage* nello spazio (o meglio una successione di *découpage* nello spazio) realizzato al momento delle riprese, e di un *découpage* nel tempo, previsto durante le riprese e portato a termine in sede di montaggio".

È importante sottolineare, come fa Burch, che *découpage* e montaggio sono due operazioni che avvengono in momenti separati, ma collegati e complementari. Il primo, infatti, trasforma l'unità-continuità della realtà in discontinuità, mentre il secondo ri-costruisce uno spazio-tempo irreale e virtuale in cui le sensazioni d'unità e continuità sono fittizie e affatto diverse dalla realtà. *Découpage* e montaggio sono quindi due momenti indissolubili di un unico processo linguistico che trasforma la realtà in *discorso* cinematografico. Oltre che il processo complessivo sopra descritto, con lo stesso termine in Francia s'intende anche l'operazione letteraria che è il risultato concreto di quel processo e che in Italia viene chiamata *sceneggiatura.*

Prima di addentrarsi ulteriormente nel discorso, è però opportuno

56. Ci si riferisce a casi in cui non vi siano cambiamenti spaziali all'interno dell'inquadratura e in cui il tempo cinematografico risulti assolutamente di eguale durata rispetto alla realtà. Il fatto è osservabile nel cinema delle origini dei fratelli Lumière e in alcuni casi di cinema sperimentale, spesso realizzati unicamente come provocazione intellettuale. Un buon esempio di questi casi limite è costituito dal cinema dell'artista della Pop Art Andy Wharol con i suoi film "contemplativi": *Sleep* (1963), osservazione di un uomo che dorme, *Empire* (1964), osservazione del variegato mondo che passa davanti al famoso edificio newyorkese, ecc.

fare una breve precisazione terminologica per distinguere i termini *Inquadratura, Scena* e *Sequenza*. In sede di ripresa e in termini tecnici, l'*inquadratura* (o "piano", come lo chiamano i francesi) è definita come la "parte di pellicola impressionata fra un'accensione ed uno spegnimento della cinepresa" e corrisponde quindi al cosiddetto "ciak". In sede di montaggio, o in sede di analisi di un film, è invece l'*unità visiva minima* caratterizzata da unità di spazio e continuità di tempo. La differenza fra le due definizioni è nel fatto che l'inquadratura realizzata in ripresa può essere spezzettata in sede di montaggio e alternata con altre inquadrature.[57] Tranne i casi in cui la sua *durata* corrisponde a quella della scena – nel qual caso si parla, come si vedrà, di "piano sequenza" – l'inquadratura non mostra tutta un'azione e non costituisce quindi una unità narrativa completa. La sua *durata* può essere estremamente variabile a seconda della grandezza scalare del "campo/piano" e a seconda che si tratti di un piano fisso o di un movimento di macchina.[58]

Con il termine *scena*, di chiara derivazione teatrale, s'intende invece la narrazione di una o più azioni che avvengono nello stesso luogo e in continuità ed unità temporale. Tranne il succitato caso di "piano sequenza", la scena è costituita da una serie di inquadrature che lo spettatore percepisce come appartenenti allo stesso spazio-tempo filmico.

La *sequenza* costituisce invece un'unità narrativa completa e, in generale, è composta da più scene discontinue, ma collegate da vicinanza spaziale e temporale e di continuità di personaggi implicati (es.: un inseguimento costituisce un'unica sequenza anche se avviene in più luoghi). Scena e sequenza corrispondono quando tutta un'unità narrativa completa si sviluppa nello stesso luogo.[59]

1.5.1. Scrittura della sceneggiatura

Solitamente si distingue fra sceneggiatura-copione (*screen-play*) e sceneggiatura tecnica o "di ferro" (*shooting script*). La prima, spesso, non è altro che un trattamento molto accurato, con una dettagliata suddivisione del racconto filmico in scene cui sono stati aggiunti i

57. La terminologia inglese che chiama *take* la prima e *shot* la seconda definisce e chiarisce bene la differenza fra le due cose.
58. In merito a questi termini si veda il capitolo successivo.
59. Come si vedrà, C. Metz dà a questi termini un'accezione simile, ma non esattamente uguale [*op. cit.*, pp. 187-189].

dialoghi definitivi. Nella seconda invece ogni scena viene suddivisa in più azioni e ogni singola azione viene analizzata e sezionata in varie parti per decidere se mostrarla con un'unica inquadratura con un movimento di macchina (vedi), talvolta lungo e complesso, o ricorrendo a più inquadrature da diversi punti di vista e indicando, di volta in volta, grandezze scalari (vedi: campi/piani di ripresa), posizione e angolazione (vedi) della macchina da presa, e ogni eventuale movimento degli attori o, infine, con un *mix* delle due possibilità (come si vedrà in seguito, questo tipo di scelta non è indifferente alle finalità comunicative che ci si propone).

Le scene, che debbono riportare le indicazioni concernenti il luogo e il tempo dell'azione (Interno/esterno; giorno/notte), così come le inquadrature (che nella sceneggiatura "tecnica" riportano l'indicazione della grandezza scalare e di angolazione), vengono numerate in progressione unica per tutto il film (ovviamente, con due diverse serie, indipendenti l'una dall'altra). In termini di redazione formale, la sceneggiatura può essere scritta in due differenti modi: all'italiana o all'americana. Nella sceneggiatura all'italiana il foglio viene suddiviso in due colonne verticali; la colonna di sinistra contiene la descrizione della scena e dell'azione che vi ha luogo, mentre sulla colonna di destra sono riportati i dialoghi ed ogni altra indicazione concernente la musica e i rumori. È essenziale che visivamente sia immediatamente percepibile il momento esatto in cui i dialoghi/musica/rumori intervengono. Le indicazioni sonore devono quindi essere poste in corrispondenza orizzontale rispetto alla descrizione del momento dell'azione in cui intervengono. All'inizio di una nuova scena si cambia foglio. La sceneggiatura all'americana è redatta invece per linee orizzontali. I dialoghi, preceduti dall'indicazione del nome del parlante, interrompono la descrizione dell'azione (che include anche le indicazioni sulla musica e sui rumori) nel momento in cui intervengono. Quali esempi esplicativi delle due differenti tecniche di scrittura si riportano le sceneggiature/copioni della prima scena di *Novecento* (1976) di B. Bertolucci (vedi Esempio 3)[60] e quella della seconda scena di *Zabriskie Point* (1970) di M. Antonioni (vedi Esempio 4)[61].

60. Si tratta di una riproduzione della sceneggiatura-copione, presentata dalla produzione alle F.F.S.S. italiane al momento della richiesta d'effettuazione d'alcune riprese in luoghi di proprietà dell'ente. Si noterà che mancano le indicazioni di campo e piano e, confrontando con le immagini del film, si potrà notare che vi sono notevoli variazioni fra quanto previsto in sceneggiatura e la realizzazione

Le sceneggiature per le produzioni di *fiction* televisiva (in particolare quelle da studio in diretta), assumono spesso una veste più complessa di quelle fin qui illustrate perché, oltre alle succitate indicazioni di campo/piano e angolazione, debbono prevedere anche l'indicazione del numero della camera che effettuerà la ripresa, nonché l'indicazione della posizione di questa nel momento in cui essa andrà in onda (questo, ovviamente, solo nel caso in cui durante la ripresa siano previste più posizioni per la stessa camera).

Nella storia del cinema vi è sempre stata polemica fra registi fautori della sceneggiatura "di ferro" e altri che preferiscono riservarsi la libertà di scegliere posizioni della macchina da presa, angolazioni, campi/piani, ecc. direttamente sul set. Quest'ultimo atteggiamento è molto comune fra gli autori moderni, ed è stato tipico di molti registi della *Nouvelle vague* come, ad esempio, Jean-Luc Godard. Fra gli autori che hanno amato molto la sceneggiatura "di ferro" si possono ricordare invece Pudovkin, Renoir e soprattutto Hitchcock, che amava prevedere ogni singolo dettaglio che sarebbe apparso nei suoi film e di cui la leggenda narra che una volta, avendo ultimato la sceneggiatura di un film, esclamasse: "Il film è finito, ora non rimane che girarlo".

Oltre che come momento di pre-visione del film da un punto di vista estetico-narrativo ad uso del regista e dei suoi assistenti, la *sceneggiatura tecnica* può dimostrarsi anche uno strumento molto utile ai fini di una preventiva valutazione del fabbisogno di scena e, quindi, dei costi. Inoltre, è indubbio che la stesura di una sceneggiatura che preveda l'indicazione di campi/piani, angolazioni e posizione apparente (frontale, di taglio, di scorcio, 3/4, ecc.) di persone e oggetti nelle singole inquadrature risulta un ottimo esercizio per addestrarsi a pensare in termini "visivi". In alcuni casi comunque, neppure la sceneggiatura-tecnica viene ritenuta esaustiva. Il già citato Hitchcock e molti altri autori ricorrevano spesso ad un altro strumento di elaborazione artistica che permette di *vedere* realmente come le varie inquadrature del film saranno costruite: lo *Storyboard.*[62]

---

finale (ad esempio non v'è alcun accenno all'episodio concernente l'uccisione del giovane che marcia cantando).

61. *Zabriskie Point*, Cappelli, Bologna, 1970, pp.31-32.

62. Un esempio di story-board hithcockiano tratto dal suo ultimo film, *Family Life* (id. 1976), è riportato in: Spoto D., *The Art of Alfred Hitchcock. Fifty Years of His Motion Pictures*, Doubleday, New York-London-Toronto, 1976, pp. 464-499.

SCENA 1
Prato falciato. Argine. Esterno giorno

Un uomo in bicicletta avanza veloce come volasse su una strada carraia, attraverso una grande distesa di prati falciati. Addosso ha una specie di corazza rustica. Contadini e contadine sparsi qua e là, con rastrelli e con forche, raccolgono il fieno ormai secco e lo caricano sui carri. È il 25 aprile del 1945. Lontano, si sente qualche colpo, qualche raffica isolata, che vena di inquietudine i gesti regolari dei lavoranti. La pesante bardatura del ciclista è fatta di armi che lui porta a tracolla. Ora che lo vediamo più da vicino possiamo quasi contarle: sono almeno una decina di fucili e alcuni mitra. Pedalando grida:

TIGRE
Per Stalin! Correte! C'è bisogno di uomini! Ammazziamoli tutti! Contro i briganti neri! Evviva Stalin!

Gli uomini abbandonano gli arnesi e corrono verso Tigre. Lui porge le armi senza neppure scendere dalla bicicletta. Indica verso una macchia di alberi, a circa un chilometro.

TIGRE
Dài... Manzolone... al Mulino... Eros... correte tutti... dài Goilla... li abbiamo imbottigliati... dàai che è l'ultimo giorno del mondo!

L'esercito improvvisato si allontana correndo verso il mulino, incitato dalle donne.

DONNE
... ammazzateli anche per noi, veh!

D'improvviso un bambino sui tredici anni si mette a correre a fianco al ciclista. Lo supplica senza mai restare indietro.

LEONIDA
Anche a me, uno anche a me... Dàai, per Lenin! Mi hai mandato a tagliare i fili del telefono... allora me ne tocca uno anche a me, dàai Tigre! Voglio uccidere anch'io...

Tigre, per toglierselo di torno, frena, e gli consegna un vecchio fucile, e una bandoliera di cartucce. Il bambino corre via infilandosi la bandoliera attorno al collo.

Esempio 1 - Da *Novecento* Atto 1°

SCENA 2
Uffici Sunnydunes. Esterno. Tardo pomeriggio.

Una ragazza entra di corsa, attraversa l'atrio e raggiunge il banco circolare al centro del quale è seduto, su una sedia girevole, il portiere. Sopraggiunge intanto una donna che ha una pistola al fianco. La donna si rivolge al portiere:

DONNA: C'era una porta aperta al terzo, ma ora è a posto.

La ragazza la guarda di sfuggita, poi si volta verso il portiere.

DARIA: Si può andare sul tetto. Lei può... cioè, mi fa salire?

Il portiere fa cenno di no con la testa.

PORTIERE: Regolamento.

DARIA: Devo prendere un libro che ho lasciato su all'ora di pranzo.

PORTIERE: Che libro? Perché non mangia alla mensa?

Delle voci femminili provenienti da uno dei monitor TV disposti all'interno del banco fanno voltare il portiere verso il piccolo schermo. Due custodi donne stanno percorrendo un corridoio.

I DONNA: Come è andata la tua vacanza?

II DONNA: Bene.

I DONNA: Ci vediamo dopo.

DARIA: Chi è che mi può dare il permesso?

Il portiere fa un gesto, indicando la persona che sta per uscire in quel momento dall'ascensore, un uomo sui quarantacinque anni. La scena è vista contemporaneamente dal vero e sul piccolo monitor TV.

PORTIERE: Buona sera signor Allen.

ALLEN: Buonasera Tom.

PORTIERE: Fatto tardi stasera.

Il signor Allen si è accorto di Daria e viene verso di lei. Si ferma a due passi dalla ragazza.

ALLEN: Si ho avuto da fare... Posso aiutarla?

DARIA: Mah! Lo spero. Ho sostituito una delle segretarie oggi e sono andata su... all'ora di pranzo cioè, e ho dimenticato...

PORTIERE: Un libro.

ALLEN: Fa la segretaria?

DARIA: Beh, veramente non è che mi piace. Lavoro solo quando ne ho bisogno.

Esempio 2 - Da *Zabriskie Point*

1.6. Lo story-board

Lo *story-board* è un'illustrazione della sceneggiatura realizzata per mezzo di disegni che interpretano il dettato e lo spirito delle descrizioni letterarie. Formalmente è del tutto simile a ciò che si può vedere in un normalissimo giornale a fumetti, con la sola differenza che i disegni sono meno curati nel tratto e nella chiarezza dei dettagli.

Come detto, lo *story-board* è stato utilizzato da molti autori cinematografici, ma il suo sviluppo come momento preparatorio insostituibile è avvenuto in correlazione alla grande esplosione produttiva di spot pubblicitari. Dovendo comunicare i suoi messaggi in un tempo molto limitato (generalmente 30 secondi, ma talvolta anche solo 5) e, di conseguenza con un numero limitato d'immagini, la pubblicità televisiva deve, infatti, risolvere problemi non indifferenti perché il messaggio deve risultare chiaro ed efficace senza rinunciare alla spettacolarità che possa colpire (o meglio, *carpire*) l'attenzione del pubblico. Di conseguenza, come si può vedere dall'allegato (vedi esempio 5),[63] ogni singola immagine deve essere ben calcolata e calibrata e per questo deve essere studiata in anticipo in tutti i minimi dettagli.

63. Per gentile concessione della società Master-Film e dell'autore dei disegni Walter Zuliani. Come si potrà facilmente notare lo spot prende ispirazione da un film americano di grande successo commerciale: *Back To The Future* (*Ritorno al futuro,* 1985) di Robert Zemekis.

2. L'ORGANIZZAZIONE DELLA PRODUZIONE

La fase letteraria, come detto, non è l'unico momento preparatorio della produzione. Molti altri adempimenti di carattere organizzativo s'impongono in momenti contemporanei o successivi. La macchina produttiva del cinema e della televisione è, infatti, molto complessa e richiede l'interazione di varie figure professionali di carattere giuridico, tecnico, amministrativo e, ovviamente, artistico, ognuna preposta ad uno specifico compito.

La descrizione dettagliata di tutti questi adempimenti e di tutte le funzioni delle varie figure professionali risulta impossibile in tempi brevi, e esulerebbe comunque dal nostro argomento, perché in pratica si tratta della descrizione di processi produttivi non omologabili in un unico schema in quanto la produzione può avvenire sia per opera di una piccola impresa finalizzata alla realizzazione di un singolo prodotto o su scala industriale, come succede nel caso delle grandi *Majors* americane e, in generale, di tutti i *network* televisivi. Modelli organizzativi, figure professionali e organizzazione generale rifletteranno quindi le dimensioni dell'azienda, la sua organizzazione sindacale[64] e la sua filosofia produttiva.

A fronte di questa premessa, è però opportuno riferire di quelli che possono essere considerati gli adempimenti principali e obbligatori per l'organizzazione di una produzione di medio impegno:

- *Piano di finanziamento*
- *Casting*
- *Sopralluoghi, prenotazione e allestimento scenografico degli studios*
- *Spoglio della sceneggiatura e stesura piano di produzione*
- *Stesura del preventivo costi e contratti*

2.1. Piano di finanziamento

Contrariamente a quanto si possa pensare, il "produttore" non è (o, meglio, non è più) colui che finanzia realmente il film, o quantunque, non è il solo che contribuisce con proprie finanze. Più propria-

64. Ad esempio: nel mansionario sindacale della RAI esiste la figura dell'*Ottimizzatore* che non ha riscontro in altre società; mentre all'interno delle reti di proprietà della Fininvest si può sentire parlare di *Regista di stazione*.

mente, il "produttore" è colui che riesce a trovare e "raccogliere" le finanze necessarie per la produzione di un film. Per diminuire il proprio impegno economico diretto, il produttore che si accinga a finanziare un film provvede a stendere un piano preventivo di finanziamento ricorrendo a diversi strumenti e possibilità di finanziamento.

• *Coproduzione*

È un modo per assicurarsi sia una fonte finanziaria diretta che per ottenere una opzione in merito a eventuali vendite all'estero. Il denaro raccolto all'estero deve però essere speso per pagare tecnici o laboratori del/dei paese/i compartecipanti. A livello di comunità europea il sistema è istituzionalizzato per mezzo del programma "Euroimages", che prevede la partecipazione di almeno tre partner europei per poter accedere ai finanziamenti previsti.

• *Minimo garantito* e *Anticipi sulle vendite estere*

È una voce cui solo poche produzioni di alto prestigio (magari anche solo commerciale) riescono oggi ad accedere. Si tratta di un anticipo che il "distributore"[65] che voglia assicurarsi il titolo garantisce al produttore indipendentemente da quelli che saranno i reali incassi. In pratica si tratta di una acquisizione anticipata dei diritti di distribuzione per ottenere i quali il distributore paga in anticipo un diritto di opzione. Ovviamente in caso di produzioni associate si possono sommare più "minimi garantiti" raccolti nei vari paesi interessati.

• *Compartecipazione d'autori, attori e maestranze qualificate*

È una formula scarsamente utilizzata nel cinema industriale, ma alquanto diffusa in quello indipendente. In pratica significa che i partecipanti alla realizzazione possono diventare comproprietari di quote produttive dando in cambio il proprio lavoro. In linea generale in questi casi la società di produzione è una cooperativa.

---

65. Il sistema commerciale cinematografico si organizza su tre diversi momenti, che possono o meno essere integrati "verticalmente" (cioè far capo ad una sola società o a più società operanti in concorso reciproco): Produzione, Distribuzione ed Esercizio. Quest'ultimo è costituito dal sistema di sale cinematografiche operanti a vario titolo (commerciali, parrocchiali, cineclub, ecc.), la Distribuzione si occupa invece della vera e propria commercializzazione del "prodotto film", cioè della stampa delle copie, del lancio pubblicitario, della spedizione delle copie nelle varie sale, ecc.

• *Prevendita dei diritti broadcast, narrowcast e home-video*

Com'è noto, oggi un film non viene commercializzato solo nelle sale cinematografiche, bensì in molti altri canali: televisione via etere o *broadcast*; televisione criptata (via satellite o cavo o altro) con varie forme di commercializzazione (abbonamento o *pay-per-view*, ecc.), che costituisce il *narrowcast*; videocassette, laser-disc e DVD, che costituiscono il mercato dell'*home-video*. Solitamente si procede alla vendita dei diritti (detti non-theatrical) successivamente alla realizzazione del prodotto, ma in molti casi, in particolare per film di grande richiamo commerciale, i diritti di distribuzione (o, quantomeno, un'opzione su tali diritti) su questi vari canali possono essere venduti anche prima della realizzazione del film.

• *Agevolazioni di legge*

In ogni nazione (o, quantomeno, in quelle europee) il "prodotto film" è considerato di grande importanza per la cultura nazionale ed, quindi, spesso "aiutato" con sovvenzioni dirette (caso dei film "d'interesse culturale") o con agevolazioni che possono riguardare sia la pre-produzione che la produzione che la distribuzione. In ogni nazione esistono leggi diverse, ma similari e, per quanto concerne l'Europa unita, esistono anche leggi comunitarie che prevedono aiuti, sovvenzioni e agevolazioni di vario genere e titolo sui quali il produttore può fare affidamento per mettere insieme il *budget* necessario alla produzione (per il caso italiano vedi approfondimento a lato).

2.2. Casting

Casting è un termine inglese utilizzato per indicare le varie operazioni che presiedono alla scelta del personale artistico che darà corpo e volto ai vari personaggi del film.

Queste operazioni vanno dal semplice spoglio di cataloghi di volti di attori e attrici alla realizzazione di *provini* per i quali si organizzano veri e propri *set* di ripresa e nel corso dei quali viene chiesto ad ognuno degli artisti/caratteristi interpellati di provarsi nei panni del personaggio cui dovrebbe dare vita.[66]

66. Queste operazioni sono state messe in scena in vari film. Fra i più noti ricordiamo *Bellissima* (1951) di Visconti e *Otto e mezzo* (1963) e *Intervista* (1987) di Fellini.

Per quanto concerne l'Italia, oltre agli aiuti e ai premi per le sceneggiature, i provvedimenti legislativi a sostegno della produzione cinematografica possono essere così riassunti:

Provvedimenti "a priori"

- *Sostegno ordinario*: tutti film di produzione italiana possono usufruire di mutui a tasso agevolato per un importo equivalente al 70% del costo di produzione preventivato. Tutte le garanzie sono a carico del produttore.
- *Sostegno per film di interesse culturale nazionale*: in base all'Art. 16 della legge 153 del 1994 e successivi decreti attuativi, i film definiti d'interesse culturale nazionale (in base alla sceneggiatura) e con un costo massimo non eccedente i quattro miliardi, possono accedere a mutui agevolati per il 90% del costo preventivo. Le garanzie per il 70% di detti mutui sono fornite dall'intervento pubblico e possono configurarsi come un 'fondo perduto' nel caso che i ricavi del film non riescano a coprire le spese. Il produttore, da parte sua, oltre a fornire – direttamente o indirettamente – il finanziamento del restante 10% del finanziamento preventivo globale, deve anche fornire garanzie per il restante 30% dei mutui, offrendo sia l'importo del capitale sociale dell'azienda che i proventi eventuali e futuri del film.
- *Sostegno con fondo di garanzia* (per opere prime o seconde d'interesse culturale nazionale). Si tratta di un intervento finanziario diretto dello stato, atto a favorire il debutto di giovani e/o lo sviluppo di progetti di ricerca ed innovazione espressiva. L'intervento pubblico copre il 90% dei costi del film con finanziamenti di un apposito fondo di garanzia, mentre il produttore è tenuto a finanziare solo il 10% con i proventi del film. Non vengono richieste particolari garanzie preventive e, di fatto, anche in questo caso (e a maggior ragione) l'intervento si configura come 'a fondo perduto' nel caso che il film non riesca a incassare fondi sufficienti per restituire il prestito. Ma ci sono però precisi limiti di applicazione della legge: oltre alle qualifiche di 'interesse culturale con rilevanti qualità artistiche' e di 'opera prima o seconda', che il progetto deve ottenere da un'apposita commissione, il costo massimo ammissibile (per ogni singolo film) per il triennio 1994/97 era fissato in un miliardo e mezzo, il 30% dei costi dovevano riguardare i compensi artistici e tecnici e gli stessi devono partecipare all'impresa con un 30% dei loro compensi 'in quota' - cioè come co-azionari del progetto. Infine, il numero massimo dei progetti finanziabili era fissato in 15-20 titoli per anno.

Provvedimenti "a posteriori"

- *Ristorno suggli incassi*: per i primi cinque anni dalla prima rappresentazione pubblica, per tutti i film è previsto un contributo al produttore equivalente al 13% del loro incasso lordo, stabilito dalla SIAE in base ai 'borderò' delle singole sale cinematografiche.
- *Premi di qualità.* Vengono attribuiti da apposite commissioni e riguardano sia i cortometraggi che i lungometraggi. Per questi ultimi sono nell'ordine dei 400 milioni che vengono così distribuiti: 71% al produttore, 10% al regista, 7% allo sceneggiatore 2% al compositore delle musiche originali, 2% al direttore della fotografia, 2% allo scenografo e 2% al montatore.
- *Distribuzione ricavi.* SIAE: Circa il 20% dell'incasso lordo; Utile d'Esercizio: Circa 50% del netto (= 40% del lordo); Distributore: Circa 15% del netto (=13,3% del lordo); Produttore: Circa 35% del netto = 26,7% del lordo).

2.3. Sopralluoghi, prenotazione e allestimento scenografico studios

Come dice la stessa parola, i sopralluoghi consistono in visite a diversi luoghi per individuare quelli che scenograficamente rispondono meglio agli ambienti richiesti dalla *storia* e per determinare il materiale tecnico occorrente per l'approntamento dei *set* di ripresa. Individuati i luoghi, occorrerà richiedere i necessari permessi d'utilizzo e d'occupazione di suolo pubblico. In genere si tratta d'operazioni alquanto semplici (e magari piacevoli), ma talvolta si possono trasformare in estenuanti ricerche e contrattazioni, nel caso di produzioni in ambientazioni particolari.[67]

Un discorso analogo riguarda le prenotazioni degli *studios* dove effettuare le riprese in interni e il loro relativo allestimento scenografico (da notare che spesso negli *studios* vengono ricostruiti ambienti che nel film appariranno come *esterni*).

2.4. Spoglio della sceneggiatura, stesura del piano di produzione, del preventivo costi e dei contratti

Le riprese delle singole parti di un film, o di altro prodotto audiovisivo, non vengono effettuate secondo l'ordine previsto in sceneggiatura, ma secondo un accorpamento delle varie scene che risponde a principi e criteri di carattere economico.

Nel corso di un'operazione che viene denominata "spoglio della sceneggiatura", le varie scene ed inquadrature del film vengono, infatti, suddivise in base ai luoghi e agli ambienti in cui hanno luogo, indipendentemente dalla loro dislocazione nella *storia* e nel *discorso* narrativo. Ad esempio, se in un film sono previste varie ambientazioni in interni ed altre in esterni, si realizzeranno prima le une e poi le altre, o viceversa. Questo vuol dire, ad esempio, che l'avvicinarsi dei personaggi ad un hotel o casa può essere "girato" un determinato giorno e la successiva scena ambientata all'interno dell'ambiente suddetto dieci o venti giorni dopo. Per dispersivo e dispendioso che possa sembrare il sistema (perché comporta, ad esempio, la tenuta di

67. Il riferimento è, ovviamente, a produzioni particolari tipo *Apocalypse Now* (*id.*,1979) di Coppola o *Fitzcarraldo* (*id*, 1979) di Herzog o al più recente *Les amants du Pont Neuf* (*Gli amanti del Pont Neuf*, 1991) di Leo Carax che ha richiesto l'individuazione di un luogo dove poter ricostruire appunto il Pont Neuf e tutta una parte di Parigi.

grandi magazzini di costumi a disposizione per tutta la durata della lavorazione nonché la costante presenza sul set di una specifica figura professionale – la segretaria di edizione – attenta a far sì che tutti i dettagli dell'abbigliamento, della pettinatura ecc. degli attori non siano cambiati fra una inquadratura e l'altra) permette invece grandi economie perché evita infiniti spostamenti di tutta la *troupe* da un luogo all'altro.

Il risultato finale di questa complessa operazione è la stesura di un *piano di produzione* dove per ogni luogo e per ogni giorno di lavorazione sono elencate le figure professionali che devono essere presenti, il fabbisogno scenico, tecnico, ecc. Insieme a questo piano di produzione globale vengono approntati anche i *fogli di lavorazione giornaliera* e altra modulistica che servirà alle lavorazioni di sviluppo e stampa (se si tratta di lavorazioni in pellicola) e successivamente di edizione cioè, montaggio e doppiaggio.

Contemporaneamente agli adempimenti sopra descritti, si procede alla stesura di un *preventivo dei costi* (noleggi delle attrezzature tecniche e degli *studios*, realizzazione scenografie e costumi, ecc.) ed alla stesura dei contratti concernenti sia il personale tecnico che artistico.

IL LINGUAGGIO DELLA RIPRESA
(La produzione)

Introducendo il concetto di *Découpage* si è rilevato che, in sede di ripresa, lo spazio-tempo continuo e unitario della realtà viene suddiviso in piccole parti discrete e discontinue che servono poi per creare, in sede di montaggio, un nuovo spazio e un nuovo tempo che sono però *virtuali* – che sono cioè categorie mentali stimolate dalle immagini, ma prodotte, in ultima analisi, dallo spettatore – che pertanto hanno caratteristiche affatto diverse dai corrispondenti aspetti fenomenologici della realtà.

È bene, a questo punto, soffermarsi ad analizzare meglio quali siano gli elementi che maggiormente concorrono a determinare queste differenze e precisare il senso e gli effetti di queste virtualità. Si cercherà innanzi tutto di descrivere e definire i parametri che concorrono a creare l'idea virtuale di *spazio*, rinviando il discorso sul *tempo* (cui si è già accennato nel paragrafo concernente la *scaletta*) alla trattazione del montaggio.

1. LO SPAZIO CINEMATOGRAFICO

I parametri che definiscono lo spazio virtuale cinematografico possono essere suddivisi in due categorie: *statici* e *dinamici*. I fattori *statici* sono quelli che riguardano la *composizione del quadro*, cioè le caratteristiche osservabili nell'immagine quando essa venga analizzata dal punto di vista della disposizione volumetrica degli elementi in essa inseriti e dei loro reciproci rapporti prospettici apparenti. I fattori *dinamici* sono invece quelli che riguardano lo *spazio interattivo*, cioè quelli che pongono lo spazio "interno" di un quadro in rapporto sia a ciò che è ad esso "esterno" (il cosiddetto "fuori campo") sia allo spazio (virtuale) dei quadri antecedente e successivo. Schematicamente possiamo quindi distinguere:

1. *Fattori statici della* Composizione del quadro*:*

- Grandezze scalari del "campo/piano"
- Pesature compositive in rapporto al formato schermico
- Angolazioni e inclinazioni
- Obiettivi di ripresa
- Contrasto Soft-focus/Profondità di campo
- Luce e Colore

2. *Fattori dinamici dello* Spazio interattivo*:*

- Il "fuori campo" e i raccordi spaziali
- I movimenti di macchina

Prima di passare nel concreto all'analisi dei suddetti fattori, è bene premettere che la suddivisione proposta è puramente teorica e finalizzata unicamente ad una maggiore comodità d'analisi. Il cinema, come detto, è infatti essenzialmente movimento e tutti i parametri che qui si definiscono come statici fanno, sempre e comunque, parte dello spazio virtuale dinamico.

1.1. Le grandezze scalari del "campo/piano"

Nella sceneggiatura tecnica, come già accennato, la descrizione di ogni inquadratura viene fatta precedere dall'indicazione di grandezza scalare di *Campo* o *Piano*. Con tali termini si indica la grandezza apparente di luoghi e persone rispetto ai bordi dello schermo, cioè la loro apparenza prospettica all'interno del quadro. Si usa il termine *campo* riferito alla raffigurazione di luoghi; il termine *piano* è invece riferito alla figura umana.

La grandezza scalare apparente dell'oggetto/persona nel quadro dipende da: a) la sua distanza dalla macchina da presa; b) il tipo di obiettivo utilizzato per la ripresa (vedi oltre). In relazione a tale grandezza apparente di luoghi e figure, si possono avere:[68]

---

68. Per ognuna delle grandezze scalari s'indicano il nome per esteso e fra parentesi l'abbreviazione in uso nelle sceneggiature tecniche e che verranno usate in seguito nel testo.
Il formato dei disegni presentati, tranne avviso diverso nel testo, è sempre il rettangolo 16/9 che è il nuovo formato televisivo (vedi: formato schermico).

Fig. 1
Campo Lunghissimo (C.L.L.):
Riprese in esterno di paesaggio molto vasto in cui la figura umana è assente o di grandezza appena percepibile.

Fig. 2
Campo Lungo (C.L.):
Riprese in esterni in cui la figura umana – pur restando di piccole dimensioni – è comunque distinguibile.

Fig. 3
Campo Medio (C.M.) o *Mezzocampolungo* (M.C.L.)
Riprese in esterni in cui la figura umana comincia ad assumere rilievo ma non arriva ancora a lambire – con testa e piedi – i margini inferiore e superiore dello schermo.

Oltre che nei casi citati, il termine "campo" è utilizzato anche per riprese in interni per indicare grandezze scalari equivalenti al C.L e al C.M. e denominate *Campo Totale* (C.T.) e *Semi Totale*, che riportano, rispettivamente, la totalità o una parte di un ambiente.

Fig. 4
Figura Intera (F.I.)
Il quadro è riempito in tutta l'altezza dalla figura umana che lambisce i bordi superiore ed inferiore con le estremità.

Fig. 5
Piano Americano (P.A)
La figura umana è ripresa dalle ginocchia in sù e riempie tutto il quadro.

Fig. 6
Mezza Figura (M.F.)
La figura umana è tagliata all'altezza della cintola.

Fig. 7
Primo Piano (P.P.)
La figura umana è tagliata all'altezza del busto o delle spalle.

Fig. 8
Primissimo Piano (P.P.P.)
La sola testa e, eventualmente, il collo della figura umana.

Fig. 9
Particolare (Part.)
Il quadro è completamente riempito dal particolare di una parte del corpo umano. Occorre sempre indicare di quale parte anatomica del corpo si tratta, es.: occhi, bocca, mano, ecc.

Fig. 10
Dettaglio (Dett.)
Come la precedente, ma si riferisce a un oggetto o animale, di solito di piccole dimensioni. Occorre sempre specificare il nome dell'oggetto, es.: maniglia porta, lettera, fazzoletto, posacenere, statuetta, ecc.

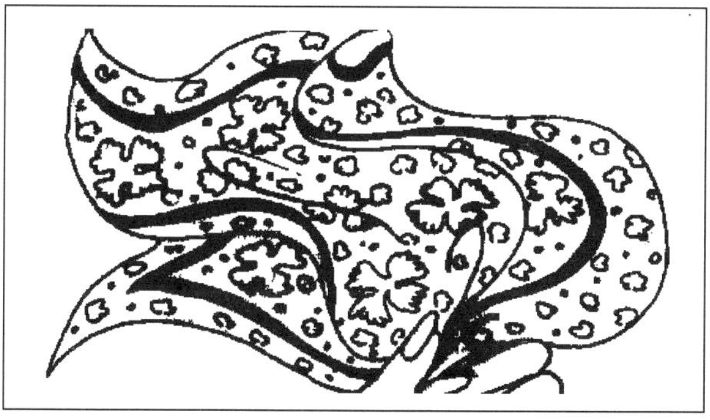

La classificazione di campi e piani[69] qui proposta non pretende di essere rigorosa ed esaustiva di tutte le possibilità di determinazione del piano, ma vuole solo fornire dei parametri di orientamento. C'è

69. Per comodità del lettore, riportiamo le dizioni e le abbreviazioni piu frequentemente usate nella lingua inglese che sono nell'ordine: Extreme Long Shot (E.L.S.); Long Shot (L.S.), Medium Shot (M.S.); Full Shot (F.S.); Knee Shot (K.S.) o Medium Close Shot (per il P.A.); Waist Shot (W.S.); Close Up (C.U.); Extreme (o Big) Close Up (E.C.U. o B.C.U.).

Fig. 4 bis

Fig. 5 bis

Fig. 6 bis

chi propone una classificazione più pignola per i piani ristretti – indicando, per esempio, con *Mezzo Primo Piano* (M.P.P.)[70] la ripresa del corpo umano dal busto in su e riservando la dizione P.P. solo al piano comprendente testa e spalle – e c'è chi aggiunge gli aggettivi "largo" o "stretto" ad ogni indicazione di piano. In effetti però – come possono facilmente dimostrare i piani delle fig. 4 bis, 5 bis e 6 bis, che sono vicine ma non uguali ad alcuni dei piani indicati – una classificazione precisa non è possibile perché, come ricorda Metz, [*op. cit.*, p. 170] piani e campi "sono di numero infinito" e sono essenzialmente"invenzioni del cineasta". Campi e piani non possono quindi, in alcun modo, essere considerati come elementi di un lessico sempre riutilizzabile in forma immutata (cioè alla stregua delle parole di una lingua). Al contrario sono in sé categorie vuote senza alcun preciso significato fino a quando non vengano contestualizzate in un discorso visivo testuale che conferisca loro precisi contenuti e specifiche funzioni di carattere descrittivo, narrativo ed espressivo. Un discorso approfondito ed esaustivo sull'argomento è quindi possibile solo dopo un ampio discorso sul montaggio e solo a livello testuale (cioè relativo al singolo film) perché il ruolo e la funzione di un campo o di un piano possono cambiare a seconda che essi facciano parte di un'inquadratura lunga e con variazioni scalari all'interno (come nel caso di un movimento di macchina) o che, al contrario, appaiano sullo schermo dopo una grandezza scalare diversa e rimangano inalterati per tutta la durata dell'inquadratura. Ciò premesso, si cercherà ugualmente di rintracciare qualche parametro di riferimento che permetta di fare generalizzazioni di massima sulla loro funzione e sul loro uso discorsivo più ricorrente.

70. In inglese: Medium Close Up (M.C.U.).

1.1.1. *Funzione espressiva di campi e piani*

Come scrive Marcel Martin, "la maggior parte dei campi e dei piani non hanno altra ragion d'essere che la comodità della percezione e la chiarezza del racconto" [1985, p. 40]. I parametri generali che stanno alla base dell'ampia scelta fra tutti i piani e campi sono quindi il rapporto fra il valore significante del luogo dell'azione e l'espressione della soggettività del personaggio che l'azione compie.

In linea generale si può sostenere che i campi larghi hanno una funzione essenzialmente descrittiva, mentre nei piani stretti prevale la sottolineatura psicologica dello stato d'animo del personaggio. Il C.L.L, in cui la presenza umana non è percettibile o è spesso solo accidentale, e il C.L., in cui la figura umana pur essendo percepibile risulta comunque molto ridotta in rapporto allo spazio che l'inquadratura mostra, possono però avere una funzione psicologica per esprimere la solitudine di un personaggio e/o la sua impotenza di fronte alla natura. A parte questi casi, dal C.M, in cui spazio e peso della figura umana cominciano a equilibrarsi senza il prevalere dell'uno sull'altro, alla M.F., in cui il mondo circostante ha più che altro una semplice funzione di presenza di riferimento (spesso unicamente per permettere allo spettatore una collocazione spaziale del personaggio), ciò che guida e impone la scelta è sempre il rapporto fra necessità di mostrare l'oggettività dell'azione e il bisogno di far conoscere le reazioni soggettive dei personaggi.

Non è ovviamente possibile indicare "regole" precise e generali per la ricerca di questo bilanciato rapporto fra soggettività ed oggettività. Si possono però individuare due parametri generali molto importanti che spesso operano in modo complementare: il rapporto con il "fuori campo" dell'immagine e la contestualizzazione di genere in cui l'azione viene ad iscriversi.

Come si è già osservato l'immagine è sempre una metonimia (o sineddoche), cioè l'espressione di una parte per significare un tutto. Quindi, quando si seleziona uno spazio da inquadrare, è essenziale che ciò che l'immagine mostra possa in qualche modo inferire, cioè richiamare alla mente, ciò che dal campo viene escluso, ma la cui "presenza mentale" nella percezione dello spettatore risulta essenziale. Di conseguenza, il campo prescelto non solo deve corrispondere all'esigenza di porre l'accento sul particolare interno al quadro cui si voglia dare preminenza, ma deve anche ottemperare all'esigenza opposta: non escludere elementi essenziali.

Per decidere sull'essenzialità o meno di un elemento può venirci in aiuto l'altro parametro correlato: il contesto di genere. In un dialogo salottiero fra due o più personaggi, ad esempio, un'abbondanza di piani medi e ristretti (purché i personaggi non facciano alcunché di rilevante e che lo sfondo risulti alquanto "neutro" rispetto all'azione) favorisce l'attenzione al contenuto del dialogo. Al contrario in un film d'azione, un'eventuale sequenza di inseguimento richiederà un largo utilizzo di campi medi e larghi e una rinuncia ai piani più ristretti della M.F. poiché l'inserimento di una tale grandezza scalare (a meno che quest'inserimento non sia di brevissima durata o che non intervenga nel momento pre-conclusivo o conclusivo dell'azione), comporterebbe una pausa e una conseguente interruzione della fluidità e del ritmo dell'azione, elementi da cui conseguono il significato di concitazione e la tensione drammatica che la sequenza deve esprimere (significato e tensione che vengono appunto esaltati dalla contrapposizione movimento del personaggio/staticità del paesaggio).[71]

Sarebbe troppo lungo analizzare il leggero e graduale mutare di questi rapporti fra un campo e l'altro e fra un genere e l'altro, per chiarire meglio il concetto con un esempio esplicativo, si può comunque prendere in considerazione il caso del cosiddetto P.A. Com'è ben noto tale piano – forse l'unico peculiarmente cinematografico e non di derivazione pittorica o fotografica – fu *inventato* (o *re-inventato*) dagli americani nei film western per porre in risalto le cosce dei Cow-Boys e, quindi, far "sentire" meglio la presenza delle pistole. Naturalmente dal western questa figura retorica è poi passata in altri generi. Un esempio particolarmente espressivo è ravvisabile in *Riso Amaro* (1949) di De Santis in cui l'autore inquadra Silvana Mangano (all'epoca, insieme e forse più della Loren e della Lollobrigida, mito nascente del *sex-appeal* italico) in P.A., in maniera che le sue famose gambe[72] si facciano "sentire" con grande pregnanza anche all'interno in un'inquadratura ampia e descrittiva che apparentemente pretenderebbe a una semplice presentazione/descrizione del luogo e dell'azione di semina del riso da parte di una moltitudine di persone (vedi foto 5 e 6). In questo modo De Santis riesce a restituire la coralità dell'azione senza però rinunciare a mantenere in giusta evidenza la

71. Esistono, ovviamente, varie eccezioni a queste norme di carattere generale, ma sono appunto eccezioni.
72. Da rilevare anche il grande rilievo che dà alle gambe il contrasto cromatico fra il bianco delle cosce e le parti più scure dei pantaloncini grigi (in alto) e dalle calze nere (in basso).

Foto 5

Foto 6

prepotente carica erotico-sensuale del suo personaggio (che per altro viene ampiamente marcata anche in molte altre parti del film).

Come accennato, i piani ristretti come il P.P. e il P.P.P. hanno invece un valore descrittivo scarso o nullo, mentre sono molto funzionali per esprimere le reazioni emotive dei personaggi e per evocare il loro stato psicologico. Possono svolgere una funzione meramente narrativa solo quando servono a rendere evidente una variazione della micromimica facciale che ha valore di commento (in genere comico o di paura) del personaggio all'azione/situazione.[73] In questi casi la "durata" dell'inquadratura coincide con il tempo di lettura della variazione micromimica, mentre nel caso in cui il P.P. o il P.P.P. svolgano una funzione di sottolineatura psicologica di uno stato d'animo la durata del piano è nettamente sganciata dall'eventuale funzione narrativa (di solito assente o minimale) in quanto il "tempo" che l'inquadratura vuole esprimere non è un tempo reale bensì psicologico e soggettivo. Valore connotativo e significato emozionale soggettivo dell'inquadratura sono quindi in diretta relazione alla sua durata che non è mai determinabile a priori ma dipenderà, come si vedrà meglio nel capitolo sul montaggio, dall'economia ritmico-discorsiva del testo in cui è inserita.

L'ultima sequenza di *Le notti di Cabiria* (1957) di Fellini può servire per riassumere e chiarire meglio le relazioni che si istituiscono fra i piani all'interno di una scena/sequenza. Nel film Giulietta Masina/Cabiria è una prostituta un po' ingenua e di buon cuore che, come una ragazza qualsiasi, sogna fiori d'arancio e una famiglia. La realtà è purtroppo molto diversa dai suoi sogni. Dopo aver subito un tentativo di omicidio nella sequenza di apertura da parte del suo "uomo" e dopo mille altre peripezie, finalmente crede di aver incontrato l'uomo giusto: un ragioniere di un'altra città che le fa la corte, le promette di sposarla e la convince a vendere la casa e a partire con lui. Dopo un pranzo al ristorante l'uomo la porta a fare una passeggiata in campagna, ma giunti in prossimità di un burrone, in una

73. Ciò in quanto lo sfondo eventualmente presente è in genere inerte, sia perché contiene pochi dati informativi sia perché queste inquadrature sono di solito accompagnate da un *effetto flu* (vedi paragrafo sul *soft focus*) più o meno evidente che toglie valore significante allo sfondo. Occorre tenere presente che più ristretto è il campo più aumenta il valore della connotazione (in genere comico-ironica o di shock emozionale dovuto a paura), quindi in sede di ripresa è necessario stare attenti a non restringere il piano eccessivamente a meno che non si intenda appositamente ottenere un forte valore connotativo.

Foto 7

zona isolata Cabiria capisce che egli non ha alcuna intenzione di mantenere le sue promesse, ma anzi... Disperata, gli consegna i soldi e lo implora di ucciderla, lui scappa e lei si butta a terra urlando e battendo i pugni. Dopo una lentissima dissolvenza, l'ultima sequenza del film inizia in C.L. con Cabiria ancora distesa per terra, sola in mezzo a tutto quello spazio e ad un silenzio totale e oppressivo che (vedi foto 7) sembrano voler descrivere metaforicamente la sua disperata delusione e la totale mancanza di speranza nel suo cuore. Poi, lentamente, si rialza e, sempre nel più pesante silenzio, si avvia in C.M. verso il bosco che prima aveva attraversato insieme al "fidanzato". Arrivata in prossimità di una strada di campagna incontra un gruppo di giovani che suonano e cantano per strada (entra la musica di commento, ovviamente di Nino Rota come in tutti i film di Fellini). La camera si avvicina prima alla F.I. e poi al P.A. mentre i giovani, sempre suonando e scherzando, le girano intorno in una sorta di "carosello" (che diverrà poi tipico di Fellini), come se volessero invitarla a far parte del gruppo e della loro scanzonata allegria. La macchina si avvicina sempre più a Cabiria sin quasi al P.P. per mostrare il suo stupore per quella disinteressata e inaspettata attenzione nei suoi confronti e, dopo che una ragazza – in M.F. – le rivolge la parola con un "Buonasera", il successivo controcampo su Cabiria è un P.P.P. che evidenzia le lacrime che le rigano il volto. Poi,

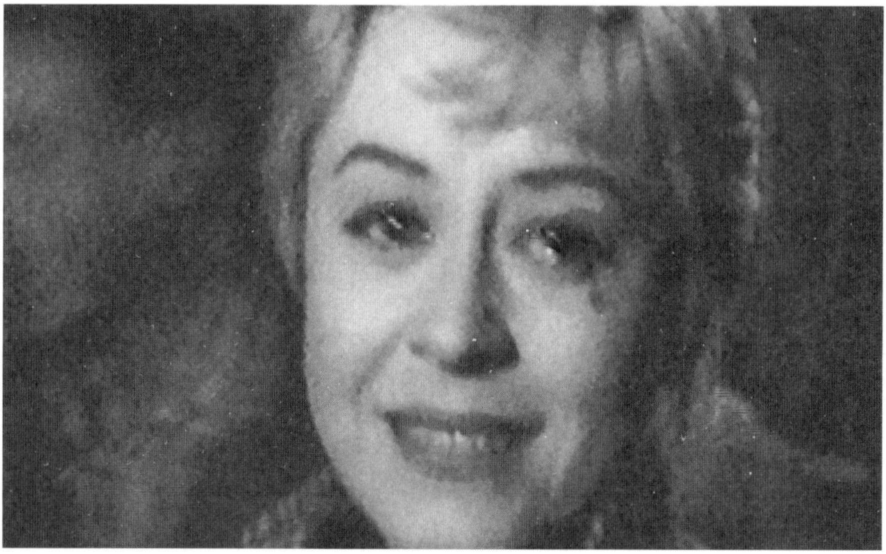

Foto 8

fra le lacrime affiora piano un sorriso (vedi foto 8) che rimarrà stampato nella nostra mente mentre l'inquadratura dissolve in nero e, in assolvenza, appare la parola "Fine". La sequenza utilizza quindi quasi tutti i campi e piani dal C.L.L. al P.P.P. con una progressione quasi continua, per passare gradatamente dalla descrizione della solitudine e disperazione del personaggio al lento rinascere in lei della speranza.

La fine del film sul P.P.P. di Cabiria e la conseguente progressiva scomparsa del mondo fisico che la circonda sembrano quasi una scelta obbligata. Ciò che conta non è più la presenza dei giovani (che pure hanno determinato il cambiamento di stato psicologico del personaggio) e nemmeno la stessa fisicità del volto della Masina, ma solo il significato, o meglio, tutti i possibili significati, relativi allo stato d'animo del personaggio nuovamente aperto alla speranza e alla vita che solo quel sorriso misto a lacrime può evocare. La lunga durata del P.P.P., che non svolge una mera funzione narrativa, è giustificata quindi dal fatto che l'autore ha bisogno non solo di "dirci" dello stato d'animo del personaggio, bensì di farcelo esperire, di farci cioè provare a nostra volta le stesse emozioni di Cabiria.

Un altro bellissimo esempio di campi ristretti in funzione psicologica è presente in *Viaggio in Italia* (1953), dove Rossellini utilizza due intensi P.P. di Ingrid Bergman per cambiare il luogo dell'azione. Ripresa in P.P., la Bergman è alla guida di un'auto fra le strade di Napoli, il suo sguardo viene attratto prima da un funerale e successivamente dalle pance di molte donne incinte che, evidentemente, la fanno ripensare alla crisi del suo matrimonio senza figli. La camera rimane sull'intenso P.P. della Bergman per un tempo molto lungo che sembra non giustificato dall'azione, quindi dissolve su un altro ambiguo P.P. della Bergman ancora assorta nei suoi pensieri. Poi, prima la voce di un "cicerone" che rompe il silenzio e successivamente un allargamento di campo rendono evidente che lei non è più dentro la sua auto bensì all'interno dell'antro della Sibilla dove era diretta. Risulta evidente allora che la durata dei due piani ristretti è giustificata dal lasso di tempo del viaggio (di cui non viene mostrato niente) e, molto di più, dalla necessità dell'autore di raccontarci e di "farci provare" l'*estraneità* del personaggio al mondo fisico e fenomenologico che la circonda.

In ambedue gli esempi citati, la totale sparizione del mondo fisico nei P.P.P. e P.P. è essenziale per sottolineare al massimo i valori pscologistici dell'inquadratura; ciò non significa però che il mondo circostante non debba mai essere presente e/o inferito in qualche modo quando si utilizzano queste grandezze scalari.

Richiamando il valore metonimico dell'inquadratura è opportuno citare un esempio molto significativo in questo senso. Le prime inquadrature di *Per un pugno di dollari* (1964) di Sergio Leone, suo primo western, mostrano un uomo che arriva in prossimità di un bianco cascinale messicano e si ferma ad un pozzo. Mentre è intento a bere la sua attenzione viene attratta da un bambino che corre rasente il muro della casa. A questo punto Leone inserisce un P.P. in cui il volto del personaggio (che, fra l'altro ha in testa un "borsalino" a falde larghe) è "incorniciato" fra i pali di legno della torretta del pozzo che si incrociano come i lati di un triangolo e dalle corde che scendono dalla ruota del paranco che serve a sollevare il secchio (vedi foto 9).

Tutto ciò perché altrimenti il volto del personaggio, se ripreso isolatamente in uno spazio vuoto, sarebbe apparso "deambientato" (oltre che antiestetico, come vedremo successivamente) e tale deambientazione avrebbe potuto significare estraneità al luogo e alla situazione, mentre al contrario (come dimostra la ripetizione del P.P. descritto all'interno di tutta la sequenza) il personaggio è consapevolmente e totalmente presente e inserito in quel mondo. Si può notare infatti che egli "guarda" ed "è guardato" a sua volta, che sta studiando ed è a sua volta studiato. Il mondo fisico che circonda il personag-

Foto 9

gio non può quindi scomparire ma deve essere assolutamente evocato nel quadro, proprio per richiamare l'attenzione dello spettatore sul fatto che il personaggio è psicologicamente partecipe al mondo che lo circonda.[74]

In conclusione quindi, la scelta fra un P.P. e un P.P.P. dipende in massima parte proprio dal valore e dal grado di presenza/assenza che si vuole attribuire al mondo che circonda il personaggio, dipende cioè dal tipo di rapporto personaggio/ambiente che la situazione narrativa richiede.

Nei primi due esempi il mondo fenomenologico deve scomparire totalmente perché si ha necessità di concentrare l'attenzione dello spettatore solo sulla psiche del personaggio, mentre nel caso di *Per un pugno di dollari* il piano deve svolgere anche una funzione narrativa ed è quindi importante che la fisicità del mondo intorno al personaggio rimanga presente nella mente dello spettatore.

74. L'abnorme durata dei P.P. di Eastwood (intervallati da brevi inquadrature soggettive di ciò che vede) è in questo caso in funzione di narrazione e di commento rispetto ad una situazione di incontro casuale che si carica di tensione. Leone ha bisogno di esprimere la particolarità di quella situazione, la tensione crescente e l'apparente imperturbabilità del suo protagonista, ed ecco che una durata prolungata di un volto fondamentalmente inespressivo risulta particolarmente funzionale all'espressione di tutti questi significati narrativi e commentativi.

1.2. La composizione del quadro

Tradizionalmente si parla di *pesature compositive* con riferimento ad immagini statiche e, per natura, bidimensionali come i dipinti o le foto per indicare la disposizione di volumi pieni e/o vuoti che permette di creare all'interno dell'immagine un'idea, o meglio un'evocazione di movimento e una sensazione di profondità virtuale, cioè apparente. Il cinema possiede il movimento[75] che, come diceva Benjamin [*op. cit.*], impedisce la contemplazione (metodo di fruizione tipico della pittura e della scultura) e per questo si potrebbe pensare che un'attenta composizione del quadro sia inutile e non necessaria, ma, in effetti, non è così. "L'imprecisione compositiva – come nota Ejzenstein [1985, p. 11] – è responsabile di uno spreco sproporzionato di energia psichica nella percezione e priva lo spettatore di una comprensione più profonda e generale delle idee e dei pensieri dell'opera". Anche nell'immagine in movimento del cinema, infatti, "l'occhio umano è direzionato dalle linee e dalla disposizione (dei volumi) poiché sono in relazione ad altre linee e masse. Le linee verticali sembrano salire al cielo e l'occhio umano segue la loro energia ascensionale. Le linee orizzontali implicano stabilità e solidità. Le diagonali di solito stimolano sentimenti di confusione, divisione o incompletezza. Il regista sincronizza le linee guida di quello che riprende con l'atmosfera che desidera creare."[76] Come per la pittura o la fotografia, anche per il cinema si pone quindi il problema di una composizione del quadro che renda significativa e non casuale la presenza d'elementi figurativi al suo interno, che faccia cioè risaltare (o meno) il senso della profondità, che renda tutto ciò che il quadro contiene geometricamente pertinente e armoniosamente distribuito e che per-

---

75. Va specificato che nel cinema, così come nella televisione, il movimento è solo un effetto ottico causato da un'imperfezione del nostro occhio. Com'è noto, infatti, sia il cinema che la televisione sono in realtà una serie di immagini statiche che mostrate in successione veloce (24 fotogrammi al secondo per il cinema e 25 "frame" al secondo per la televisione del sistema italiano) impediscono al nostro occhio di percepire il passaggio da un'immagine alla successiva.

76. Harrington J. [1973, p. 25]. Traduzione nostra di: "The human eye is directed by lines and positioning as they are related to other lines and masses. Vertical lines seem to soar and the human eye expectantly follows their uplifting energy. Horizontal imply stability and solidity. Diagonals usually convey feelings of confusion, division, or incompletness. A director synchronizes the dominant lines of what he shoots with the mood he wishes to create".

metta di *catalizzare*, cioè attrarre e controllare, la percezione e l'attenzione dello spettatore verso quelle parti dell'immagine che più si vogliono porre in evidenza.

È pertanto opportuno analizzare con attenzione i principali fattori che concorrono a questa composizione.

1.2.1. Le pesature compositive

Se si considera che la pittura è la più antica e tradizionale forma di rappresentazione dello spazio e che essa è anche l'unica fonte di documentazione iconografica sul passato, è facile intuire come le sue regole compositive (o se si vuole, la sua *retorica*) abbiano pesantemente influenzato e, anzi, determinato il gusto e la retorica compositiva dell'immagine cinematografica.[77]

Alcuni registi hanno anzi fatto di quest'influenza un codice stilistico personale, non rifuggendo talvolta da esplicite citazioni[78] ma, a livello generale, è possibile affermare che le regole e le norme compositive dell'immagine cinematografica sono ancor oggi quelle antiche della *prospettiva*, cioè di quella particolare tecnica di disegno, o meglio scienza "inventata" dal Brunelleschi[79] e poi portata ai massimi splendori dai più grandi artisti del nostro Rinascimento. Ciò sia perché è con la prospettiva che nell'immagine appare per la prima volta

---

77. La letteratura sui rapporti fra cinema e pittura sta diventando sempre più ampia e non è possibile citare tutta la bibliografia sull'argomento. Fra gli altri si segnalano comunque: Bonitzer P., *Décadrage Peinture et Cinéma,* Cahiers du cinéma Editions de l'Etoile, Paris, 1985; Monti R., *Les Macchiaioli et le cinéma*, Vilo, Paris, e De Luca, Roma, 1979. A.A.V.V. "Cinema & Cinema" n° 50 Dicembre 1987 e n° 54-55 Gen-Ag. 1989.

78. È ben distinguibile, per esempio, l'influenza dell'Impressionismo su Renoir, quella di Rembrandt su Dreyer, quella della pittura del Settecento inglese nel Kubrick di *Barry Lyndon* (1975); mentre Visconti è arrivato addirittura a rifare "tel quel" il famoso *Bacio* di Hayez in *Senso* (1954), Pasolini cita esplicitamente il Mantegna nel finale del suo *Mamma Roma* (196) e B. Bertolucci e Storaro hanno pubblicamente riconosciuto il loro debito a Francis Bacon nei titoli di testa di *Ultimo tango a Parigi* (1972). L'elenco potrebbe naturalmente continuare.

79. In effetti, Vitruvio riferisce di una tecnica di realizzazione di scene teatrali prospettiche conosciuta già nell'antica Grecia, e alcuni schemi geometrici di rappresentazione prospettica sono rilevabili anche in opere pittoriche del Duecento e del Trecento, ma è al Brunelleschi che viene accreditata la prima sistematica trattazione delle regole per il calcolo scientifico degli intervalli di profondità nella prospettiva. Regole poi codificate nel trattato di Leon Battista Alberti del 1436 e, successivamente, anche da Piero della Francesca, Leonardo ecc.

la *profondità apparente* (cioè la terza dimensione virtuale), sia perché gli obiettivi sono costruiti, a grandi linee, in modo da riportare e rispettare i rapporti prospettici stabiliti dalle sue antiche regole,[80] che permettevano di rappresentare gli oggetti tridimensionali su una superficie bidimensionale in modo che l'immagine prospettica e quella data dalla visione diretta coincidessero nell'apparenza e nel "peso" volumetrico delle singole parti.

Prima di vedere nello specifico quali siano le pesature compositive che presiedono all'organizzazione spaziale dell'inquadratura cinematografica, è bene ribadire però che, trattando di queste *regole*, non s'intende riferirsi a parametri compositivi unici possibili e di valore universale, bensì a una serie di "norme" che più frequentemente sono osservabili nella nostra cultura occidentale e che, prese nel loro insieme, costituiscono una retorica di gusto. Retorica che presiede alla produzione del "prodotto medio" che, in quanto tale, utilizza le forme più facilmente e universalmente intelleggibili, ma che l'artista (il regista-autore, se si vuole) può motivatamente contraddire in qualunque momento ai fini di un'espressione più personale e poetica.

È stato scientificamente provato che quando un'immagine colpisce i nostri occhi, questi si localizzano inizialmente al centro geometrico dell'immagine stessa e che solo in un secondo momento si spostano, eventualmente, ad esplorare le parti periferiche.[81] Questo processo d'allargamento del campo d'attenzione preferenziale non arriva però quasi mai ad investire tutta la superficie interessata. In genere i bordi dell'immagine vengono sì percepiti ma non "focalizzati".

La focalizzazione vera e propria concerne invece soltanto il cosiddetto *rettangolo d'attenzione,* che è una figura geometrica di forma analoga al "quadro" e in questo inscritta.

---

80. Secondo le regole della prospettiva, affinché, si generi un'impressione di profondità occorre che gli elementi figurativi vengano disposti secondo linee convergenti verso un "punto di fuga" unificato (è però possibile avere più punti di fuga nello stesso quadro; si veda per esempio il famoso quadro di Van Eyke, *Giovanni Arnolfini e sua moglie*, nel quale si possono facilmente osservare tre diversi punti di fuga) e che gli intervalli di profondità (cioè i coefficienti di diminuzione delle dimensioni) siano proporzionali all'angolo di inclinazione delle linee di fuga.

81. Angelini A. – Pasquali E., *Movimenti oculari e percezione di sequenze filmiche* (I), in "Bianco e nero", n° 1, 1983, pp. 76-87; Tosi V. – Mecacci L., *Movimenti oculari e percezione di sequenze filmiche* (II), in "Bianco e Nero", n° 3, 1987, pp. 85-93. Gli stessi esperimenti ivi descritti sono riferiti in forma più ampliata anche in: Angelini A., *Psicologia del cinema*, cit.

Empiricamente è possibile ottenere una rappresentazione grafica del rettangolo di attenzione preferenziale dividendo ognuno dei lati del "quadro" in tre parti uguali; le linee orizzontali e verticali di congiunzione di questi punti divideranno il "quadro" in nove parti uguali; il rettangolo di attenzione è naturalmente quello centrale (vedi fig. 11).[82]

È importante che i dati informativi essenziali dell'immagine siano disposti all'interno di questo rettangolo, o in prossimità dei suoi bordi, in modo che l'occhio umano (che ad ogni cambio di inquadratura come regola generale si riposiziona al centro del quadro) possa coglierli immediatamente e senza sforzo alcuno.

È inoltre essenziale che l'immagine risulti armoniosamente equilibrata fra parti piene e parti vuote. Un eventuale scompenso volumetrico non giustificato risulterebbe antiestetico e produrrebbe significati impliciti non voluti che potrebbero falsificare il senso che s'intendeva dare all'immagine.[83] Se si confronta la fig. 11 con le successive (fig. 11a, 11b, 11c, 11d), si può facilmente notare come in queste ultime i personaggi siano, di volta in volta, posizionati o troppo in basso o troppo in alto o troppo a destra o troppo a sinistra e assumano ingiustificato rilievo lo specchio, la sedia e il vaso di fiori, tutti elementi d'arredamento che non sembrano avere altra funzione se non di semplice *décor*.

Correlati importanti di queste regole compositive sono la posizione centrale per un personaggio ripreso da solo e frontalmente (vedi fig. 1-9), e, infine, la cosiddetta "composizione a triangolo" quando il quadro contenga più centri di interesse (ad es.: tre persone o due persone e un importante elemento scenografico).[84]

---

82. Il *rettangolo di attenzione* è stato messo concretamente in scena da Peter Greenaway nel suo primo e più famoso lungometraggio: *The Draughtman's Contract* (*I misteri del giardino di Compton House*, 1982). È, infatti, lo strumento che il disegnatore utilizza per "inquadrare/riquadrare" lo spazio dei giardini e poterlo disegnare con armonia e rispetto delle relazioni volumetriche fra le parti.

83. Per esempio: uno spazio vuoto davanti ad un personaggio fa pensare a qualcuno che gli stia di fronte o che gli venga incontro o che egli voglia dirigersi in quella direzione; allo stesso modo uno spazio vuoto troppo accentuato dietro o sopra la testa di un personaggio lascia presagire l'intrusione di qualcosa o qualcuno. In merito agli *scompensi compositivi giustificabili e/o necessari* si rinvia comunque al paragrafo sui "raccordi spaziali".

84. Per la composizione del quadro con due persone vale quanto si può vedere nell'esempio di *rettangolo d'attenzione* riportato in fig.11.

Fig. 11 a

Fig. 11 b

Fig. 11

Fig. 11 c

Fig. 11 d

In questi casi è essenziale che gli elementi siano disposti in modo da formare un triangolo con il vertice rivolto verso il secondo piano del quadro, cioè nel senso della profondità apparente (vedi fig. 12). Tale composizione permette, infatti, di mantenere un equilibrio fra i tre centri d'interesse perché l'elemento centrale è anche il più apparentemente lontano, mentre se l'elemento/persona al centro del quadro fosse anche sul primo piano dell'immagine, esso assorbirebbe tutta l'attenzione dello spettatore a scapito degli altri elementi/persone presenti nel quadro. Ovviamente, si può ricorrere a una composizione triangolare differente qualora essa risulti, per qualche verso, funzionale al discorso.[85]

Fig. 12

1.2.2. Formato schermico

Sottovalutato o addirittura non considerato da alcuni teorici, il *formato schermico* (o meglio il formato del "quadro" della pellicola che, in proiezione, determina il formato schermico) è il maggior "cruccio" dei registi, forse, l'elemento compositivo primario cui essi pongono attenzione.[86]

Ciò perché il formato schermico è la cornice che da un lato "include/esclude" lo spazio della realtà selezionando il "campo" dal "fuori campo" e quindi esaltando il valore metonimico di ciò che è incluso; dall'altro delimita la quantità di spazio compositivo disponibile sia in orizzontale che in verticale e, insieme alle caratteristiche

85. Una composizione a triangolo con il centro occupato da un personaggio in primo piano e le altre persone disposte ai lati verso lo sfondo è osservabile, ad esempio, in quasi tutti i dipinti di natura sacra che contengano l'immagine di Dio o di Gesù, ma in questi casi c'è evidentemente una precisa ragione: dare la massima importanza e il massimo peso a Dio.

86 Al proposito si può ricordare la gag di Nanni Moretti che, nel finale del suo *Sogni d'oro* (1981), si reca nella cabina di proiezione di un cinema, dove dal giorno dopo sarà programmato il suo nuovo film, per dare al proiezionista il "mascherino" giusto per il formato della pellicola da lui utilizzato.

degli obiettivi, come si vedrà, incide sul senso di profondità virtuale dello spazio "incluso" nella sua "forma".[87]

Il pittore può decidere liberamente cosa includere nel "campo" del suo dipinto e cosa escludere perché può scegliere la forma della *tela/cornice* selezionando fra tutte le forme geometriche esistenti quella più adatta al contenuto iconografico che si è prefisso di esprimere. Potrà servirsi di una tela rettangolare posta con il lato più lungo in orizzontale, se il suo soggetto si estende in larghezza più che in altezza; al contrario potrà utilizzarla in verticale (cioè con il lato più corto in orizzontale e il più lungo in altezza) se intende dipingere un uomo in piedi o una torre ecc. Potrà scegliere invece un formato quadrato o circolare se vuole immortalare un volto, o qualunque soggetto che sia tanto alto quanto largo, e così via, senza escludere le forme più eccentriche come il triangolo o il trapezio ecc.[88]

Per il cineasta, il problema è invece del tutto differente perché nella durata complessiva di un film egli ha necessità di mostrare ognuno dei soggetti succitati (o similari), utilizzando sempre lo stesso formato schermico. Come scegliere quindi quello più adeguato? I primi film-makers ricorsero a particolari mascherini laterali che permettevano di variare il formato schermico secondo le necessità compositive, ma il sistema risultò alquanto macchinoso ed antiestetico,[89] e

---

87. Nella pittura, essendo il "punto di fuga" posizionato, per convenzione, al centro geometrico dello spazio delimitato da una cornice, ed essendo il centro il punto di incrocio delle diagonali, il senso di profondità dipende dalle inclinazioni delle diagonali e, quindi, dalla forma del quadro (l'angolo d'inclinazione delle diagonali di un rettangolo è infatti più piccolo di quello delle diagonali del quadrato ed è tanto minore quanto più lunga è la base del rettangolo in rapporto all'altezza). Questo vale anche per la fotografia e per il cinema, ma nella fotografia e nel cinema odierni, come vedremo, il senso apparente di profondità dipende in buona parte anche dal tipo di obiettivo utilizzato (vedi voce più avanti).

88. Ad esemplificazione di quanto asserito, si notino le forme delle cornici usate da Magritte per suddividere il corpo della donna nel suo citato quadro l'*Evidence éternelle.*

89. Cfr. Harrington J.,[*op. cit.*, p. 25]. Anche l'adozione di triplo schermo, proposta successivamente da Abel Gance con il suo famoso *Napolèon* (1925) si dimostrò poco pratica e fu immediatamente abbandonata. In anni più recenti, con il film *Anerican Graffiti 2* (1979) – seguito del più noto originale del 1973 – il regista B.W.L. Norton ha riproposto l'adozione di formati schermici diversi e della multivisione (cioè più schermi nella stessa immagine) per raccontare le differenti storie dei suoi personaggi visti in epoche diverse della loro vita, ma l'esperimento non ha sortito gli effetti espressivi desiderati e non ha avuto seguito.

i registi hanno dovuto *adattarsi* al limite di un formato unico per tutta la durata del film.

Nonostante il disagio però, il solo regista che si sia preoccupato di studiare il rapporto fra formato-schermico e composizione dell'immagine in modo esplicito ed estensivo è stato Ejzenstejn. Intervenendo, nel 1930, a un dibattito hollywoodiano sull'opportunità dell'adozione di uno schermo cinematografico più ampio (il "magnetoscopio"), il grande regista-teorico confutò la supposta predominanza del "rettangolo aureo" (1,667:1) nell'arte pittorica occidentale e negò valore alla diffusa convinzione che la visione normale dell'uomo tenda ad essere orizzontale poiché risulterebbe più facile muovere la testa orizzontalmente che non verticalmente.

Partendo invece dal presupposto scientifico che il campo visivo degli occhi sia approssimativamente circolare – con una parte centrale ben definita ed una "chiarezza focale" degradante verso il margine del circolo – [Cfr. Spottiswoode, 1950, p. 142] e convinto che, ai fini di una corretta composizione siano importanti tanto l'orizzontalità che la verticalità, scoraggiò l'adozione di uno *schermo estensibile* (che potesse cioè cambiare forma secondo la bisogna) e propose l'adozione di uno schermo quadrato "la sola ed unica forma, suscettibile con limitazioni a destra e a sinistra, all'alto o al basso, di abbracciare tutta la moltitudine dei rettangoli espressivi del mondo; e che usata nella sua interezza può stamparsi nella psicologia degli spettatori, con l'imperturbabilità cosmica della sua *quadraticità*".[90]

Coerente con le sue idee, nel suo ultimo capolavoro, *Aleksandr Nevskij* (1938), Ejzenstejn, rifacendosi anche ai canoni della pittura russa dell'Ottocento, pose una particolare cura nel bilanciare verticalità e orizzontalità. A questo scopo, disegnò e poi fece indossare ai suoi attori elmi molto alti ed appuntiti e fornì i soldati della truppa di altissime lance; tutti accorgimenti che servivano a stimolare l'occhio umano verso l'alto, anche nelle inquadrature in C.L. che, prevalentemente riempite soltanto nella parte bassa dello schermo, sfruttavano l'orizzontalità a scapito della verticalità.[91]

Come è ben noto dall'evidenza storica, la proposta di Ejzenstejn non venne mai adottata nel cinema, anzi, dal classico formato stan-

90. "Close-up", Marzo e Giugno 1931, citato in Spottiswoode R.,[*Op, cit,* p. 144 edizione americana e p. 68-69 ed. italiana].
91. Per un'analisi dettagliata della composizione del quadro nel film, si veda l'inserto pieghevole in Ejzenstejn S.M., [1964, fra le pagine 354 e 355].

dard 4/3,[92] passò gradatamente a formati rettangolari sempre più ampi fino al cinemascope e al cinerama.[93]

Non è opportuno, in questa sede, addentrarsi in un'aggrovigliante *querelle* di stampo ejzenstejniano sulle conseguenze fisiologico-appercettive di un determinato formato rispetto a un altro; ma è importante sottolineare che il formato schermico incide in modo molto rilevante sulla composizione del quadro, sulla scelta delle grandezze scalari sulla disposizione volumetrica degli elementi scenografici e, di conseguenza e in definitiva, sul linguaggio stesso, nonché – come dimostra la storia del cinema mondiale – sullo sviluppo e l'evoluzione dei generi cinematografici.[94]

Senza la pretesa di voler stabilire quale formato sia più adatto per enfatizzare o meno le possibilità spettacolari e la significazione generale di ogni specifico genere, in linea generale è possibile affermare che i formati stretti (cioè il formato televisivo classico e il formato cinematografico standard) si addicono di più ai piani stretti (dalla M.F. al P.P.P.) e quindi a tutti quei generi narrativi in cui il paesaggio ha una semplice funzione decorativa e in cui, di conseguenza, la profondità di campo e lo sfondo non servono o non svolgono una particolare funzione narrativo-espressiva (es.: commedie, film sentimentali, melodrammi, film di introspezione psicologica ecc.).

Al contrario, i formati larghi (scope, panoramico, ecc.) risultano più funzionali a quei generi in cui il paesaggio e, più in generale, la profondità spaziale e la spettacolarità assumono un ruolo determinante ai fini dell'espressione (es.: musical con coreografie, film di viaggio, western, avventura, fantascienza, pepla e in generale tutti i film "epici").

---

92. Nel primo periodo del sonoro, dal 1929 al 1932, per motivi tecnici il formato era stato ridotto al rapporto 1,2:1.

93. I formati maggiormente in uso attualmente sono i seguenti: 1,66:1; 1,75:1; 1,85:1. Il Technirama utilizzava il formato 2:1, mentre il Cinemascope utilizzava i formati 2,35:1 con sonoro ottico e 2,55:1 con sonoro magnetico.

94. Non è un caso, per esempio, che l'introduzione del cinemascope coincida con il rilancio dei pepla (gli spettacolari film mitologici sulla Roma antica). Il cinemascope, inventato dal professore francese Henri Chrétien nel 1927, fu infatti adottato in modo estensivo solo dopo il 1953, anno in cui venne prodotto *The Robe* (*La tunica*) di Henry Koster. Pur utilizzando lo stesso formato di pellicola (il 35 mm), il cinemascope riesce a ottenere un'immagine molto più larga del normale per mezzo di lenti anamorfiche che comprimono l'immagine in sede di ripresa e la decomprimono in proiezione.

Per avere un'idea dell'importanza del formato schermico ai fini di una composizione *espressiva* dello spazio cinematografico, si confrontino, ad esempio, i C.L.L. delle fig. 13a e 13b.

Fig. 13a

Fig. 13b

Si noterà come nel formato 4/3 (rapporto 1,33:1) alla riduzione del campo visivo laterale si accompagni un'idea, un'impressione di minore profondità spaziale; e di come, al contrario, il formato 16/9 (rapporto 1,77:1) suggerisca una maggiore idea di grandezza e maestosità dello spazio inquadrato (e, nel caso specifico del disegno riprodotto, anche un'idea di maggiore isolamento della casa).

Fig. 14a

Fig. 14b

Viceversa, se si confronta la pienezza compositiva e il risalto dello sguardo del P.P.P. nel formato 4/3 della fig. 14a con il vuoto laterale che il formato 16/9 crea intorno allo stesso volto nella fig. 14b, si noterà come quest'ultima risulti antiestetica e lasci nello spettatore un senso di incompiutezza statica dovuta agli ampi spazi vuoti ai lati del volto che fanno sentire il personaggio troppo isolato rispetto al mondo che lo circonda e (nonostante il sorriso) magari smarrito. Tutti significati, questi, che potrebbero risultare sgraditi qualora il P.P.P. fosse inserito nel contesto di una scena d'amore o in ogni caso in cui il P.P.P. debba assolvere una funzione non puramente narrativa, ma psicologica.[95]

L'uso dei P.P e dei P.P.P. nei formati molto larghi, come lo scope o il panoramico, pone quindi non pochi problemi compositivi e ritmici, per risolvere i quali i registi (e gli operatori di macchina) sono spesso costretti ad inventarsi fantasiosi accorgimenti, così come ha fatto, ad esempio, Sergio Leone. Come già visto, in *Per un pugno di dollari* egli era ricorso ad elementi scenografici per evitare significati impliciti non voluti, ma quella particolare composizione, oltre che a inferire metonimicamente lo spazio circostante, serviva anche a bilanciare ed equilibrare il P.P. di Clint Eastwood che altrimenti, essendo il film in formato panoramico, sarebbe risultato antiestetico.

Sempre per evitare gli antiestetici effetti dei piani stretti nel formato scope il regista in un altro suo film, *C'era una volta il west* (1969), innanzitutto fa indossare ai suoi personaggi dei cappelli "Stetson" a falde esageratamente larghe[96] e inoltre ricorre addirittura ad una "scorrettezza compositiva". Infatti, "taglia" spesso i P.P.P. dei suoi personaggi al mento e alla fronte. In linea teorica, "tagliare" il volto dei personaggi è fortemente sconsigliato (a meno che non si tratti di un vero e proprio "Part"), ma nello specifico caso l'effetto ottenuto da Leone (vedi foto 10) è invece efficacemente espressivo. Infatti, da un lato così facendo egli riesce a diminuire la quantità di spazio vuoto intorno alla testa dei personaggi e a riempire tutto il quadro; dall'altro pone in maggiore rilievo le particolari e molto significative espressioni degli occhi di ghiaccio dei suoi "uomini duri".

Le polemiche suscitate dall'avvento del formato scope e la necessità di una riflessione sulla dipendenza della composizione dell'immagine e del linguaggio stesso dal formato schermico, ritornano oggi prepotentemente d'attualità in relazione alla progressiva introduzione

---

95. Per chi volesse fare un confronto con immagini di film, suggeriamo di confrontare i C.L.L. girati da Ford in uno dei suoi western ambientati nella Monument Valley con gli analoghi campi lunghi girati in cinemascope sugli stessi luoghi (ad esempio da Sergio Leone in *C'era una volta il west*, 1968) e per quanto concerne i P.P.P., gli intensi sguardi della Bergman nella famosa sequenza del primo incontro con Rick in *Casablanca* (*id.* 1942) di M. Curtiz con gli inquietanti e sperduti P.P.P. di Giorgio Albertazzi in *L'année dernière a Marienbad* (*L'anno scorso a Marienbad*, 1961).

96. Come scrive David Thomson: "The way in which Leone fills a 'Scope frame with the span of a Stetson is not just beautiful; it is luxurious, drop-dead baroque... grotesque". Thomson D, *Leonesque*, in "American Film", June 1989, p. 28.

Foto 10

del nuovo formato televisivo in 16/9. Il formato televisivo classico (come detto un rettangolo di 4 di base per 3 d'altezza), come ben sa chiunque guardi un film in televisione, non si addice al cinema, specialmente a quello nei formati scope e panoramico, che viene penalizzato o da una forte evizione laterale dell'immagine o da antiestetiche barre nere in alto e in basso che comportano una notevole riduzione del dettaglio dell'immagine fino ai limiti della leggibilità. Per ovviare a questi limiti e rendere i formati televisivi e cinematografici reciprocamente compatibili è stato adottato il suddetto nuovo formato 16/9.

Questo cambiamento, oltre a comportare uno sconvolgimento del mercato – perché tutte le famiglie, presto o tardi, dovranno cambiare i loro televisori – comporterà notevoli mutamenti linguistico-discorsivi in tutti i generi televisivi e, forse, anche uno stravolgimento dei gusti del pubblico per quanto riguarda i generi di maggiore gradimento.[97]

97. Gli esperimenti fatti durante i campionati di calcio svoltisi in Italia nel giugno 1991 e i successivi alle Olimpiadi invernali di Albertville (febbraio 1992) e alle Olimpiadi di Barcellona (luglio 1992) hanno dimostrato che il linguaggio delle riprese sportive sarà totalmente rivoluzionato. La maggiore ampiezza dello schermo, che comporta la presenza di un più ampio spazio inquadrato, costringe infatti a ripensare tutta la regia degli avvenimenti sportivi. La novità sembra sia stata molto apprezzata per alcuni sport (es.: automobilismo), meno per altri che non hanno bisogno di un'ampia immagine.

1.2.3 Angolazioni e inclinazioni

Oltre a quelli già visti, un altro fondamentale parametro di costruzione del significante iconico che determina rilevanti cambiamenti di significato sia denotativi che connotativi è costituito dal "punto di vista", cioè dall'*angolazione* e dall'eventuale *inclinazione* della camera rispetto all'orizzontalità.

Le angolazioni che la macchina da presa (in seguito m.d.p.) può assumere rispetto alla realtà inquadrata sono molteplici,[98] ma schematicamente, possono essere così riassunte:

Fig. 15
Normale: la m.d.p. è posta all'altezza dell'occhio umano in posizione frontale rispetto ai dati dell'immagine.

Fig. 15a
Obliqua dal basso: la m.d.p. è posta ad un'altezza inferiore a quella dell'occhio umano e il suo asse ottico è rivolto verso l'alto.

Fig. 15b
Supina (o *contre-plongée*): la m.d.p. è posta a terra (o sottoterra) e il suo asse ottico, rivolto verso l'alto, è perpendicolare al suolo.

98. Oltre che l'eventuale angolazione e/o inclinazione, nelle indicazioni di sceneggiatura è opportuno segnalare anche se l'elemento profilmico principale (figura umana o oggetto) sia ripreso frontalmente o di scorcio o di profilo (solo per la figura umana).

Fig. 15c
Obliqua dall'alto: la m.d.p. è posta a un'altezza superiore a quella dell'occhio umano e il suo asse ottico è rivolto verso il basso.

Fig. 15d
A piombo (o *Plongée*): la m.d.p. è in posizione molto elevata e il suo asse ottico, rivolto in basso, è perpendicolare al suolo.

Com'è facilmente intuibile, le angolazioni diverse dalla "normale" sono fortemente connotanti perché propongono un punto di vista insolito su persone e/o cose. L'incidenza connotativa dell'angolazione è tanto più marcata ed evidente quanto più l'angolazione è accentuata e il piano ristretto. Pertanto è bene che le forti angolazioni siano sempre giustificate da precise motivazioni di carattere drammatico o psicologico o da un particolare stile autorale. Questo almeno per quanto riguarda la *fiction*; in altri macrogeneri come lo spettacolo o la pubblicità o il video-clip può bastare invece il solo carattere spettacolare fornito dalla novità e originalità del punto di vista proposto.

Elencare le infinite possibilità connotative fornite dagli innumerevoli gradi d'angolazione disponibili, non è naturalmente possibile. Ci si limiterà quindi a poche osservazioni di carattere generale che saranno illustrate con qualche esempio. Occorre innanzi tutto distinguere se la ripresa angolata è relativa ad un oggetto o ad un essere umano.

Quando l'angolazione è riferita agli esseri umani l'angolazione dal basso solitamente serve a conferire maestosità e potere al personaggio inquadrato, rendendo evidente come egli sia (o si pensi che sia) in una posizione di superiorità. Esempi di questo tipo sono innumerevoli nella storia del cinema in tutti i generi di carattere epico-elegiaco e quindi non riteniamo sia il caso di citarne nessuno in particolare.[99]

L'angolazione dall'alto ha invece solitamente l'effetto opposto. Serve a *schiacciare* e a *diminuire* il personaggio, cioè a porlo in diffi-

99. Piuttosto, a livello di curiosità divistica, è da sottolineare che, ovviamente, questo tipo di angolazione (quando non è molto accentuata) può essere utilizzato per fini molto meno *nobili* e cioè semplicemente per far sembrare più alto/a l'attore/attrice.

Foto 11

coltà ed imbarazzo rispetto alla situazione narrativa o d'inferiorità rispetto ad un altro personaggio. Una forte angolazione dall'alto è, in genere, utilizzata per esprimere il grave senso di oppressione che il personaggio inquadrato prova. Un bellissimo esempio è rintracciabile in *Rocco e i suoi fratelli* (1960) di Visconti nella sequenza in cui Rocco e Nadia – dopo lo stupro subito da Nadia per opera di Simone (fratello di Rocco ed ex fidanzato di Nadia) – si sono dati appuntamento sul tetto del Duomo di Milano. Rocco sta cercando di spiegare a Nadia che il loro amore è impossibile perché l'atavica e ancestrale legge d'onore del suo paese del sud impone che Simone abbia su di lei più diritti di quanto il sincero amore che egli prova per lei possa darne a lui. Nadia protesta energicamente, implora e scongiura Rocco di rompere con quell'assurda tradizione, ma inutilmente. La camera, che li riprende quasi costantemente dall'alto (vedi foto 11), sembra pesare su di loro come la forza di un destino maligno e avverso, sospeso sopra le loro teste e che li imprigiona, li schiaccia e sembra quasi volerli precipitare verso quel suolo che s'intravede oltre la balconata "sacra" del Duomo.

Molto spesso, (come si vedrà meglio nel paragrafo relativo ai "raccordi spaziali") le angolazioni dall'alto e dal basso sono utilizzate contemporaneamente e in maniera complementare per mostrare i rapporti di forza che s'instaurano fra due personaggi. Un classico

Foto 12

esempio è costituito dal violento colloquio fra Susan Alexander e Charles Forster Kane, in *Citizen Kane* (*Quarto potere*, 1941) di Orson Welles, poco prima che lei lo abbandoni. L'angolazione dal basso su Kane serve a rendere la sua volontà di potere e di dominio sul mondo e in particolare su Susan, mentre la corrispondente angolazione dall'alto su Susan ci dice esplicitamente della condizione di sottomissione in cui è stata tenuta e alla quale, alla fine, decide di ribellarsi.

Talvolta l'effetto connotativo di queste angolazioni è reso meno esplicito dal fatto che le angolazioni risultano giustificate da una particolare dislocazione logistica dei personaggi che intervengono nell'azione, ma, anche se *mascherata*, la connotazione rimane ugualmente operante a livello di significazione implicita e serve comunque ad esprimere l'imbarazzo e/o la superiorità di uno dei personaggi nei confronti dell'altro. Un chiaro esempio di questo tipo di *mascheratura* degli effetti connotativi delle angolazioni è in una sequenza di *Johnny Guitar* (*id.*, 1953) di Nicholas Ray in cui Emma entra nel saloon di Vienna alla testa di un gruppo di cow-boys alla ricerca del bandito Dancing Kid. In quel momento Vienna si trova al piano

Foto 13

superiore e quando esce dalla sua stanza per tenere testa a Emma si trova quindi in cima ad una scala che le permette di guardare il gruppo dall'alto in basso.

La corrispondenza delle angolazioni dall'alto e dal basso con cui è costruita la scena (vedi foto 12 e 13) sembra quindi "naturale", cioè dovuta alla disposizione particolare dei due contendenti, ma, in effetti, tutta la composizione della scena è stata studiata apposta per dare maggiore risalto alla determinazione e al coraggio con cui Vienna tiene testa alle accuse e alle minacce di Emma e, per contro, per esprimere l'incapacità e l'impossibilità di questa di scalfire la superiorità psicologica di Vienna.

Le eccezioni a questo uso consueto e retorico delle angolazioni complementari, ovviamente, esistono e la storia del cinema ne è piena. Ad esempi lo stesso Orson Welles, sempre nel citato *Citizen Kane*, in almeno due occasioni organizza l'inquadratura in maniera esattamente opposta a quanto finora si è detto e cioè: con una ripresa dall'alto per esprimere l'importanza, il valore e il potere di Kane e con una dal basso per far risaltare maggiormente una sua sconfitta.

Foto 14

Foto 15

Nel primo caso il riferimento è all'inquadratura dall'alto in cui Kane appare sopra una grande catasta di giornali (vedi foto 14), composizione che riesce ad esprimere efficacemente e con chiarezza il concetto che il suo potere e la sua influenza sull'opinione pubblica gli derivi dalla proprietà di una catena editoriale. Nel secondo caso si tratta invece delle inquadrature dal basso che seguono l'annuncio della sua sconfitta nella competizione elettorale per Governatore.

Il contrasto fra l'angolazione dell'inquadratura, che dovrebbe magnificare la sua importanza e che mette bene in evidenza gli striscioni di propaganda elettorale con la scritta "Kane for Governor" che pendono dal soffitto (vedi foto 15) e l'esito negativo per lui delle elezioni (che ci è già noto), dà a tutta la scena un drammatico senso di ironia-tragica. L'angolazione riferita a cose e luoghi ha generalmente una funzione essenzialmente descrittiva o può servire a mostrare un aspetto sconosciuto dell'oggetto (talvolta tanto sconosciuto da rendere l'oggetto irriconoscibile), aspetto anomalo e inconsueto che può essere sfruttato anche per fini comici e/o spettacolari.

Assimilabile a questo caso è l'uso dell'angolazione dall'alto nel *musical*, specie in quello dell'epoca hollywoodiana classica.

Citiamo ad esempio il caso del coreografo-regista Busby Berkeley che, negli anni trenta, per primo, iniziò a usare le *plongée* per dare maggiore risalto alle fantasmagoriche coreografie delle sue commedie

Foto 16

musicali (vedi foto 16). Molto meno frequente è il caso della *contre-plongée*, sia per le ovvie difficoltà di ripresa (in genere si realizza ponendo la cinepresa sotto uno spesso vetro) sia perché mostra un punto di vista assolutamente "innaturale". L'esempio più classico (e più divertente) che si può ricordare è quello del film dadaista

Entr'acte (*Intermezzo*, 1924) di Renée Claire. Il film si apre con una leggiadra ballerina vista in *contre-plongée* (come in fig. 15b), ma dopo alcune piroette, in effetti non proprio eleganti né aggraziate, un'inquadratura frontale ci mostra che si tratta in realtà di un uomo con barba e baffi.

Foto 17

A seconda del contesto narrativo in cui è inserita, anche l'angolazione su cose e luoghi può comunque risultare connotativa. Talvolta, in questi casi, l'angolazione anomala *maschera* una visione soggettiva (cioè qualcuno non visibile che guarda), ma più spesso è una scelta del soggetto della enunciazione che serve a creare un'atmosfera di rispetto e timore reverenziale verso il luogo, se dal basso verso l'alto; ovvero un sentimento d'inquietudine e d'attesa di un evento pauroso se dal basso verso l'alto. Proverbiali in questo senso sono le inquadrature dal basso di monumenti e/o di architetture naturali per enfatizzarne la maestosità e quelle dall'alto di trombe di scale (possibilmente a chiocciola) per creare un'atmosfera inquietante.

Fra i migliori e più espressivi esempi di quest'uso connotativo dell'angolazione dall'alto si può ricordare la celebre lunga scena di *Dial M for Murder* (*Delitto perfetto*, 1954) di Alfred Hitchcock (vedi foto 17) in cui il marito potenziale uxoricida "prova", insieme al sicario che ha assoldato, le azioni che quest'ultimo dovrà compiere per uccidere la sua bella moglie (Grace Kelly). Una scena, tutta ripresa dall'alto, che si carica di progressiva tensione e suspense proprio grazie al particolare punto di vista scelto dal regista che, fra l'altro, fa risaltare con una forte evidenza minacciosa la grande ombra del sicario che viene proiettata sul muro da una – come si vedrà – luce "non-naturalistica" che proviene dal basso; (l'incrocio fra illuminazione dal

Foto 18

basso e angolazione dall'alto fa parte della "retorica" di moti film di crimine).

Probabilmente però, il film in cui l'uso delle angolazioni anomale perviene ai suoi massimi effetti emotivi è *The Shining* (*Shining*, 1980) di Stanley Kubrick. Gli esempi tratti dal film potrebbero essere innumerevoli, ma basterà ricordare soltanto la scena della visione-incubo del bambino di una cascata di sangue per quanto attiene all'angolazione dal basso e, per quella dall'alto, soprattutto la sequenza che inizia con una *plongée* che ci mostra il bambino riquadrato in mezzo ai grandi disegni geometrici della moquette, mentre, da solo, gioca con delle macchinine. Improvvisamente e inaspettatamente, dal lato verso il quale è rivolto il bambino, si vede sopraggiungere una pallina gialla che si ferma proprio in mezzo alle macchinine (vedi foto 18). Chi ha lanciato la pallina? Si potrebbe pensare alla presenza, nel fuori campo, del padre o della madre che vogliano giocare col bimbo, ma la successiva inquadratura del lungo corridoio – ripreso in "pseudo-soggettiva" del bambino (cioè da dietro le sue spalle) e quindi da un punto di vista alquanto basso – mostra chiaramente che non c'è nessuno nel corridoio che possa aver lanciato quella pallina (vedi foto 19). L'intera scena assume quindi una valenza metafisica particolarmente inquietante, e ciò è dovuto essenzialmente al punto di vista anomalo della prima inquadratura in *plongée*.

Foto 19

1.2.3.1. Inclinazioni

Parzialmente diverso è il discorso per quanto concerne le *inclinazioni*, cioè quelle inquadrature in cui il suolo non appare orizzontale (fig. 16). Come per le angolazioni, anche le inclinazioni comportano valori connotativi interni al quadro molto alti, ma in questo caso non è possibile tentare alcuna precisa classificazione. Il cinema classico utilizzava queste inquadrature anomale quasi esclusivamente per mostrare una visione soggettiva "distorta". Ad esempio, in una sequenza di *Notorious* (*Notorious L'amante perduta*, 1946) di Alfred Hitchcock, Alice/Ingrid Bergman, sdraiata a letto, vede Devlin/Cary Grant prima inclinato di 90° (vedi foto 20) e poi girare su se stesso mentre le si avvicina per portargli un bicchiere di latte che dovrebbe aiutarla a riprendersi dai postumi della sbornia. Il punto di vista anomalo è molto espressivo, ma non comporta alcuna difficoltà di lettura e di

Fig. 16

Foto 20

interpretazione da parte dello spettatore poiché l'inclinazione del quadro è giustificata dalla posizione orizzontale di Alice e dal suo stato confusionale.

Al contrario, il cinema moderno usa le inquadrature sghembe in maniera molto più libera e, apparentemente, meno giustificata. In genere vengono utilizzate per indicare lo stato d'animo soggettivo di un personaggio e/o creare il senso di un'atmosfera malata e da incubo. Un chiaro esempio è rintracciabile ne *Il conformista* (1970) di Bernardo Bertolucci. In una sequenza molto efficace si vede Marcello Clerici, il protagonista, camminare per una strada seguito insistentemente da un'auto.

Tutte le inquadrature sono sghembe (vedi foto 21) e ci si domanda quale possa essere la ragione. Arrivato al cancello di una casa, Marcello si ferma, subito imitato dall'auto, e chiede al conducente perché, lo stia seguendo. Questi inizialmente asserisce che si tratta solo di un caso fortuito, ma poi chiede se egli sia il dottor Clerici e, ricevuto un assenso, si presenta come un inviato del servizio segreto ai suoi ordini. A questo punto Marcello lo invita a entrare e l'inquadratura gradatamente riguadagna l'orizzontalità.

È evidente, quindi, che per mezzo delle inclinazioni anomale Bertolucci voleva restituire lo stato d'animo di Marcello, alterato dalla paura nel vedersi inseguito da un'auto guidata da un perfetto

Foto 21

sconosciuto. Stato d'animo che scompare nel momento delle presentazioni, e allora l'inquadratura può riguadagnare la normale e naturale verticalità.

In altri casi le inquadrature sghembe possono servire anche solo per introdurre un universo un po' particolare e non del tutto "normale", come accade all'inizio della gustosa commedia di Percy Adlon, *Out of Rosenheim* (*Bagdad Café*, 1987), nel momento in cui Jasmin, la grassa protagonista tedesca, litiga con il marito (vedi foto 22) e viene abbandonata di fronte a un bar sperduto nel bel mezzo del deserto. Un deserto che, contraddicendo la sua natura di tipico luogo di morte, si rivelerà invece per lei l'ambiente ideale per una vera rinascita morale e affettiva.

1.2.4. Obiettivi di ripresa e contrasto "soft/deep focus"

Un altro essenziale parametro di strutturazione significativa dello spazio cinematografico è costituito dal contrasto fra l'uso del *deep focus* e del *soft-focus*. Contrasto cioè fra immagini in cui tutti i dati informativi distribuiti nei vari piani della profondità apparente sono "a fuoco" – cioè chiari, nitidi e ben definiti – e immagini in cui sono invece nitidi solo i dati sul piano frontale, mentre quelli che si allontanano verso la profondità apparente sono progressivamente sfocati.

Foto 22

Quest'opposizione che, come si vedrà, ha marcato una differenza estetico-epocale nella storia del cinema, è molto importante ai fini dell'idea di spazio che lo spettatore si crea nella mente. Tecnicamente dipende in massima parte dal tipo di obiettivi utilizzati ed è quindi opportuno soffermarsi brevemente a descriverne le caratteristiche.

Gli obiettivi di ripresa sono tutti costruiti sulla base delle stesse leggi ottiche che presiedono alla organizzazione prospettica del disegno in pittura,[100] ma hanno caratteristiche ed effetti diversi a seconda della loro "lunghezza focale", cioè in base alla distanza (espressa in mm) fra il piano focale[101] e il centro dell'obiettivo.

100. Sulle implicazioni culturali di questo rapporto si veda: Comolli J. L., *Tecnica e ideologia*, Pratiche Parma, 1982. Dopo aver ricordato che la cinepresa (o meglio l'obiettivo) è "produttrice di un codice prospettico direttamente ereditato, costruito, sul modello della prospettiva scientifica del Quattrocento", l'autore osserva che "non è senza interesse notare che proprio nel momento in cui Hegel conchiude la Storia della pittura, nel momento in cui la pittura comincia a prendere coscienza del fatto che la prospettiva scientifica, che fonda il suo rapporto con la figura, deriva da una struttura culturale precisa [...] non è senza interesse constatare che proprio in quel momento Niepce inventa la fotografia". (p. 21).

101. Piano sul quale l'obiettivo proietta un'immagine nitida del soggetto/oggetto ripreso quando quest'ultimo si trova all'infinito. In termini schematici si può dire che corrisponde al supporto (pellicola o altro) sul quale si crea l'immagine.

Schematicamente, in base alla lunghezza focale, gli obiettivi possono essere suddivisi in tre grandi categorie: *normali,*[102] *grandangolari* e *lungofocali* (o *teleobiettivi*).[103] La lunghezza focale di un obiettivo è inversamente proporzionale all'ampiezza del campo inquadrato e alla "profondità di campo" che è la distanza che separa il punto "a fuoco" più vicino da quello, sempre a fuoco, più lontano.[104] Questo significa che gli obiettivi a focale corta o grandangolari inquadrano un campo più ampio del "normale" e riportano una profondità di campo superiore. Al contrario, gli obiettivi a focale lunga inquadrano un campo più ristretto e hanno una profondità di campo più ridotta (per avere un'idea dell'ampiezza del campo inquadrabile in rapporto alla focale dell'obiettivo si veda il grafico in fig. 17).

Questi parametri tecnici condizionano la qualità intrinseca dello spazio virtuale cinematografico e cioè della qualità delle immagini che si ottengono perché questi obiettivi comportano una *deformazione* della visione prospettica rispetto a quella dell'occhio umano (e dell'obiettivo "normale"). Con i grandangolari le distanze prospettiche apparenti risultano più grandi di quelle della realtà, cioè gli oggetti sembrano fra loro più lontani di quanto siano in realtà ed è inoltre osservabile un effetto di deformazione dell'immagine ai bordi

---

102 Viene definito "normale" un obiettivo di ampiezza angolare di circa 50° che riporta con il minor grado di deformazione possibile l'apparenza della visione prospettica dell'occhio umano. Sono invece definiti grandangolari gli obiettivi che riportano un angolo di visione superiore ai 60° e lungofocali o teleobiettivi quelli che hanno un angolo inferiore ai 40°. Non esiste un obiettivo "normale" valido per tutti i tipi di pellicola e/o nastro magnetico. In generale si considera "normale" quell'obiettivo che ha come lunghezza focale una misura pressoché equivalente alla diagonale del formato della pellicola (o, più in generale del "quadro"). Ad esempio, per la pellicola 35 mm si considerano "normali" gli obiettivi la cui lunghezza focale è compresa fra i 48 e i 52 mm, obiettivi che però risulterebbero grandangolari se usati con pellicola 70 mm.

103. A questi va aggiunto il cosiddetto "zoom" o "transfocale" che però non è un obiettivo con caratteristiche differenti bensì un obiettivo a focale variabile che somma le caratteristiche di tutti e tre questi tipi d'obiettivo.

104. Oltre che dalla lunghezza focale dell'obiettivo, la "profondità di campo" dipende dalla quantità di luce che l'obiettivo lascia passare e che va a impressionare il supporto (sia esso pellicola o nastro magnetico o altro). La quantità di luce dipende a sua volta dall'ampiezza d'apertura del diaframma e dal tempo di esposizione. Nel cinema e nella televisione però (fatta eccezione per i casi di *ralenti* e *accelerato*), il tempo di esposizione è fisso (rispettivamente: 1/24 e 1/25 di secondo) per cui ne risulta che la profondità di campo,a parità di lunghezza focale dell'obiettivo e di quantità di luce illuminante, dipende solo dall'apertura del diaframma.

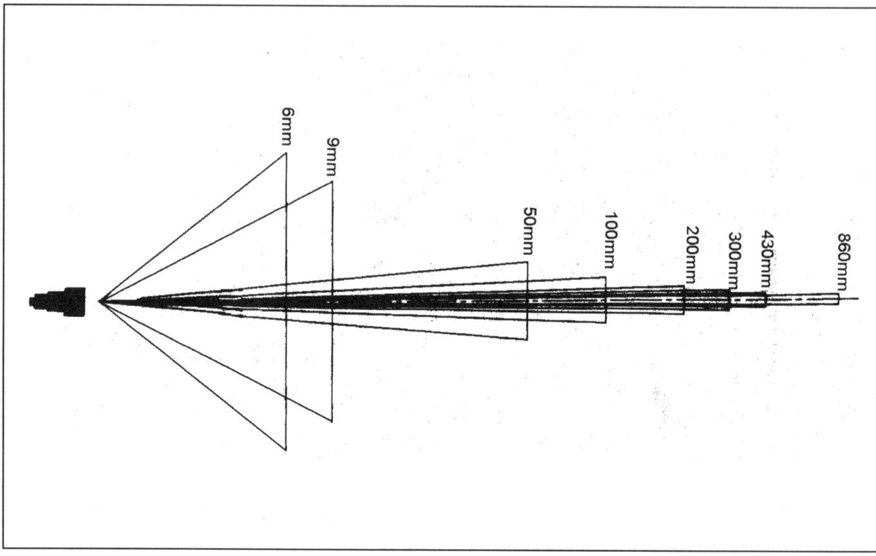

Fig. 17

del quadro.[105] Al contrario i teleobiettivi provocano un effetto di avvicinamento e di schiacciamento, cioè gli oggetti ci sembrano più vicini, ma anche molto vicini fra loro (appunto come se fossero "schiacciati" l'uno contro l'altro). Correlata a queste deformazioni prospettiche è la variazione della "velocità apparente" degli oggetti in movimento. Con gli obiettivi grandangolari i movimenti sembrano più veloci e al contrario con i teleobiettivi appaiono rallentati per un effetto ottico-psichico dovuto al fatto che il tempo che trascorre rimane invariato rispetto a quello della realtà mentre le distanze sembrano, rispettivamente, più lunghe o più corte che nella realtà.[106]

Anche senza arrivare a deformazioni immediatamente percepibili, queste caratteristiche "tecniche" degli obiettivi permettono, come

105. Tale effetto aumenta con il diminuire della lunghezza focale, tanto che con gli obiettivi a focale molto corta, detti "fish-eye", viene deformato anche il quadro che diventa rotondo.

106. Casi tipici di *ralenti* e *accelerato* apparenti ricorrono spesso nelle gare di automobilismo o di ciclismo, ecc. Le auto o i ciclisti ripresi da lontano con teleobiettivi sembrano avvicinarsi con una lentezza degna di una tartaruga, mentre quelli ripresi da vicino in grandangolo sfrecciano tanto veloci da risultare praticamente "illeggibili". Il cinema, come si vedrà, sfrutta questi effetti in senso emotivo, rispettivamente per creare momenti di lirismo o per accentuare il senso di velocità e concitazione delle scene d'azione.

Foto 23

detto, di organizzare lo spazio cinematografico in due modi antitetici: in *soft* o *deep focus*. Come accennato, il *soft-focus,*[107] cioè la costruzione dell'immagine con una profondità di campo molto corta, serve a organizzare lo spazio filmico in maniera che solo la parte frontale di esso risulti significativa mentre lo sfondo rimane inerte. Ciò permette in pratica di ritagliare uno "spazio privilegiato" lungo la direttrice della profondità apparente e, quindi, di concentrare l'attenzione dello spettatore su un soggetto, o frammento d'azione, o gesto, che s'intende per qualche ragione privilegiare. Allo stesso modo, se i soggetti dell'azione sono più di uno e disposti su piani diversi, il *soft-focus* permette di segnalare all'attenzione dello spettatore ora l'uno ora l'altro dei soggetti dell'azione (vedi foto 23) senza ricorrere a variazioni del punto di vista o a cambiamenti di grandezza scalare, ma con un semplice aggiustamento di fuoco.[108] È intuitivo che se il *soft-focus* viene utilizzato in un campo ristretto, esso non fa che accrescere il valore connotativo – già alto – del campo stesso. È questo un uso "lirico" dei due effetti combinati, ma proprio perché for-

107. Talvolta questo effetto è indicato anche come *flu*. Più generalmente però con questo termine s'intende l'"ammorbidimento" dell'immagine, ottenuta mettendo davanti all'obiettivo una sottile garza o cospargendone i bordi con della vaselina.
108. Solitamente quest'uso viene indicato come *effetto sfocatura*.

temente connotativo esso è usato con grande moderazione, solo quando il genere discorsivo lo richieda (o comunque lo "permetta").

L'uso estensivo del *soft-focus* è caratteristico del cinema classico fino agli inizi degli anni '40. Più che di una precisa scelta espressiva si trattava però di un limite tecnico dovuto alla pellicola, che non risultava sufficientemente sensibile con obiettivi a focale corta.[109] Essendo stato introdotto un nuovo tipo di pellicola più sensibile, il direttore della fotografia Gregg Toland ritornò agli obiettivi a focale corta per fotografare il citato *Citizen Kane* di Orson Welles. L'uso del *deep-focus* caratterizza tutto il film ed è anzi il suo codice dominante. Gli esempi possibili sarebbero quindi innumerevoli ma, per convenienza, ci si limiterà a citare solo quella che probabilmente è la scena più celebre del film e che evidenzia meglio di altre il contrasto di cui si parla. La scena (un'illustrazione in *flash-back* di ciò che un giornalista sta leggendo nelle memorie del tutore di Kane, Mr. Tatcher) inizia con un bambino che sta giocando sulla neve; un carrello indietro scopre l'interno della casa e la mamma che sta discutendo con il marito e Mr. Tatcher sul futuro e sull'educazione del bambino. I tre avanzano verso la camera, mentre sullo sfondo, al centro, e sempre a fuoco, rimane inquadrata la finestra al di là della quale si può vedere il bambino che continua a giocare, ignaro del fatto che in quel momento si stia decidendo il suo futuro (vedi foto 24).

Questo diverso modo di comporre lo spazio cinematografico comporta un cambiamento dell'atteggiamento appercettivo e cognitivo dello spettatore. Nell'immagine in *soft-focus* lo spettatore si trova nella comoda posizione di dover "leggere" solo il primo piano dell'immagine poiché, essendo lo sfondo sfocato, non vi si possono far svolgere azioni (tranne quelle "liriche" appositamente sfocate). Al contrario, con la profondità di campo – che, come evidenziato dalla scena citata, ridisegna la geometria spaziale dell'immagine esaltando i punti di fuga prospettici e distribuendo significativamente le posizioni dei personaggi lungo tutta la profondità del quadro – lo spettatore è costretto a

109. Gli obiettivi a focale corta erano già conosciuti e, anzi, molto utilizzati agli albori del cinema, ma furono poi abbandonati in seguito all'introduzione della pellicola pancromatica (cioè sensibile a tutta la gamma dei colori). Questa pellicola offriva evidenti vantaggi perché, aumentava la gamma dei grigi intermedi e permetteva quindi di evitare i forti contrasti fra bianchi e neri che si possono notare nei primi film realizzati con pellicola ortocromatica (sensibile all'azzurro e al violetto ma molto poco al giallo e al rosso), ma, per contro, diminuiva molto la resa per quanto concerne la profondità di campo a parità di quantità di luce.

Foto 24

"leggere" invece tutti i piani dell'immagine in quanto le eventuali azioni che si svolgono sullo sfondo o i dati scenografici non sono più inerti e "decorativi", ma veri e propri operatori attivi della drammaturgia. Tutto questo comporta un maggiore sforzo d'attenzione da parte dello spettatore, cioè una sua partecipazione più attiva.

Superati i limiti tecnici, nel cinema moderno e contemporaneo la diversità di composizione in profondità del quadro è dovuta solo a una precisa scelta linguistico-espressiva del singolo regista. Un uso molto funzionale ed espressivo del *soft-focus* è stato fatto da Michelangelo Antonioni in *Deserto rosso* (1964). Il film narra una storia di nevrosi e di insoddisfazione esistenziale ambientata a Ravenna, in un paesaggio industriale inquinato e incupito dall'umido e nebbioso inverno padano. Per descrivere l'alienazione del personaggio principale (Giuliana/Monica Vitti), e la sua incapacità a partecipare alla vita nel mondo degradato e poco armonioso che la circonda, Antonioni utilizza tutti i mezzi espressivi che la tecnica e il linguaggio cinematografico gli mettono a disposizione. Oltre a un uso non naturalistico del colore, di cui si parlerà in seguito, egli ricorre a un'alternanza subitanea fra immagini "oggettive" ampie e spaziose e immagini riprese con il teleobiettivo, che schiacciano le prospettive e ci restituiscono la visione "soggettiva" di Giuliana di quello stesso spazio. Spazio che "soggettivamente" sembra soffocarla.

Foto 25

Fra tutte le sequenze possibili, si può ricordare quella in cui Giuliana si trova in una campagna in prossimità del mare insieme a Corrado (amico del marito e suo temporaneo amante). I C.L. descrittivi dei brumosi luoghi sono alternati a inquadrature in M.F. e/o P.A. in cui è possibile vedere alti tralicci che si stagliano sfocati immediatamente dietro la testa della protagonista. Poi, annunciata da un lugubre suono di sirena fuori campo su un P.P. (sempre in *soft-focus*) di Giuliana, arriva una nave che – vista, evidentemente, in "soggettiva" di Giuliana – appare incredibilmente vicina, totalmente a ridosso degli alberi (vedi foto 25), e sembra acquistare tutto lo spettrale e terrorizzante aspetto di un vascello fantasma.[110]

Un uso molto espressivo del grandangolo – e di conseguenza del *deep-focus* – è invece riscontrabile in un famoso film di Andrzej Wajda: *Czlowiek z marmuru* (*L'uomo di marmo*, 1976). Nel film, che narra della difficile ricerca da parte di Agnieszka, una giovane regista esordiente, delle tracce di un eroe del lavoro polacco degli anni '50 poi caduto in disgrazia, Wajda sfrutta sapientemente il grandangolo per dilatare lo spazio e allungare le prospettive in modo, a esempio,

110. Sul significato espressivo di queste inquadrature si veda: Bettetini G., *op. cit.*, pp. 114-116. Riprendendo il pensiero di P.P. Pasolini, l'autore le definisce "soggettive libere indirette".

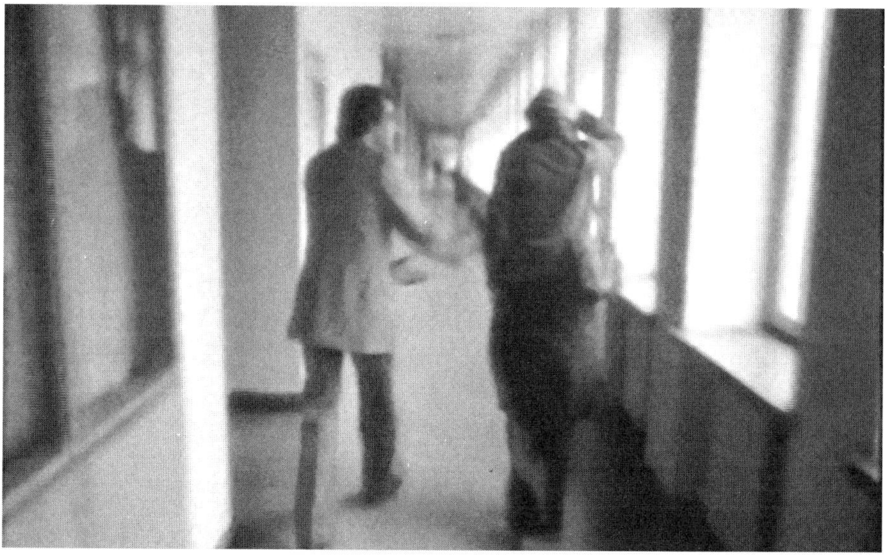

Foto 26

da far sembrare interminabili i lunghi corridoi degli uffici polacchi (vedi foto 26) in cui la protagonista insegue inutilmente i burocrati comunisti che fanno una resistenza passiva e rendere quindi meglio l'atmosfera espressionista e vagamente kafkiana che soffonde tutto il film.[111]

Indubbiamente però lo specialista dell'uso espressivo del grandangolo è Stanley Kubrick che se ne serve con particolare maestria soprattutto in *Clockwork Orange* (*Arancia meccanica*, 1971), *Barry Lyndon* (*id.* 1975) e nel citato *The Shining*. Nel primo per allargare a dismisura gli spazi e creare un'atmosfera allucinata e allucinante in tutti gli interni del film (ci si riferisce in particolar modo alla sequenza dello stupro della moglie di uno scrittore in una casa dall'arredamento futurista, vedi foto 27, e all'arrivo del protagonista in prigione), nel secondo per "raffreddare" le immagini e restituire allo spettatore la possibilità di una distanza critica nei confronti della narrazione e dei personaggi e nel terzo con gli stessi intenti del primo, ma collegato questa volta all'uso della *steady-cam*, un ingegnoso sistema di stabilizzazione delle immagini con "macchina a mano", di cui si parlerà più ampiamente nel paragrafo sui movimenti di macchina.

111. In questa sequenza, per effetto del grandangolo, è anche osservabile una leggera accelerazione della velocità apparente dei personaggi in movimento.

Foto 27

1.2.5. *Luci e ombre*

L'uso espressivo di luci e ombre nel cinema nasce già negli anni '10, in Italia con Pastrone[112] e negli Stati Uniti con Griffith[113], ma, certamente, è stato l'Espressionismo cinematografico tedesco,[114] nei primi anni '20, a insegnare a tutti che si poteva imprimere alla scena un forte valore connotativo usando luci di "taglio" che proiettassero ombre lunghe e minacciose.

Nel film-manifesto del movimento, *Das Kabinet des Dr. Caligari* (Il gabinetto del dottor Caligari, 1919) lo sceneggiatore Carl Mayer e il regista Robert Wiene ricorsero alla collaborazione dei pittori Rohring e Reimann e dell'architetto Herman Warm per ottenere scenografie riproducenti uno spazio deformato (con linee spezzate e spesso con ombre disegnate) che esprimesse metaforicamente un

112. Diresse e produsse decine di film. Il suo più grande successo fu: *Cabiria*, 1914, con didascalie attribuite a D'annunzio e musica di Ildebrando Pizzetti (*La sinfonia del fuoco*).
113. Come si vedrà meglio nei capitoli successivi, è considerato il "Padre" del cinema narrativo americano e mondiale.
114. Movimento d'avanguardia sorto a Monaco di Baviera intorno al 1910 come reazione all'impressionismo e all'arte naturalistica. Si espresse in pittura, musica, teatro, letteratura e nel cinema dove lasciò un segno molto profondo.

Foto 28

mondo inquietante in cui dar vita ai loro personaggi "malati" (vedi foto 28). Più tardi il movimento dimostrò che la stessa atmosfera poteva essere ricostruita semplicemente con l'uso di luci non naturalistiche (cioè, non diffuse, ma di taglio). La lezione venne recepita principalmente dal "gangster" e dal "noir", generi che si sviluppano negli Stati Uniti dopo la crisi del 1929[115] e che raccontano le gesta dei gangster (che però americani non sono) e, in generale, gli aspetti degenerativi della società americana dell'epoca.

Gli innumerevoli interni di questi film e le strade buie (il cui asfalto è sempre bagnato, appositamente per essere più riflettente) sono sempre (o quasi) illuminati da luci di taglio "non-naturalistiche" che permettono di caricare le scene di forti valenze emotive, pur lasciando inalterate le fattezze apparenti della realtà, e di esprimere quindi un mondo disarmonico, caratterizzato da sentimenti negativi e perversi.

In questi casi, non è tanto (o, comunque, non soltanto) l'organizzazione spaziale degli elementi scenografici, né una particolare angolazione a connotare e metaforizzare lo spazio cinematografico e a determinare lo stato di apprensione o di inquietudine che lo spetta-

115. Anche perché alcuni dei registi più rappresentativi dell'Espressionismo tedesco, come Fritz Lang, Wilhelm Murnau e molti altri, si erano nel frattempo trasferiti negli Stati Uniti per sfuggire al regime di Hitler.

tore prova, bensì il fatto che di ciò che la cinepresa registra egli può vedere solo delle parti, dei frammenti, mentre tutto ciò che rimane in ombra assume un minaccioso e inquietante valore di mistero.[116]

1.3 Il colore

In qualche modo rapportabile all'uso espressivo delle luci e delle ombre nel bianco e nero, ma comunque diverso nei suoi effetti e negli esiti, è l'uso del colore. Non si può dire che al suo avvento esso – così come era avvenuto per il sonoro nel 1929 – sia stato accolto da grandi e unanimi entusiasmi.

Alcuni teorici[117] infatti rimasero dubbiosi sull'opportunità del suo utilizzo perché esso comportava una forte aggiunta di "naturalismo" all'immagine cinematografica; aggiunta che, si temeva, potesse comportare una diminuzione della necessaria distanza fra la realtà e l'Arte (che può essere imitazione, ma non deve mai diventare "duplicazione" della realtà). Altri invece, come Bazin [Cfr. *op. cit.*], convinti di un presunto *destino realista* del cinema, non potevano che vedervi un *segno indicatore* di questo destino.

Fra le opinioni più riflessive e stimolanti, sono comunque da ricordare quelle di Béla Balász e di Ejzenstein, ambedue elaborate negli anni '30 e cioè molto prima che il film a colori divenisse un fatto quotidiano e commerciale.[118]

---

116. Sarebbe troppo lungo ed esulerebbe dai limiti del discorso riferire di tutti i film famosi che hanno fatto uso di questo tipo di illuminazione; non è comunque possibile tacere i titoli dei film che hanno iniziato il filone: *Little Caesar* (*Piccolo Cesare*, 1930) di Mervyn Le Roy, *The Public Enemy* (*Pericolo pubblico*, 1931) di William Wellman, *Scarface, Shame of the Nation* (*Scarface*, 1931-32) di Howard Waks (il film ha poi avuto un remake diretto da Brian De Palma nel 1983). Fra i registi non specializzati in questo genere, ma che hanno comunque usato magistralmente luci non naturalistiche per descrivere atmosfere inquietanti, è ovviamente da ricordare il grande Hitchcock e in particolare il suo film più ossessivamente kafkiano: *The Wrong Man* (*Il ladro*, 1956).

117. Rudolf Arnheim ad esempio considerava l'assenza di colore uno degli elementi che "positivamente" differenziavano il cinema dalla realtà. Cfr. Arnheim R., *Film as Art*, University of California Press, Berkeley, 1957.

118. L'idea di un cinema a colori nasce praticamente con l'invenzione stessa. Già ai tempi di Méliès infatti si tentava di produrre film "colorati" per mezzo di processi chimici (il "viraggio" e l'"imbibizione") che permettevano di ottenere colorizzazioni simboliche di alcune parti del film: il blu per la notte, il giallo per gli interni notturni, il verde per i paesaggi diurni e il rosso per gli incendi e le battaglie. Il primo esperimento di film commerciale a colori è, molto probabilmente,

Pur convinto che l'immagine in bianco e nero fosse assai più omogenea, Balázs [Cfr. 1952, p. 283] nota però che l'avvento del colore può aumentare le possibilità espressive del cinema, rendendolo un'arte incomparabile con tutte le altre. Scrive infatti: "quando la tecnica sarà in grado di riprodurre i colori in tutte le loro sfumature[119] e i nostri sensi riusciranno a percepirle esattamente, la rappresentazione dei colori in movimento potrà schiudere alla nostra sensibilità tutto un vasto campo di esperienze umane che nessun'altra arte – e tanto meno la pittura – sarebbe in grado di esprimere. Il pittore può dipingere il rossore di un viso, ma non può dipingere un viso che da pallido improvvisamente s'imporpora; può mostrarci il pallore di un viso, ma non il drammatico processo dell'impallidimento" [Balázs, *ibid.*, pp. 282-283].

Al di là di queste notazioni, forse un po' romantiche, che si limitano a rilevare i lati positivi dell'aggiunta di "naturalismo", si capisce subito che Balázs pensa a un uso espressivo del colore che vada oltre il realismo. Nello stesso saggio, infatti, egli aggiunge che: "Il colore acquista significato artistico solo quando esprime una particolare esperienza cromatica in forma cinematografica [...] le specifiche possibilità artistiche dell'immagine cinematografica a colori risiedono nei colori in movimento e nella espressione di questa *esperienza* cromatica" [*ibid.* p. 281], mentre in un altro saggio del 1931 si dichiara convinto che "diventeranno possibili relazioni cromatiche particolari. Affinità e contrasto di colore creeranno, tra le immagini, relazioni ancor più profonde delle relazioni formali" [Balázs, 1954. p. 135].

Balázs intuisce quindi, con grande anticipo storico, che il colore nel cinema non potrà e non *dovrà* essere usato solo per mostrare in modo più naturalistico la realtà, ma che esso avrà un grande effetto

---

Becky Sharp (id., 1935) di Rouben Mamoulian, cui, fra gli altri, seguì dopo qualche anno il grande successo di *The Wizard of Oz* (*Il mago di Oz*, 1939) di Victor Fleming che conteneva alcune sequenze a colori. Ma si trattò più che altro di casi isolati. La produzione di film commerciali a colori si fece più consistente dopo la fine della seconda guerra mondiale, ma è solo negli anni '50, per il cinema americano, e negli anni '60, per quello europeo, che il cinema a colori sostituisce definitivamente il bianco e nero.

119. Nonostante i grandi progressi tecnici, non si può dire che, ancora oggi, il problema di una perfetta riproduzione dei colori sia stato eliminato. La resa varia infatti a seconda del tipo e della marca di pellicola che si utilizza, e si può notare con facilità come il colore dei film americani sia molto diverso da quello riscontrabile nei film europei che non utilizzano pellicola americana, e come ambedue si differenzino da quello dei film con pellicola russa.

sullo stato d'animo dello spettatore, solo quando risulterà in qualche modo diverso da quello naturale. Va sottolineato però che, contrariamente a quanto avveniva per l'uso dell'illuminazione espressionista nel bianco e nero, gli effetti emotivi del colore utilizzato in funzione espressiva non sono espliciti ed evidenti, ma operano nello spettatore più che altro a livello subliminale. Lo spettatore, cioè, può anche non cogliere coscientemente la diversità del colore di un film rispetto alla realtà, ma ne subirà comunque l'impatto emotivo e l'influenza sul suo stato psicologico. Ciò perché "spesso il movimento dei colori è così lieve da riuscire impercettibile, ma tanto basta perché, l'impressione suscitata dall'immagine risulti diversa a quella precedente. (...) Non si dimentichi che i colori hanno una enorme carica simbolica e una grande capacità di destare sensazioni di vario genere e importanti associazioni di idee" [Balázs, 1952, pp. 282-283].

Alle autorevoli osservazioni di Balázs si può aggiungere, come nota Marcel Martin [Cfr. 1985, p. 77], che tutte le esperienze fisiologiche e psicologiche dimostrano che noi percepiamo più il *valore* del colore, cioè le differenze relative di chiaro e scuro fra le parti dell'immagine e le differenze di tonalità, che non i colori in sé.[120] Quindi, come ben sanno i pittori che mischiano i colori per ottenere la tonalità voluta, gli arredatori che li associano o li contrappongono per creare armonia e gli psicologi che li interpretano ai fini analitici, ogni colore e ogni singola tonalità sono portatori di valori emotivi e psicologistici propri che, operando a livello subliminale sullo spettatore, inducono allegria o tristezza, dinamismo o rilassamento, eccitazione o depressione, calma o tensione, ecc.[121]

120. Sulle problematiche relative all'accostamento armonico dei colori si veda in particolare il fondamentale testo di Johannes Itten: *Arte del colore. Esperienza soggettiva e conoscenza oggettiva come vie per l'arte*, Il Saggiatore, Milano, 4° ediz. 1992, ricco di tavole esplicative dei valori e degli effetti cromatici dati dalla giustapposizione di colori diversi e/o di tonalità differenti degli stessi colori.

121. *Rosso*: aumenta la tensione muscolare, la pressione sanguigna ed il ritmo respiratorio, agisce come stimolante; risveglia impressioni di calore.

Arancione: colore eccitante; accelera le pulsazioni senza aumento della pressione sanguigna; azione stimolante solo emotiva.

Giallo: ridente e caldo; stimola l'attività senza eccitare; valorizza la luce ed è indicato dove si richiede un ritmo celere di lavoro.

Verde: suggerisce calma e riposo, favorisce il raccoglimento e l'attenzione; nelle gradazioni verde-blu e giallo-verde, è più fresco e più caldo della tinta base.

Blu: colore freddo, desiderabile dove le temperature sono alte: abbassa la tensione muscolare e la pressione sanguigna, calma e diminuisce il ritmo respiratorio; nelle tonalità chiare dà maggiore serenità, i suoi toni scuri sono deprimenti.

Ovviamente, tutto ciò e ben noto ai registi, agli scenografi e costumisti, ai direttori di fotografia e operatori alla macchina che quindi possono sfruttare le possibilità di suggestione del colore per metaforizzare l'immagine cinematografica o comunque per dare unità "tonale" alla loro opera, accordando una dominanza all'uno o all'altro dei colori presenti sulla scena. Infatti, come ben nota Ejzenstejn, in un famoso saggio dedicato allo studio del giallo nell'espressione artistica: "la tonalità interna – di un'opera – deve contribuire a esprimere il significato di un sentimento interiore. E quel sentimento, per quanto vago, è sempre diretto verso un qualche fine concreto che trova la sua espressione, esternamente, in colori, linee e forme" [*op. cit.*, p. 295].

Nonostante i suggerimenti profetici dei due grandi teorici – forse anche a causa delle imperfezioni tecniche e della scarsa flessibilità dei primi sistemi di colorazione – il cinema continuò a fare un uso illustrativo e naturalistico del colore, in tonalità molto sature e brillanti, per tutti gli anni '50 e i primi '60.

Il dibattito sull'argomento fu successivamente rilanciato dal già citato film di Michelangelo Antonioni *Deserto Rosso*. Convinto che il colore in assoluto non esista e che esso sia un rapporto fra l'oggetto e lo stato psicologico dell'osservatore,[122] Antonioni (coadiuvato dal direttore della fotografia Carlo Di Palma) fece dipingere muri, alberi, case, ecc., per ottenere colori in tonalità "fredde", cioè desaturati e nient'affatto brillanti, al fine di far assumere all'immagine valenze connotative "soggettive" che servissero ad illustrare e esprimere lo stato psicologico alienato e depresso della protagonista.

L'impressione "innaturale" di questi colori è immediatamente evidente, ed è facile per lo spettatore rapportare ciò che vede ad un'impressione soggettiva della protagonista anche quando ella è in

---

Bianco: dà senso di pulizia, ordine, disciplina, ma anche freddezza e monotonia; è un errore usarlo da solo su vaste superfici.
Grigio: monotono, da preferire le tonalità chiare, in ambienti già rallegrati da altri colori; se usato su grandi superfici, va associato al giallo.
Viola: colore deprimente; toglie energia, induce alla tristezza; non deve comparire mai sulle superfici viste da chi lavora.
Nero: assenza di ogni colore; deprimente come il viola.
Cfr. *Manuale dell'architetto,* CNR, 1962, p.301. Sul problema delle stimolazioni psicologiche indotte dai colori si vedano anche: Feininger A. [1966, pp. 17-27]; Steiner R. [1982]; Wittgenstein L., [1981]; Albers J. [1991].

122. Cfr. Antonioni M., *"Cinema 64"*, n° 90, novembre 1964, p. 68.

campo.[123] L'insegnamento di Antonioni è stato, ovviamente, seguito da molti altri registi, anche se non magari per un intero film ma solo per specifiche parti o sequenze. Per esempio Bertolucci e Storaro – ispirandosi, come detto, alla pittura di Francis Bacon – connotano tutte le sequenze di *Last Tango in Paris* (*Ultimo tango a Parigi*, 1972) dentro l'appartamento (il mondo "altro" dei due amanti) dando alle immagini delle evidenti dominanti di giallo e rosso (colori eccitanti e passionali). Dominanti di colore che non si ritrovano nelle altre sequenze del film, e che servono a metaforizzare la qualità e il valore delle emozioni dei due protagonisti. Sempre Storaro in *Apocalypse Now* (*id.*, 1979) di Francis Ford Coppola, nella sequenza del bombardamento del villaggio vietnamita (fatto al solo scopo di praticare il *Windsurf*), riesce finanche a intervenire sul colore naturale della luce solare e ad ottenere variazioni cromatiche di alta suggestione. Dal chiarore "freddo" e spettrale del cielo mattutino, "sporcato" da rumorosi puntini neri (gli elicotteri) che ci fanno presagire tutto l'orrore della battaglia che sta per compiersi, si passa gradualmente a tonalità più cariche e più sature in un "crescendo" tonale di colori che (in parallelo con il "crescendo" musicale) sfocia poi nel *caldo* rosso finale del bombardamento al napalm.

Si potrebbero citare mille altre opere, ma l'elenco diventerebbe troppo lungo, per cui ci si limita a ricordare ancora solo il contrastato ultimo film di Rainer Werner Fassbinder, *Querrelle De Brest* (*Querrelle*, 1982), in cui il grande regista tedesco, ripromessosi di fare un'opera sulla "passione di Nostro Signore" soffonde tutto il film di una suggestiva luce arancione-violetta che da un lato (il *calore* dell'arancione) restituisce tutta l'intensa passionalità delle emozioni del protagonista (un omosessuale), dall'altro (la stimolazione alla tristezza data dal violetto) immerge la storia in un'atmosfera cupa e deprimente che non lascia dubbi sull'esito finale negativo del protagonista, che muore suicida.

Il cinema moderno ha dimostrato il suo interesse all'uso non naturalistico del colore anche con la rinuncia, totale o parziale, ad esso. Woody Allen, dai tempi di *Manhattan* (*id.*, 1979) fino al più recente *Shadows and Fog* (*Ombre e nebbia*, 1992), alterna film a colori a film

123. Nel film c'è una sola sequenza in cui i colori sono saturi e brillanti. Si tratta della sequenza in cui Giuliana, la protagonista, racconta una favola al suo bambino. La differenza cromatica vuole appunto significare che la protagonista riesce a rappresentarsi un mondo armonioso e non alienato solo nella fantasia, ma non nella realtà.

in bianco e nero proprio perché in alcuni casi trova il bianco e nero molto più funzionale ai suoi fini espressivi. Altri autori – ad esempio, Martin Scorsese in *Raging Bull* (*Toro scatenato*, 1980) – alternano parti di colore a parti di bianco e nero, o colorano piccole parti del quadro – come fa ad esempio Francis Ford Coppola con i pesci dell'acquario di Rusty in *Rumble Fish* (*Rusty il selvaggio*, 1983) – per contrapporre allegoricamente realtà e fantasia o presente e passato, ecc.

Ancora Antonioni ha dato un ulteriore spunto al dibattito sul colore nel cinema con *Il mistero di Oberwald* (1980), primo film per le sale realizzato su nastro magnetico e non su pellicola,[124] in cui l'autore ha dimostrato che l'avvento della registrazione elettromagnetica ha aumentato le possibilità di controllo e intervento "deformativo-espressivo" sul colore e, di conseguenza, rende più facile il ricorso ad un suo uso non-naturalistico.[125] Infatti, per esprimere il desiderio inconscio di liberazione della protagonista, Antonioni ha inserito una sua cavalcata notturna/sogno che si snoda fra campi coperti di candida e bianchissima neve sotto un cielo coperto di innaturali nuvole gialle, ottenute con facilità grazie all'elettronica.

L'attuale trasformazione da *analogica* in *digitale* della videoregistrazione non potrà che aumentare queste possibilità. Il sistema digitale permette infatti il controllo del singolo *pixel*, cioè dell'elemento minuscolo e minimo che concorre alla formazione dell'immagine[126] e, essendo dimostrato che a ogni sviluppo tecnologico corrisponde un'evoluzione estetica, questo non potrà che rendere sempre più comune e frequente l'uso espressivo del colore.

Queste maggiori possibilità e questa facilitata opportunità di intervento non devono però far pensare a impossibili utopie di corrispondenze schematiche e assolute fra particolari colori e particolari stimoli psico-emotivi. Tali tipi di corrispondenze schematiche non potranno

124. Ovviamente però, per la proiezione nelle sale si è dovuto realizzare una copia in pellicola per mezzo di un complesso procedimento di trascrizione videografica da nastro.
125. Il colore in televisione infatti non è altro che un'onda elettromagnetica sulla quale si può intervenire con facilità per variarne le caratteristiche di lunghezza, altezza, frequenza, ridondanza, ecc.
126. Il *pixel* è schematicamente paragonabile al "punto" in fotografia. Infatti la definizione di una immagine digitale dipende dal numero di *pixel* con cui è costruita così come quella della fotografia dipende dal numero di punti in essa individuabili. Ovviamente, l'ordine di unità di misura è in milioni nell'un caso e nell'altro, anche se la definizione dell'immagine televisiva è tuttora non commensurabile con quella della pellicola.

quindi mai essere generalizzate e codificate. Come aveva già avvertito Ejzenstejn, infatti, "in arte non è la correlazione *assoluta* a decidere, sebbene quelle correlazioni *arbitrarie* comprese nel sistema d'immagini dettato da una particolare opera d'arte. Pertanto il problema non è – né mai sarà – risolto da un catalogo fisso di colori-simboli, ma l'intelligibilità e la funzione emotiva del colore nasceranno dall'ordine naturale seguito nello stabilire la raffigurazione coloristica dell'opera coincidente con il processo formativo del movimento vitale dell'intera oper. [...] Noi non obbediamo a qualche "legge inevitabile" di "significati" e corrispondenze assolute fra i colori e i suoni, e di assoluti rapporti fra questi e certe specifiche emozioni, ma [...] noi stessi decidiamo quali colori e quali suoni siano i più adatti a risolvere una data esigenza e a fornire una data emozione quali noi li vogliamo" [1964, p. 295]. In altri termini, nostante alcune ricorrenze cromatiche in particolari generi (vedi le tonalità scure nei film gangster, thriller, horror ecc.), il colore non potrà mai essere inteso come un codice linguistico, bensì come un codice testuale, cioè filmico.

2. I FATTORI DINAMICI

Il presupposto d'analisi da cui si è partiti – considerare dapprima lo spazio cinematografico da un punto di vista statico – ha permesso di individuare alcuni fondamentali parametri costitutivi dell'immagine cinematografica, ma, ovviamente, non ha esaurito l'argomento. Tutti i fattori statici fin qui presi in esame rimangono validi, ma è ovvio che, essendo il cinema costituito da una serie d'immagini in successione, lo spazio cinematografico sarà caratterizzato da un continuo e costante divenire.

Ogni fotogramma, come s'è visto, rinvia ad un "fuori campo",[127] ma – è ovvio – anche il successivo rinvia, a sua volta, ad un "fuori campo" e perché s'istituisca una relazione corretta fra i due occorre che vi sia un qualche tipo d'interrelazione basata su una convenzione intelligibile allo spettatore. Oltre ai parametri compositivi sin qui

127. Come accennato, viene definito fuori campo tutto ciò che è idealmente presente nello spazio inquadrato, ma non visibile perché esterno ai quattro lati dello schermo o posto dietro la scenografia o dietro la cinepresa.

visti bisognerà allora prenderne in considerazione altri che meglio permettano di porre in reciproca relazione i contenuti rappresentativi di due fotogrammi in successione. Risulta quindi opportuno esaminare nel dettaglio la qualità dei rapporti spaziali che possono intercorrere fra due immagini in successione. Rapporti che possono essere di tre tipi: *discontinuità, continuità, prossimità.*[128]

La discontinuità spaziale ricorre, evidentemente, quando lo spazio di un'inquadratura risulta totalmente ed esplicitamente diverso e lontano da quello mostrato nell'inquadratura che precede o segue. I rapporti di discontinuità spaziale non creano particolari problemi perché, in ogni caso, devono esprimere una cesura, piccola o grande che sia, nello spazio mostrato.[129] Un'evidente discontinuità spaziale indica sempre un cambiamento di luogo e, spesso, di tempo, per questo nel cinema muto e in quello classico due inquadrature appartenenti a scene/sequenze diverse venivano raccordate per mezzo di effetti ottici di "punteggiatura" – mascherini, iris, dissolvenze (in nero o incrociate) ecc. – che rallentavano alquanto il ritmo del film (indipendentemente dal suo genere). Il linguaggio del cinema moderno è diventato invece più sintetico e rapido e – tranne casi di marcatura stilistico-autorale o di citazione del cinema del passato – predilige il passaggio da una scena/sequenza all'altra per semplice "stacco".

Si hanno rapporti di continuità spaziale fra due inquadrature quando lo spazio mostrato da un fotogramma è in tutto o in parte uguale a quello del fotogramma successivo. Ciò può accadere sia nel caso di un movimento di macchina (vedi oltre) o di zoom in cui lo spazio varia gradualmente e con continuità, sia nel caso in cui un'inquadratura mostri uno spazio che è parte dello spazio dell'inquadratura precedente e/o successiva o, al contrario, che lo contenga (es.: lo spazio riquadrato da una ripresa in F.I. seguito dallo spazio di un C.T. dello stesso ambiente o lo stesso spazio ripreso da due angolazioni diverse). Si hanno, infine, rapporti di prossimità quando i diversi spazi mostrati da due fotogrammi in successione risultino manifestamente (per similarità di *décor* o altro) contigui e/o vicini

128. Ciò che rende evidenti questi diversi tipi di rapporto non è il risultato delle riprese (perché all'interno delle singole inquadrature lo spazio risulta sempre e comunque continuo), bensì il montaggio, di cui anticipiamo qui alcune delle problematiche relative allo spazio.
129. Ci saranno invece problemi relativi al "tempo" e alla "scansione", per i quali si rimanda al capitolo successivo sul montaggio.

nello spazio ideale della diegesi (ovviamente, non ha alcuna importanza che questi spazi siano effettivamente vicini o meno nella realtà). Esempi di prossimità spaziale possono essere due inquadrature riguardanti due stanze adiacenti oppure l'interno e l'esterno di una casa.

Contrariamente ai rapporti di discontinuità che non pongono particolari problemi, quelli di *continuità* e, in alcuni casi, quelli di *prossimità* fra due inquadrature in successione sollevano invece problemi di bilanciamento compositivo e di correlazione spaziale su cui è opportuno soffermarsi.

2.1. Raccordi spaziali (*grammatica filmica*)

Si è già più volte sottolineato il valore metonimico dell'immagine e rilevato come sia essenziale che ogni "quadro" contenga in sé gli elementi essenziali per richiamare alla mente dello spettatore il "fuori campo", ovvero ciò che è esterno al quadro e non visibile, ma comunque importante perché inerente all'azione.

Spesso può capitare che, per facilitare la comprensione dello spazio da parte dello spettatore, si sia costretti a una composizione dell'immagine che sembra contraddire le "norme" indicate in precedenza. Ma ciò che può apparire un errore di composizione in un'inquadratura considerata isolatamente viene invece totalmente giustificato da una corrispondente e complementare sbilanciatura simmetrica nell'immagine successiva.

Queste sbilanciature sono "regolate" da alcuni accorgimenti atti a facilitare la percezione dello spettatore e da quattro tipi di raccordi formalizzati dalla pratica (specialmente del cinema classico) che, collettivamente, costituiscono un corpus solitamente definito come "grammatica filmica".[130] Si tratta di parametri che, in genere, agiscono contemporaneamente e in maniera complementare, ma che per facilità di analisi possono essere suddivisi in:

- raccordi di sguardo
- raccordi di movimento
- raccordi di angolazione
- raccordi di grandezza scalare

130. Si sottolinea ancora una volta che si tratta in effetti di una "retorica" e che la trasgressione delle "norme" potrà risultare in alcuni casi più espressiva della stretta osservanza.

Foto 29

2.1.1. Raccordi di sguardo

Tutta la problematica attinente i raccordi di sguardo potrebbe essere facilmente spiegata se la parola permettesse di mostrare una sequenza del *Gattopardo* (1963) di Luchino Visconti che è, da questo punto di vista, veramente esemplare. Si tratta della sequenza del ricevimento a casa del Principe di Salina (Burt Lancaster), dopo l'arrivo della famiglia a Donnafugata. Al ricevimento, oltre al compagno di caccia del Principe, è stato invitato anche Don Calogero Sedara (Paolo Stoppa), il rappresentante della borghesia del paese che, scusandosi per un malore della moglie, annuncia in sua sostituzione il prossimo arrivo della figlia Angelica (Claudia Cardinale). Nessuno dà particolare importanza alla cosa, e tutti sembrano occupati unicamente a ridere alle spalle di Don Calogero per il suo frac troppo piccolo e stretto. Concetta, la figlia maggiore del Principe, sta parlando allegramente con Tancredi (Alain Delon). La prima è al centro dello schermo e rivolta verso la camera, il secondo è di spalle e quasi totalmente sulla parte sinistra dello schermo. Nonostante la presenza al centro di Concetta e quella del Principe sullo sfondo a destra, l'inquadratura sembra leggermente scorretta perché, lascia troppo spazio sulla destra (di chi guarda) rispetto ai due personaggi sul primo piano dell'immagine. A un tratto, si nota però che lo sguardo di Concetta (vedi foto 29)

Foto 30

è attratto improvvisamente da qualcosa alla sua sinistra (destra per chi guarda lo schermo), volge lo sguardo sorpreso e quasi interrogativo verso quella parte e altrettanto fa immediatamente dopo Tancredi. Cosa sta succedendo nel "fuori campo"? A chi sono rivolti quegli sguardi *off* (cioè verso il "fuori campo") dei due personaggi? L'inquadratura successiva mostra il corridoio di accesso al salone in cui, spostata leggermente sulla destra compare Angelica, vestita di bianco, che incede verso la camera con un movimento che va da destra verso il centro dello schermo (vedi foto 30).

Rispetto ai parametri di composizione dell'immagine fin qui esaminati in relazione alla composizione statica, ambedue le inquadrature sembrano quindi leggermente sbilanciate: la prima perché, come detto, lascia troppo spazio sulla destra (di chi guarda) rispetto ai due personaggi sul primo piano dell'immagine, la seconda perché lascia spazio a sinistra. I leggeri scompensi compositivi non costituiscono però degli errori poiché, sono pienamente giustificati dalla geografia e dalla dinamica dell'azione e si compensano reciprocamente. Il lieve scompenso a destra della prima è infatti dettato dalla necessità che gli sguardi *off* di Concetta e Tancredi abbiano uno spazio verso il quale dirigersi; quello simmetrico a sinistra della seconda è invece imposto dalla direzione di movimento di Angelica che, provenendo da destra, deve avere davanti a sé spazio in cui poter avanzare. Si può inoltre osservare che la posizione di Angelica, leggermente sulla parte destra dello schermo, e il suo movimento destra-sinistra sono preparati e "anticipati" proprio dalla direzione degli sguardi della precedente inquadratura (l'ingresso di Angelica si costituisce, infatti, come una "soggettiva" di Concetta e Tancredi)

L'esigenza di questi scompensi compositivi è confermata anche dalle successive inquadrature, che mostrano alternativamente gli altri personaggi (il Principe, il suo compagno di caccia e, successivamente, anche la Principessa) inquadrati sulla parte sinistra dello schermo e con lo sguardo rivolto a destra (per noi), e Angelica, prima ferma e poi in movimento verso sinistra, ma sempre inquadrata sulla parte destra del quadro.[131]

Fig. 18

Per un'esemplificazione visiva di quanto sopra asserito in merito all'importanza di una corretta correlazione degli sguardi che debbono incrociarsi e della relativa disposizione specularmente e simmetricamente decentrata dei personaggi nelle rispettive inquadrature, si osservino le fig. 18a e 18b,[132] che costituiscono una possibile prosecuzione dell'inquadratura in fig. 18, e dalle quali si può rilevare che l'idea di continuità spaziale

Fig. 18a

Fig. 18b

131. Com'è stato notato da molti critici, questa scena è anche uno dei più begli esempi di anticlimax che si possano rintracciare nella storia del cinema. Infatti, la Principessa commenta l'ingresso di Angelica con un semplice monosillabo "Carina", quasi volesse con *quell'understatement* diminuire, riassorbire, lo sconvolgente impatto provocato in tutti i presenti dalla prorompente bellezza della ragazza.
132. Questo tipo di inquadrature "in coppia" ottenute da posizioni di ripresa parallele a quella dell'immagine di partenza sono dette "contigue".

fra le tre inquadrature è suggerita non solo dal permanere in ognuna di esse di alcuni elementi scenografici (la pianta), ma anche dalla direzione degli sguardi che è identica a quella visibile nel fotogramma di fig. 18.

Ovviamente, come mostrano le fig. 19a e 19b, nel caso d'inquadrature con angolazioni corrispondenti dall'alto e dal basso, anche gli sguardi dei personaggi devono seguire lo stesso principio di complementarità, direzionandosi specularmente in senso opposto.

Fig. 19a

Fig. 19b

Fig. 20

Un caso particolare di correlazione di sguardi è dato dallo "sguardo in macchina" (cioè verso la cinepresa). Nel cinema classico è molto raro che i personaggi rivolgano lo sguardo direttamente verso lo spettatore in quanto ciò equivale a una sua interpellazione diretta, cioè a una sua chiamata in causa che spezza la magia, il sogno del cinema, per ricordargli che egli è davanti a un film e impedirgli quindi (magari solo per un momento) di identificarsi con i personaggi.[133] Figlio delle "provocazioni" linguistiche degli autori della *Nouvelle vague* (Godard in testa), che in tutte le

133. Ad esemplificazione del concetto, citiamo la famosa gag di *Manhattan* (id., 1979) di e con Woody Allen in cui l'attore-autore, trovandosi in coda al botteghino di un cinema e stanco di ascoltare il supponente blaterare di una persona davanti a lui che cita erroneamente l'autore di un libro, esce dalla fila, si avvicina alla camera e, rivolto direttamente agli spettatori, dice che non sopporta quel genere di individui e infine, con un evidente ricorso all'assurdo surrealista, chiama, da dietro un poster, l'autore del libro in persona per smentire il saccente critico.

Fig. 20/1a

Fig. 20/1aa

Fig. 20/2c

Fig. 20/3c

Fig. 20/2b

Fig. 20/3b

loro opere hanno teso a dimostrare la natura essenzialmente retorica del linguaggio cinematografico, e discendente della televisione con i suoi lunghi *talk-show* in diretta, il cinema moderno non disdegna invece di correlare gli sguardi di due personaggi che si stanno guardando reciprocamente, facendo rivolgere lo sguardo di ognuno di essi verso la camera. Con riferimento anche alla tavola riassuntiva di p. 132, si confrontino, per esempio, le coppie d'inquadrature qui riprodotte che, idealmente, possono essere successive (o antecedenti) al fotogramma riprodotto in fig. 20.[134] Le coppie 20/1a-20/1aa e 20/2c-20/3c mostrano correlazioni di sguardi simili a quelle già viste, mentre nella coppia 20/2b-20/3b lo sguardo di ambedue gli interlocutori è rivolto alla camera, come a sottolineare che ognuno di essi sta parlando non solo all'altro, ma anche direttamente agli spettatori.[135] Ognuna delle tre coppie di inquadrature può correttamente seguire (o precedere) l'inquadratura in fig. 20, ma non è possibile incrociare le coppie fra di loro perché la direzione degli sguardi risulterebbe o totalmente errata (per esempio mettendo in sequenza la 20/3b con la 20/3c o con la

Fig. 20/3b

Fig. 20/3c

Fig. 20/3b

Fig. 20/1aa

Fig. 20/3c

Fig. 20/1a

134. Si tratta di inquadrature ottenute con angolazioni di 45° a destra e a sinistra rispetto alla "frontale" di figura 20. Le coppie di inquadrature di questo tipo, ottenute con angolazioni uguali ma speculari, sono dette "corrispondenti".

135. Fra i film che hanno utilizzato l'interpellazione diretta dello spettatore per mezzo dello sguardo in macchina dei personaggi, si può ricordare, fra gli altri, *Whore* (*Whore. Puttana*, 1991) di Ken Russel, in cui la protagonista guarda in macchina in molte sequenze per spiegare direttamente allo spettatore le particolari vicissitudini della vita di una prostituta.

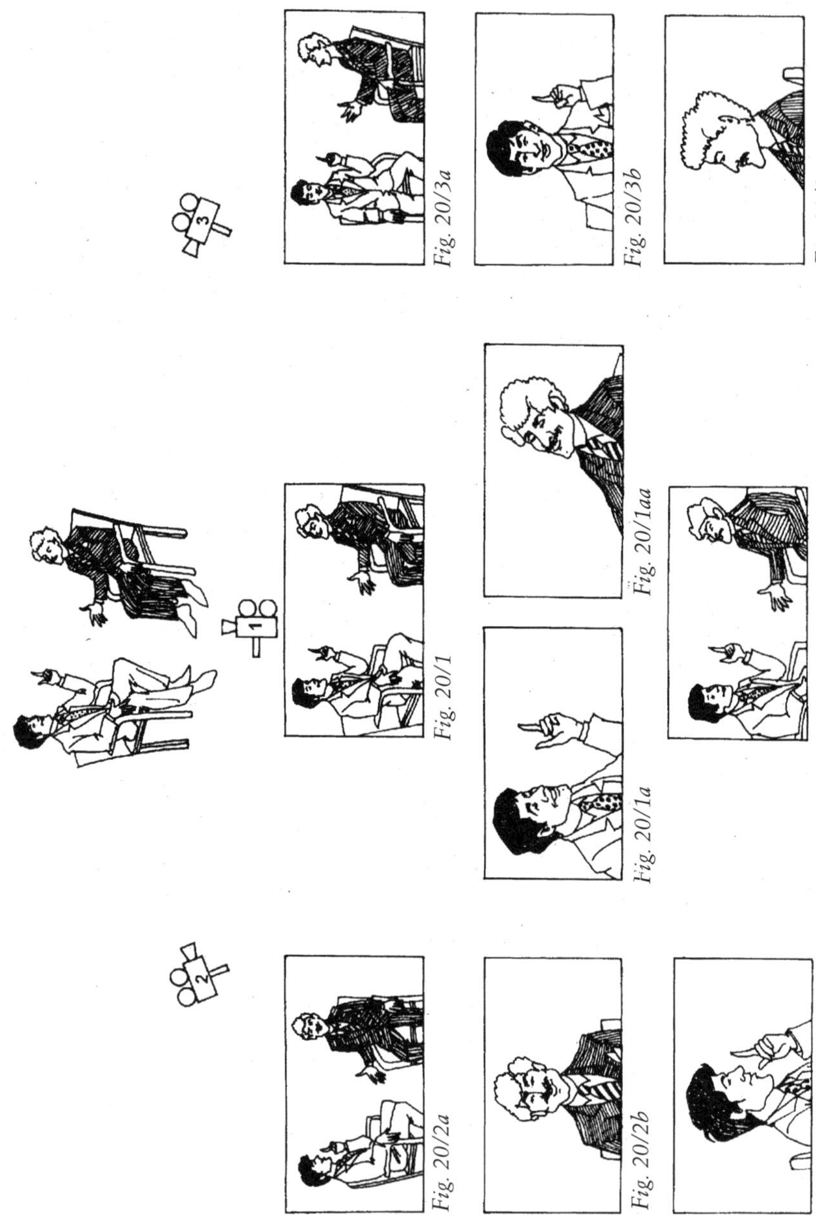

Tav. 1 - Tavola esemplificativa delle principali inquadrature che si possono ottenere con tre telecamere sul soggetto di un dialogo fra due persone sedute.

20/1aa) o quantomeno anomala (per esempio la 20/3c con la 20/1a), con l'effetto di disorientare lo spettatore, che non riuscirebbe più a cogliere il senso della posizione di un personaggio in relazione a quella dell'altro (a meno che non intervenga un movimento di uno dei due personaggi che ristabilisca uno degli equilibri descritti).

Come già accennato, però, anche in questo caso la "trasgressione intenzionale" può dare risultati espressivi efficaci, specialmente nei casi in cui la "disambientazione" dello spettatore sia posta all'inizio di una sequenza e le successive inquadrature diano poi allo spettatore la possibilità di ricostruire le coordinate spaziali del luogo dell'azione. Noël Burch chiama queste e altri tipi di trasgressioni intenzionali della "grammatica" *strutture d'aggressione* in quanto, colpendo l'occhio dello spettatore in maniera da questi indesiderata, possono servire a ridestare o richiamare la sua attenzione. Come scrive ancora Burch, infatti, "un fastidio può costituire un elemento di tensione costruttivo" [*op. cit.*, p. 44].

2.1.2. Raccordi di movimento

Com'è noto, l'occhio umano è attratto dal movimento, e non può sorprendere quindi che le norme che regolano i raccordi di movimento – imponendo i parametri compositivi dell'immagine e le angolazioni che legano le inquadrature in consecuzione – siano dettate dal comportamento dell'occhio umano nel caso in cui esso debba osservare persone od oggetti in movimento all'interno del quadro. Occorre distinguere due diversi casi a seconda che il movimento si esaurisca all'interno dello stesso quadro o che, presumibilmente, continui in quello successivo.

L'esperimento scientifico già citato [Angelini, *op. cit.* p. 134] ha dimostrato che al cambio dell'inquadratura l'occhio si riposiziona sempre al centro del quadro successivo, ma, qualora sollecitata da un movimento interno e/o della cinepresa, l'attenzione dell'occhio si sposta facilmente dal centro verso i bordi, anticipando il movimento della camera e andando a posizionarsi nel punto in cui il movimento avrà presumibilmente termine, soffermandovisi poi anche al cambio dell'inquadratura.[136] Per esempio nella seconda parte della citata sequenza de *Il Gattopardo*, Angelica (in C.T.) si muove decisa da

136. Questo comportamento dell'occhio umano è osservabile anche qualora il personaggio, o la cosa in movimento spariscano temporaneamente dietro una scenografia (si tratta del cosiddetto "effetto tunnel").

destra a sinistra attraversando tutto il salone. Il nostro occhio si muove velocemente, precedendo Angelica, fino a raggiungere, nel limite sinistro dello schermo, il sofà dove è seduta la Principessa e dove Angelica si fermerà.

Il comportamento dell'occhio umano è invece diverso qualora l'azione lasci presumere che il movimento non si esaurisca in un'unica inquadratura, ma continui in quella successiva in uno spazio contiguo o prossimo. In questi casi, infatti, il movimento dell'occhio è subordinato alle uscite ed entrate dei personaggi, e cioè alla concreta

Fig. 21a

Fig. 21b

Fig. 22a

Fig. 22b

Fig. 23a

Fig. 23b

possibilità spaziale di prosecuzione dell'azione da parte dei personaggi. In questi casi, l'occhio andrà a posizionarsi velocemente in quella parte dello schermo in cui presumibilmente l'azione potrà continuare.

Il concetto è esemplificato nelle coppie di figure 21a-21b, 22a-22b, 23a-23b. Osservando la fig. 21a è infatti possibile intuire che l'azione della donna non può esaurirsi nello stesso quadro e (a meno che non scompaia dalla sequenza) dovrà uscire di campo (a destra) per poi rientrare nel quadro successivo dalla parte opposta rispetto a quella in cui è scomparsa (e cioè a sinistra).

Allo stesso modo, se il ragazzo nella fig. 22a esce di campo verso l'alto, non potrà che rientrare dal basso (fig. 22b) e, al contrario, se esce dal basso (fig. 23a) non potrà che rientrare dall'alto (fig. 23b).

2.1.3. *Raccordi di grandezza scalare e angolazione*

Una norma "grammaticale" di solito accettata anche dai montatori moderni, consiglia di variare sempre l'angolazione e/o la grandezza scalare, con raccordi "in asse" di ingrandimento/riduzione, a ogni cambio di inquadratura. Ciò in quanto la *diversità riconoscibile* non infastidisce l'occhio, e la scrittura filmica appare fluida e scorrevole, tanto che lo spettatore non nota nemmeno il cambio d'inquadratura. I motivi che possono suggerire il ricorso a questo tipo di raccordi sono molteplici.

Per un verso si tratta di soddisfare quelle esigenze di bilanciamento fra soggettività e oggettività di cui si è parlato in merito alla funzione dei campi e piani; per altro verso, queste variazioni scalari e/o d'angolazione rispondono a esigenze ritmico-spettacolari in quanto la permanenza sullo schermo per un tempo troppo lungo di un'inquadratura senza cambiamenti di dati informativi interni farebbe decadere l'attenzione dello spettatore.[137]

I passaggi da un piano largo a uno ristretto o viceversa, cioè un avvicinamento o un allontanamento di campo con raccordo sull'asse (vedi fig. 24a e 24b), possono servire, rispettivamente, per cogliere meglio l'espressione del volto di chi parla (o ascolta), o, viceversa, per permettere ad un personaggio di iniziare a muoversi nello spazio in cui si trova senza uscire fuori campo.

137. Si veda a tale proposito il discorso sul "ritmo" nel capitolo successivo.

Fig. 24a

Fig. 24b

Fig. 25a

Fig. 25b

Un caso particolare di raccordo in asse cui bisogna porre molta attenzione è quello d'inquadrature con personaggi e/o cose decentrate. In questi casi (vedi fig. 25a e 25b) occorre stare attenti a mantenere lo stesso grado di decentramento nelle due inquadrature. L'avvicinamento deve quindi avvenire su un asse parallelo a quello della prima inquadratura e non sullo stesso asse, perché altrimenti lo spettatore coglierebbe in modo troppo brusco il cambiamento che (in termini visivi) si risolverebbe in uno spostamento subitaneo e ingiustificato del personaggio dalla posizione decentrata alla nuova posizione.

Un cambio di angolazione può servire invece a mettere il personaggio interprete di un'azione in una migliore esposizione nei confronti della camera. Per esempio, nella citata sequenza del *Il Gattopardo*, mentre Angelica parla con il Principe, la camera li riprende da due angolazioni complementari, mostrandoli alternativamente in posizione frontale alla camera nel momento in cui ognuno di loro sta parlando. Per avere un'idea visiva di quanto sopra, si confrontino le inquadrature in fig. 26/1, 26/4 e 26/5, dalle quali risulta evidente che, nel momento in cui il personaggio femminile con i capelli biondi

Fig. 26/1

Fig. 26/4

Fig. 26/5

contrassegnato con la lettera C deve parlare o ridere (vedi tavola riassuntiva a pag. 139), è bene che la camera stia in posizione 4 o 5 perché dalla posizione 1 ella risulta 3/4 di spalle, e quindi la sua azione potrebbe non apparire chiara.

Ma quale deve essere il "grado" delle variazioni di grandezza scalare e/o angolazione? Per quanto concerne i raccordi di grandezza scalare non esistono norme precise cui affidarsi, ma soltanto parametri retorici che spesso sono in relazione ai codici di genere (cioè alcune cose sono permesse in certi generi e non in altri). La norma generale è che, per quanto possibile, si passi da una grandezza scalare ad un'altra in maniera che lo scarto non sia né troppo grande né troppo piccolo. Per esempio si può correttamente passare da un P.P. a una M.F. o al massimo al P.A, ma è sconsigliabile passare da una grandezza scalare a un'altra troppo simile. Per esempio, è sconsigliabile passare dalla grandezza scalare in fig. 27 alla grandezza in fig. 27 bis, perché lo scarto è troppo piccolo e il risultato sarebbe fastidioso per l'occhio dello spettatore, che non riuscirebbe a "giustificare" il cambio fra due inquadrature così simili. Allo stesso modo è sconsigliabile un passaggio fra due grandez-

Fig. 27

Fig. 27 bis

Fig. 28

Fig. 29

ze scalari troppo distanti, quali un P.P. e un C.L.L., come, per esempio, un passaggio dalla grandezza in fig. 28 a quella in fig. 29, perché lo scarto è eccessivo e lo spettatore non potrebbe essere certo che la donna in P.P. sia la stessa che si intravede salutare dalla casa.

Questa regola comunque, consigliabile per la commedia e il melodramma e generi consimili, non vale però per altri generi in cui il passaggio brusco da un piano ristretto a uno molto più ampio può essere funzionale allo spettacolo (es.: passaggio dal P.P. di un cantante o dalla M.F. di un ballerino a un C.T. descrittivo della coreografia totale in un *musical*) o alla creazione di un'atmosfera di tensione (come, ad esempio, nei western, horror, thriller, ecc.) o, infine, al passaggio improvviso e subitaneo da un ritmo a un altro (come nei film d'avventura).

Per quanto concerne la variazione di angolazione sul soggetto, bisogna rilevare che l'occhio umano assorbe senza alcun fastidio (cioè non nota) variazioni angolari superiori ai 30 gradi, mentre percepisce chiaramente lo scarto in caso di variazioni inferiori, che "provocano quel che si è convenuto chiamare un *salto*, una sorta di fastidio dovuto alla mancanza di ampiezza e di nitidezza del cambiamento intervenuto [...], questo fastidio deriva dall'inutilità plastica di un simile raccordo, e soprattutto da una frustrazione dell'occhio, che richiede spostamenti sensibili del contorno di un soggetto, quando c'è spostamento, oltre al fatto che le tensioni risultanti da questi spostamenti siano chiare e nette".[138]

Come accennato, le variazioni di grandezza scalare, angolazione ecc. non sono sempre giustificate da esigenze narrative, ma possono

138. Burch N. [*op. cit.*, p. 43]. Sull'argomento si veda anche: Angelini A. [*op. cit.*, p. 107].

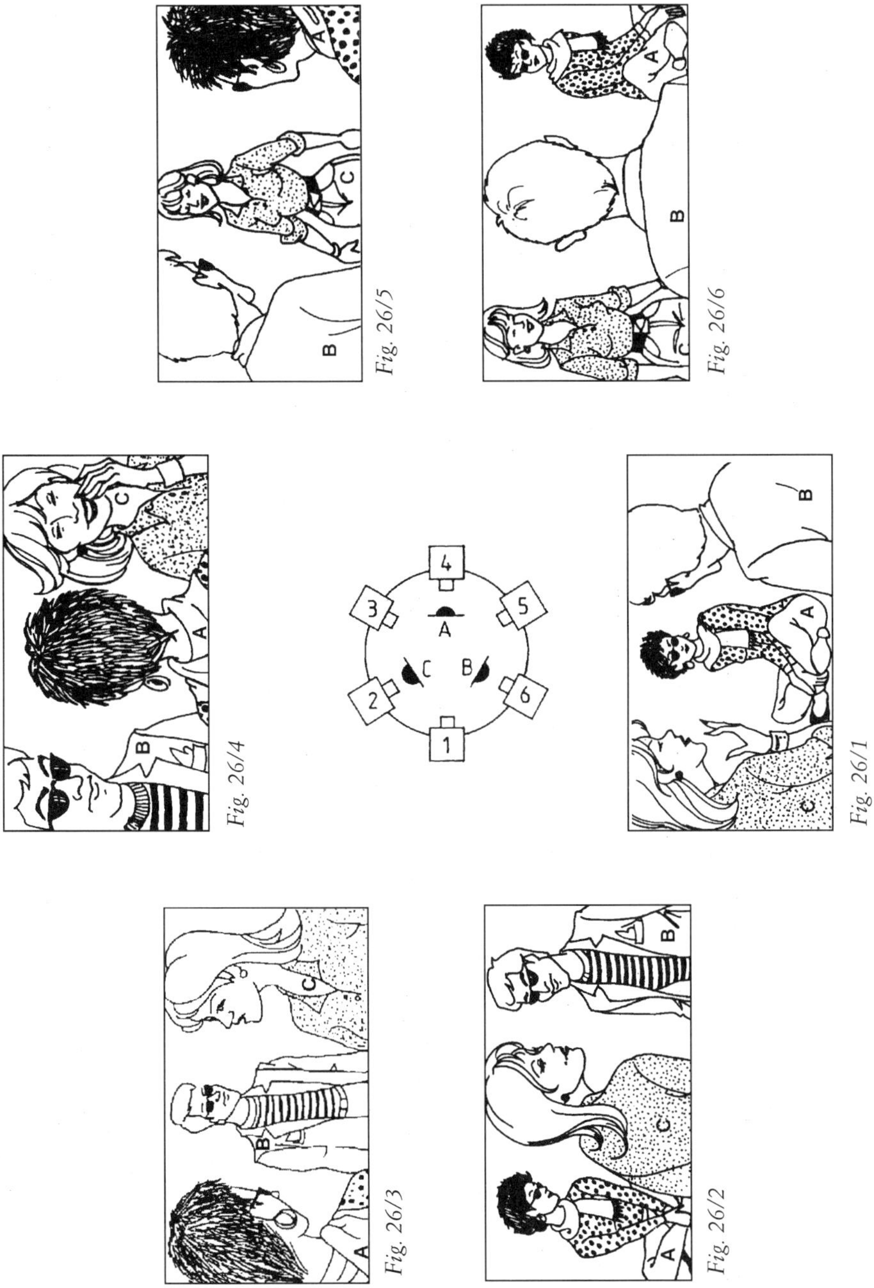

Tav. 2 - Tavola esemplificativa delle principali possibili posizioni della cinepresa rispetto a tre personaggi disposti a triangolo.

anche servire a creare una ritmicità in occasione di dialoghi fra due o più persone (come nelle situazioni illustrate nelle fig. 20 e 26; vedi tavole riassuntive 1 e 2). Infatti, in questi casi, spesso il cambiamento di inquadratura non è tanto (o, comunque, non solo) dettato dall'esigenza di avvicinarsi a chi parla, quanto dalla necessità di evitare l'eccessivo protrarsi di una stessa inquadratura il cui valore informativo (in termini visivi) sia alquanto scarso. Ovviamente, occorre ricordare che, nelle possibili sequenze relative alle fig. 20 e 26, oltre a quelle riprodotte, si potrebbero avere infinite altre possibili inquadrature date anche dalle angolazioni dal basso/alto ecc.

Ci sarà occasione e modo di ritornare sui problemi del ritmo in apposita sede; per intanto, prendendo spunto dalla sequenza di figure 26 (vedi tavola 2, p. 139), occorre soffermarsi brevemente su quella che è, forse, la norma più importante e meno violata della "grammatica" filmica: il "salto di campo. Partire nella descrizione della sequenza dal una o l'altra delle sei posizioni di macchina può essere assolutamente indifferente (è bene ricordare però che per un buon equilibrio dei tre personaggi la più funzionale è la 26/1), ma è importante che la seconda e tutte le successive inquadrature rientrino nel semicerchio ideale di 180° determinato dalla prima posizione, altrimenti lo spettatore rischia di non capire più qual è la posizione relativa di un personaggio rispetto agli altri.

Fig. 26/1

Fig. 26/2

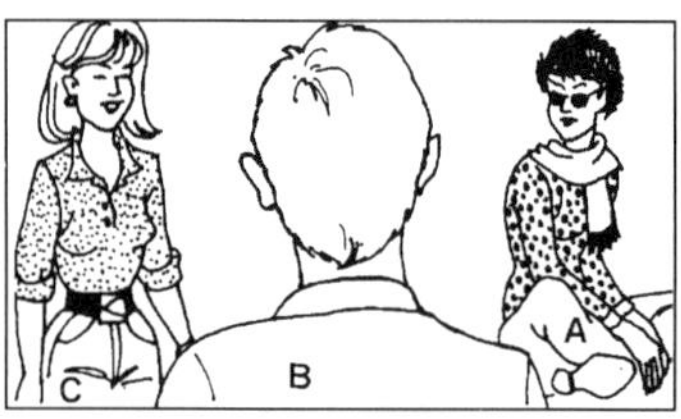

Fig. 26/6

Un esempio servirà a chiarire il problema. Se la prima inquadratura da noi scelta fosse la 26/1, questa potrebbe essere seguita solo dalla 26/2 o dalla 26/6 (vedi) in quanto ambedue stanno dallo stesso lato dell'ideale semicerchio in cui si colloca l'inquadratura 26/1. In questi casi, infatti, lo spettatore può facilmente ambientare la nuova disposizione dei personaggi, mentre un repentino salto nel semicerchio opposto, per esempio

Fig. 26/1

Fig. 26/3

dall'inquadratura 26/1 alla 26/3 (vedi), ribalterebbe totalmente la disposizione dei personaggi sullo schermo e disorienterebbe lo spettatore. Il salto di campo è ammesso solo nel caso di un vero e proprio controcampo a 180° (per esempio un passaggio dalla 26/1 alla 26/4), poiché la specularità perfetta permette un'immediata ambientazione dello spettatore.[139]

Va comunque rilevato che il linguaggio televisivo – per quanto concerne situazioni tipo quella descritta dalle figure – ci fa assistere e ci sta abituando sempre di più a salti di campo che, pur disorientando leggermente lo spettatore, non provocano eccessivi problemi di comunicazione in quanto lo spettatore è comunque cosciente che, indipendentemente dalla posizione relativa di un personaggio rispetto agli altri, questi è comunque presente nello spazio fisico dello studio. Il problema permane però anche nel linguaggio televisivo qualora i personaggi (o le cose) siano in movimento. In questo caso, infatti, il "salto di campo" si trasformerebbe in un repentino cambio di direzione del/i personaggio/i, il che procurerebbe non pochi problemi di comprensione allo spettatore.

Fig. 26/1

Fig. 26/4

139. Quello qui descritto è il vero e proprio controcampo. Il termine è però in uso anche per indicare qualsiasi inquadratura che sia intesa come complementare a quella che la precede immediatamente. Per esempio, la 26/2 rispetto alla 26/1 o viceversa, oppure le inquadrature 20/1a, 20/2c e 20/2b rispetto alle "corrispondenti" 20/1aa, 20/3c e 20/3b (vedi tavola 1).

2.2. I movimenti di macchina

L'ultimo parametro "dinamico" che occorre prendere in considerazione è costituito dai cosiddetti movimenti di macchina (in seguito: m.d.m.) che, di base, possono essere suddivisi in *panoramiche* e *carrellate* (o *carrelli*), ma alle quali bisogna aggiungere tutti i vari e diversificati movimenti ottenibili con particolari attrezzature quali: *dolly*, *gru*, *louma*, *steady-cam*, *sky-cam* ecc., che permettono di coniugare le caratteristiche delle panoramiche e dei carrelli.

Vengono definite *panoramiche* (pan.) le immagini in movimento ottenute facendo ruotare la camera su uno dei suoi assi e mantenendola ferma sulla sua posizione. Le panoramiche possono quindi essere:

- *orizzontali* verso destra o sinistra; quando la rotazione della cinepresa avviene sul suo asse orizzontale
- *verticali* verso l'alto o il basso; quando la rotazione della cinepresa avviene sul suo asse verticale

A queste due categorie principali vanno aggiunte la panoramica *circolare*, che non è altro che un'estensione fino a un giro completo di 360° della panoramica orizzontale, e le panoramiche *oblique*, ottenibili (da operatori alla macchina di buon livello) con una rotazione combinata della camera sui due assi. Ma in effetti, come si vedrà, questo tipo di m.d.m. viene oggi generalmente sostituito da movimenti di dolly.

Si parla invece di *carrellata* o *carrello* nei casi in cui la cinepresa, montata su un mezzo mobile, viene spostata fisicamente. I carrelli possono essere:

- *laterali (a destra o a sinistra o circolari)*
- *in avanti/indietro*
- *verso l'alto/basso*

Nel caso in cui una carrellata laterale sia particolarmente lunga, si parla generalmente di *travelling*. In questi casi il carrello è di solito mosso su rotaie (sia al suolo che al soffitto). Per riprese in esterni la m.d.p. viene invece posta su un'auto e si parla alora di *camera-car*. Nella cinematografia moderna e in televisione i *carrelli* in avanti o indietro vengono ormai sostituiti dai movimenti di *zoom*, cioè da avvicinamenti o allontanamenti del soggetto ottenuti con un obiettivo transfocale. I risultati estetici che si ottengono con un carrello o uno zoom sono simili ma non identici, in quanto lo sfondo dell'immagine cambia in modo differente.[140]

I movimenti di panoramica e carrello, come accennato, possono essere combinati insieme utilizzando particolari attrezzature meccaniche – *dolly, gru, louma* – che differiscono fra di loro non tanto per caratteristiche differenzianti nei principi costitutivi e/o nella qualità d'effetti, bensì solo nell'ampiezza dei movimenti che permettono.[141]

Parlando di movimenti di macchina bisogna inoltre prendere in dovuta considerazione il caso della cosiddetta *macchina a mano*, il caso cioè in cui la cinepresa non è montata su un cavalletto, ma viene trasportata sulla spalla dall'operatore. I movimenti che quest'utilizzo permette sono pressoché identici a quelli delle attrezzature succitate ma, ovviamente, su scala più ridotta. Caratteristica peculiare dei movimenti di *dolly, gru, louma* e della *macchina a mano* è di permettere alla cinepresa di penetrare fisicamente e di indagare lo spazio che viene mostrato. Gli effetti espressivi ottenibili in questo modo sono di fondamentale importanza: da un lato lo spazio si caratterizza per una costante e continua mutabilità, dall'altro lo spettatore ne ricava una particolare sensazione psicologica di *presenza diretta* all'interno dello spazio mostrato. Identificandosi con l'occhio della cinepresa (identificazione primaria), lo spettatore ha infatti l'impressione di essere lui in prima persona a indagare e, quasi, vivisezionare lo spazio all'interno del quale la camera agisce.

In epoche passate l'uso della macchina a mano nel cinema non era molto frequente, perché, in genere è alquanto difficile riuscire a ottenere immagini stabili e non sgradevoli per l'occhio.[142] L'avvento di un

---

140. Per esempio, in uno zoom a stringere lo sfondo subirà un progressivo processo di sfocatura in quanto, per le caratteristiche dell'obiettivo di cui abbiamo parlato, diminuirà la profondità di campo. Al contrario in uno zoom ad allargare che parta con una sfocatura, si noterà un progressivo allungamento della profondità di campo. Nei carrelli – sia avanti che indietro – la qualità dello sfondo invece non cambia.

141. Il *dolly*, infatti, permette movimenti non superiori ai due metri, la *gru* da quattro a cinque metri, mentre il *louma* può arrivare invece a sette metri e oltre.

142. Veniva però utilizzata nel caso in cui servissero immagini in soggettiva di qualcuno che stesse correndo. A parte questi casi, le cosiddette immagini "ballate" erano e sono tuttora vietate, o quasi, nel cinema professionale. Seppur di difficile controllo, la macchina a mano è comunque una precisa marca di alcuni ottimi film e/o di un autore. Ermanno Olmi, per esempio, ha realizzato in questo modo i suoi primi film (*Il tempo si è fermato*, 1959; *Il posto*, 1961; *I fidanzati*, 1963 ecc.). Va anche ricordato che, in quei film, era lo stesso Olmi a fungere da operatore oltre che da regista.

ingegnoso congegno meccanico chiamato *steady-cam*,[143] che permette di ottenere immagini in continuo movimento ma stabili e particolarmente spettacolari e coinvolgenti (si pensi, per esempio, alla spettacolarità delle immagini nelle sequenze all'interno del labirinto nel già citato *Shining* di Stanley Kubrick, primo film in cui l'attrezzatura è stata utilizzata), ha però risolto questi problemi, e oggi l'uso della *steady-cam* è sempre più frequente sia nel cinema che in televisione (in particolare nelle riprese di balletti e per seguire personaggi in movimento in larghi spazi).

Poco frequente (per i costi elevati) ma di altrettanto grande spettacolarità è l'uso della *sky-cam*, utilizzata in spazi circoscritti sia medio-piccoli, come uno studio televisivo,[144] o grandi quanto uno stadio. Si tratta di una particolare macchina da presa telecomandata che, sospesa a un complesso sistema di funi d'acciaio agganciate a sostegni a telecontrollo computerizzato, permette di passare con continuità ed estrema velocità di movimento dalle *plongée* aeree a riprese dal basso a livello del suolo e, per esempio, di seguire dappresso la spettacolare azione di un calciatore che, partito da metà campo, "dribbli" e scarti molti antagonisti e realizzi infine il goal.

2.2.1. Composizione del quadro e velocità d'esecuzione

I m.d.m. pongono due differenti tipi di problemi: la composizione di un "quadro" che è in continuo e costante cambiamento e la velocità d'esecuzione del movimento stesso. La prima osservazione da fare è che tutto quanto detto finora sulla composizione del quadro, pur rimanendo valido, assume però un valore di maggiore relatività perché, dato il continuo cambiamento fra "campo" e "fuori campo" che caratterizza i m.d.m., non è pensabile una cura ossessiva d'ogni singolo *frame*. Tuttavia, i parametri compositivi esposti in rapporto al quadro fisso rimangono però validi, in particolare per quanto concerne il piano di partenza e quello d'arrivo del movimento, e possono comunque fungere da ottimi orientativi per l'operatore che, muoven-

143. Si tratta di una "imbracatura" che si allaccia alle spalle e alla cinta dell'operatore. Al corpetto è collegato una specie di braccio meccanico, retto da snodi fluidi a bilanciamento automatico (dato da un particolare sistema di contrappesi), che permette di mantenere la camera sempre stabile anche correndo.
144. Oggi però, per gli alti costi di gestione della *sky-cam*, negli studi televisivi si tende a sostituirla con una telecamera telecomandata posta su un mini dirigibile.

do la m.d.p. opera in pratica una scomposizione della realtà profilmica di cui deve riuscire a cogliere e mettere in evidenza i dati più essenziali per il "discorso". A tal fine, è importante rilevare che:

- Nella *panoramica* gli occhi restano fissi sul personaggio o tendono a precederne il movimento. Se il personaggio è inquadrato di spalle, l'osservatore esplora continuamente l'ambiente come per adeguarsi ai presunti punti di vista soggettivi del personaggio.
- Durante i *carrelli indietro* o gli *zoom ad aprire* gli occhi tendono invece a mantenere il punto di fissazione sul protagonista nonostante l'inquadratura, allargandosi, riveli continuamente nuovi elementi. Detti elementi vengono inizialmente recepiti solo dalla "visione periferica", come se l'osservatore si riservasse di analizzarli quando divenissero rilevanti nel processo cognitivo.
- Nelle *carrellate in avanti*, o negli *zoom a stringere*, i movimenti oculari tendono invece talvolta a spostarsi sugli elementi ai bordi del quadro per fissarne i dati informativi prima che essi scompaiano.[145]

Questi particolari comportamenti dell'occhio umano fanno facilmente capire quanto sia importante far precedere e seguire il m.d.m. da brevi piani fissi, che servono allo spettatore per fissare nella memoria i dati iniziali e finali dell'immagine, e come sia altrettanto essenziale che il movimento abbia una velocità *adeguata* alla funzione significante e discorsiva che il m.d.m. deve svolgere. In genere, quindi, nel caso in cui il m.d.m. abbia una funzione descrittivo-informativa la sua velocità non deve essere eccessiva perché solo così lo spettatore può avere il tempo necessario per scandagliare l'immagine e recepirne tutti i dati informativi. Al contrario, cioè nel caso il m.d.m. abbia una funzione spettacolare o simbolica, il m.d.m. dovrà essere quanto più possibile veloce e violento perché, in questo caso, è anzi importante che lo spettatore *non* riesca a "leggere" con tranquillità, ma venga solo colpito emozionalmente.

Il principale parametro di riferimento rimane comunque, come detto, il discorso cui la singola inquadratura è finalizzata. La finalizzazione discorsiva è, inoltre, l'unico elemento che ci permette di dare una valida giustificazione alla presenza del m.d.m. in luogo del "montaggio". Da un punto di vista puramente narrativo, infatti, un

---

145 Cfr. Angelini A. [*op. cit.*, p. 136]. Si vedano anche i citati articoli in Bianco e nero, n°. 1, 1983 e n. 3, 1987.

m.d.m. potrebbe essere sempre e comunque sostituito da un montaggio di più piani; ciò che fa preferire l'una o l'altra delle possibilità è la motivazione discorsiva. Per chiarire il concetto, anticipando in parte il discorso del paragrafo successivo, si possono prendere in esame due panoramiche in cui la rapidità del movimento è essenziale all'espressione del significato che gli autori intendono comunicare. Il primo esempio è tratto da *Tucker. The Man and his Dream* (*Tucker. Un uomo e il suo sogno*, 1988) di Francis Ford Coppola. Nel momento della presentazione ufficiale della nuova auto, voluta con tanta determinazione dal protagonista, la camera si sposta con una panoramica velocissima (quasi "a schiaffo") dal presentatore all'incendio che sta divampando sotto l'auto, ancora nascosta agli occhi del pubblico da un tendone. In questo caso la velocità del movimento è essenziale all'espressione del significato narrativo che le immagini vogliono avere. Infatti, quel che conta non è che lo spettatore possa cogliere i dati informativi di ciò che è contenuto nello spazio che divide il presentatore dall'auto, bensì la sorpresa, l'immediatezza dell'evento inaspettato e la concitazione che ovviamente ne segue. Il secondo esempio è tratto da *Do the Right Thing* (*Fa' la cosa giusta*, 1989) di Spike Lee. Nel corso di un'accesa discussione fra il pizzaiolo italiano e il suo garzone nero (interpretato dallo stesso regista), la camera panoramica velocemente dall'uno all'altro dei due contendenti con movimenti alquanto decisi e rapidi. In una tale situazione il regista avrebbe potuto usare il montaggio riprendendo alternativamente ora l'uno ora l'altro dei due uomini (cioè con un tradizionale gioco di "campo-controcampo"), ma non avrebbe ottenuto lo stesso risultato espressivo. Infatti, le panoramiche ci riportano con esattezza l'idea della vicinanza fisica dei due (sporgendosi in avanti verso l'altro quando parla, ognuno di loro dà infatti la sensazione di volerlo aggredire fisicamente da un momento all'altro), cosa che il montaggio non avrebbe potuto fare.[146] Inoltre, la velocità del movimento, da un lato, sembra metaforizzare lo sguardo di qualcuno, presente sulla scena, che muova la testa da una parte all'altra per guardare alternativamente chi sta parlando, come se stesse seguendo una pallina su un tavolo da ping-pong; dall'altro, sollecitando l'attenzione dello spettatore, sottolinea l'atmosfera di grave tensione e carica lo spettatore di apprensione per la violenza fisica che potrebbe concretizzarsi da un momento all'altro.

146. Sulle motivazioni espressive delle panoramiche in questo film e nel precedente si veda anche il discorso sul "montaggio proibito" nel prossimo capitolo.

2.2.2. *Funzione discorsivo-espressiva dei movimenti di macchina*

Indipendentemente dal fatto che si tratti di panoramiche o di carrelli o movimenti *dolly* ecc., la funzione primaria cui i m.d.m. assolvono è, evidentemente, quella descrittiva. Funzione che risulta preponderante, se non addirittura esclusiva, quando vi sia necessità di indugiare sui particolari dell'ambiente per poterne rendere tutte le caratteristiche. Tale funzione – particolarmente frequente nel documentario, nel cinema realista e in tutti quei generi che fanno riferimento a un "asserito" realismo d'ambiente (es.: western, poliziesco ecc.) – è riscontrabile con grande frequenza nelle cosiddette "establishing-shot", cioè in quelle inquadrature d'inizio film o inizio sequenza in cui è opportuno fornire immediatamente allo spettatore le coordinate del luogo dell'azione.

A tale scopo è finalizzato, per esempio, il *dolly* d'apertura di *Riso amaro* di Giuseppe De Santis, che accompagna i titoli di testa. L'inquadratura parte dal particolare di alcune gambe che attraversano una pozza d'acqua, ma poi si allarga, con un movimento verso l'alto, fino al C.L.L., per poi tornare lentamente al punto di partenza e ci introduce così non solo al luogo fisico (la risaia), ma anche alle caratteristiche sociali dei personaggi dell'azione filmica (le mondine). Stesso ruolo svolge anche la panoramica di apertura di *Novecento* (1976) di Bernardo Bertolucci, che ci presenta la campagna padana prima ancora dei personaggi proprio perché nel film la localizzazione geo-politica dell'azione (l'Emilia Romagna) è essenziale per la verosimiglianza della storia narrata. In ambedue i casi, i movimenti sono lenti e riflessivi perché è importante che lo spettatore colga tutti i particolari del "quadro". Al contrario i camera-car che, per esempio, aprono *Il compagno Don Camillo* (1965) di Luigi Comencini, o *Down by Law* (Daunbailò, 1986) di Jim Jarmusch, sono relativamente veloci, perché, nel primo caso, servono a introdurre un luogo (Brescello) e dei personaggi (Peppone e Don Camillo) che, come dice il narratore fuori campo, dovrebbero essere già noti allo spettatore in quanto il film è il terzo di una serie; nel secondo caso perché servono a presentare un paesaggio suburbano americano, che però non necessita di un'identità specifica e in cui non c'è bisogno di sottolineare tratti particolari che non siano genericamente "americani" e che non possano esistere in una qualunque parte della provincia degli Stati Uniti.

Nei succitati casi la funzione descrittiva del m.d.m. precede e introduce l'inizio della narrazione vera e propria (con relativa presentazione dei personaggi). Ovviamente, però, i m.d.m. hanno anche una funzione narrativa, che può essere sia contemporanea che indipendente dalla funzione descrittiva. In genere, in questi casi, il movimento è finalizzato alla definizione e specificazione delle relazioni spaziali fra due elementi della narrazione (personaggi, come nel caso del citato *Fa' la cosa giusta*, o anche cose) o a rendere meglio il movimento di un personaggio dentro un determinato spazio. In questi casi si possono avere panoramiche d'accompagnamento, o carrelli a precedere/seguire il movimento del personaggio.[147]

A queste due principali funzioni i m.d.m. ne associano altre, che complessivamente potremmo chiamare drammatico-espressive e che è possibile suddividere in varie categorie, anche in relazione alla tipologia del movimento. Il primo caso da prendere in considerazione è certamente quello in cui il luogo dell'azione assume una rilevanza simbolica per la presentazione non solo fisica ma anche psicologica del personaggio. Un espressivo esempio di questo uso dei m.d.m. è ravvisabile nelle immagini di apertura di *Paris Texas* (*id.*, 1984) di Wim Wenders. La terra arida, desolata e desertica che vediamo da una panoramica aerea (si tratta di pseudosoggettive dal punto di vista di un uccello) all'inizio del film, e che farà da sfondo al cammino apparentemente senza meta e senza fine del protagonista (Travis), non è, infatti, nient'altro che la rappresentazione fisica del corrispondente vuoto di riferimenti nella sua mente e della morte del suo spirito. Gli rimane solo un ultimo goccio d'acqua da cui attingere la forza per tentare di attraversare il deserto, così come – il percorso narrativo del film lo dimostrerà – gli rimane un unico tenue filo (il figlio da riconsegnare all'ex moglie) per provare a dare un senso al suo passato e al suo futuro e quindi ricominciare a vivere.

Una seconda catcgoria può csscrc rappresentata dai casi in cui sia riscontrabile una metaforizzazione della traiettoria del movimento. Casi, cioè, in cui la direzione e il percorso geometrico del m.d.m. possono acquisire una valenza metaforica del significato ultimo che la sequenza o il film vogliono assumere e/o essere introduttivi-esplicativi dello stato psicologico di un personaggio. Un esempio classico di m.d.m. del primo tipo è l'inizio di *Psycho* (*id.*, 1960) di Alfred Hitchcock, in cui due movimenti raccordati da una dissolvenza ci conducono dapprima dal panorama dei tetti della città di Phoenix

147. Ci sembra superfluo riportare esempi di questi casi in quanto essi sono estremamente frequenti e di facile individuazione.

alla finestra di un anonimo palazzo e poi, all'interno della stanza, una panoramica che parte dalla finestra scopre e ci presenta i personaggi principali sdraiati su un letto. In questo caso l'uso dei m.d.m. non sembra rispondere tanto a vere e irrinunciabili esigenze descrittivo-narrative quanto a una volontà – più o meno esplicita ed ironica – di commento autorale. La città, infatti, non avrà alcun ruolo preciso nell'azione che il film narra, e quindi la panoramica iniziale avrebbe potuto essere evitata,[148] ma, nello stile di scrittura filmica di Hitchcock, essa assume l'intenzione e il valore di un "c'era una volta" che introduce a un particolare universo di genere, e la sua traiettoria (esterno-interno) sembra indicare la volontà di una penetrazione violenta all'interno di un universo che non vorrebbe farsi conoscere. Infatti, così come i m.d.m. iniziali violentano e penetrano l'intimità di una coppia costretta a nascondere agli occhi del mondo il sentimento "illegale" che li unisce (i due sono amanti, ma non possono ancora sposarsi per gli impegni economici di lui), allo stesso modo tutto il film non sarà altro che il racconto di una intrusione violenta e indesiderata all'interno di una mente che avrebbe voluto rimanere indisturbata a custodire gelosamente, nel suo isolamento, il segreto della propria doppia identità.

Esempi quasi identici a quello descritto sono ravvisabili anche nel citato *Citizen Kane* di Welles, sia nel carrello verso l'alto e poi in avanti del prologo (che ha una speculare risposta nel carrello indietro e poi verso il basso dell'epilogo), sia nei m.d.m che introducono le visite del giornalista incaricato dell'indagine a Susan Alexander, seconda moglie di Kane. Un calibrato movimento di gru parte dall'esterno della casa, s'innalza verso il tetto e poi penetra nell'abitazione attraverso un lucernario. Che il movimento voglia sottintendere metaforicamente la violenza dell'azione del giornalista è confermato dal fatto che Susan Alexander aveva, in precedenza, dichiarato di non volerlo vedere, sia dal fatto che, nel corso della prima visita, non lo guarda mai in viso mentre gli parla e, pur potendo, non gli dice nulla.

La geometria del m.d.m. assume una chiara valenza metaforica anche nella sequenza d'apertura di *Ludwig* (1973) di Visconti. Il film

148. Hitchcock aveva infatti utilizzato un inizio assolutamente simile in *Rope* (*Nodo alla gola o Cocktail per un cadavere*, 1948). Anche qui si passa dall'esterno di un palazzo al suo interno attraverso una finestra, ma in questo caso non v'è alcun movimento di macchina, bensì un'inquadratura fissa dell'esterno della casa che poi dissolve in un'immagine dell'interno.

si apre con l'immagine di un affresco di contenuto sacro (forse un angelo dell'Annunciazione) sul soffitto di una stanza. Una lentissima panoramica obliqua verso il basso si ferma sul P.P.P. di un personaggio dall'espressione particolarmente assorta e in apparente posizione di preghiera, mentre una voce fuori campo declama: "Non inorgoglire, ma piuttosto abbi paura dell'onore cui sei chiamato perché da oggi per te si fa più arduo il cammino della salvezza". È chiaro, quindi, che il personaggio inquadrato è il principe Ludwig e che quello è il giorno della sua incoronazione a re di Baviera. Dopo aver sostato alquanto sul volto del personaggio, la camera panoramica a destra, fino a scoprire un prete la cui voce era prima fuori campo. La visibile lentezza del movimento e la geometria del percorso si fanno immediatamente percepire come un esplicito segnale di significazione simbolica. Da un lato, il lento indugiare della camera sugli ori, gli stucchi e gli affreschi dell'ambiente sembra voler sottolineare la solennità e la gravità del momento, riflettendolo nella monumentalità del luogo dell'azione; dall'altro, il contenuto sacro dell'immagine di partenza e le parole che udiamo contemporaneamente sembrano indicare come l'investitura regale sia di origine divina. Origine peraltro confermata dalla stessa geometria del movimento, spezzato in due parti. La prima traiettoria, discendente dall'alto verso il basso, collega Dio a Ludwig, la seconda, orizzontale, unisce invece questi a un prete, cioè ad un rappresentante mondano di Dio che sta parlando in sua vece per rimarcare l'eccellenza dell'incarico e per richiamare il futuro re alle gravi responsabilità che sta per assumersi. La geometria del movimento sembra quindi voler evocare il triangolo divino alla cui sommità c'è Dio, unico e solo dispensatore di potere (materiale e terreno verso Ludwig, spirituale e trascendente verso il prete), mentre Ludwig e il prete sono come gli spigoli inferiori del triangolo, uniti e collegati dalla linea orizzontale che viene tracciata dalla panoramica.

Un altro buon esempio in cui il m.d.m. diventa simbolico dello stato psicologico del personaggio è rintracciabile in *Blow Out* (*id.*, 1981) di Brian De Palma.[149] In una sequenza del film, John Travolta scopre che gli sono stati sottratti tutti i nastri magnetici con i rumori che aveva tanto faticosamente registrato. Mentre egli si muove da un punto all'altro del suo studio nell'affannosa ricerca dei nastri mancan-

149. Il film è ispirato a *Blow Up* (*id.*, 1966) di Michelangelo Antonioni e a *The Conversation* (*La conversazione*, 1974) di Francis Ford Coppola.

ti, la camera, che inizialmente sembrava seguire i suoi movimenti, comincia invece a disegnare una panoramica circolare, che spesso lascia fuori campo il protagonista per mostrarci soltanto gli scaffali vuoti e, inoltre, aumenta progressivamente di velocità per indicare metaforicamente come non vi sia possibile soluzione alla ricerca (non esistono vie d'uscita dallo spazio interno a un cerchio) e per sottolineare la progressiva ma inutile concitazione e la crescente disperazione di Travolta.

I movimenti di carrello (o zoom) in avanti o indietro servono, in linea generale, a unire il particolare al generale e viceversa. Gli effetti degli uni sono però molto diversi da quelli degli altri. I movimenti in avanti servono, in genere, a mettere in rilievo un oggetto su cui va focalizzata l'attenzione dello spettatore o un personaggio di cui si voglia sottolineare la tensione mentale ed emotiva. Alcuni esempi serviranno a chiarire meglio le varie possibilità. Uno dei più significativi casi di focalizzazione dell'attenzione dello spettatore su un oggetto di rilevante importanza ai fini della diegesi è indubbiamente il finale del pluricitato *Citizen Kane*, in cui un lungo *travelling* all'interno di un forno dove vengono bruciate le proprietà di Kane ritenute di scarso valore, ci avvicina sempre più verso una slitta per poi concentrarsi sulla parola "Rosebud" il cui significato era stato cercato invano per l'intera durata del film e che altro non è se non il nome della slitta con cui Kane giocava da bambino.

Uno stesso tipo di movimento in avanti viene utilizzato da Hitchcock nel citato *Notorius. L'amante perduta* con tre diversi intenti: descrivere il luogo dell'azione, presentare i personaggi e gli elementi dell'azione e creare un effetto di suspense. Ci si riferisce alla celebre sequenza in cui un elaborato movimento di gru ci descrive dapprima lo scalone che discende verso il salone di un'elegante villa, si avvicina quindi a Ilsa/Bergman e al marito di lei e poi, con un leggero "ballonzolio" che sembra suggerire incertezza e ansia, si dirige verso la mano sinistra della protagonista fino a isolare il particolare di una chiave che lei stringe in pugno. Chiave da lei rubata al marito la sera precedente e che, sappiamo, servirà per aprire le cantine in cui è gelosamente nascosto il mistero da svelare e in cui Hitchcock ambienta una delle più belle sequenze di suspense da lui orchestrate: la famosa scena del cosiddetto "bacio più lungo della storia del cinema" fra Ingrid Bergman e Cary Grant di fronte al legittimo marito di lei.

I movimenti indietro servono invece per comunicare l'allontanamento fisico da un luogo, il distacco psicologico da una determinata situazione, il disvelamento lento e progressivo di una situazione narrativa inaspettata, l'isolamento di un personaggio/cosa dal suo contesto ambientale.

Per queste caratteristiche, i m.d.m. indietro ricorrono spesso in conclusione di una sequenza drammaticamente tesa o, addirittura, alla fine dei film. Celebre è, a questo proposito, il finale del tempestoso *Ultimo tango a Parigi* (1972) di Bernardo Bertolucci, che viene concluso da un carrello indietro che, partendo dai famosi tetti di Parigi (evidente citazione cinefila di un famoso film), si abbassa leggermente a scoprire il cadavere di Marlon Brando accovacciato vicino al parapetto di un balcone e poi si muove indietro verso l'interno della stanza fino a scoprire, sulla sinistra, Maria Schneider con ancora in mano la pistola con cui ha sparato mentre, in apparente stato confusionale, mormora: "Non so chi era ... non lo conoscevo ... mi ha seguita ... voleva violentarmi". Le parole che, molto verosimilmente, le serviranno per scagionarsi dall'omicidio.[150]

Per le proprie peculiari caratteristiche, i m.d.m. all'indietro vengono spesso utilizzati in funzione di de-drammatizzazione. De-drammatizzare significa rimuovere la drammaticità che è insita in una determinata situazione. Il modo per ottenerla è non mostrare l'evento drammatico nel suo svolgersi, ma lasciarlo inferire allo spettatore, magari dandogliene conferma alla fine dell'azione. L'esempio più bello (o, comunque, il più noto) è il finale di *Professione reporter* (1975), di quel gran maestro della sottrazione drammatica che è Antonioni. Nel corso di un lunghissimo piano sequenza (oltre sette minuti), la macchina da presa, abbandonato Nicholson sdraiato sul letto, esce dalla stanza dell'albergo e vaga per le piazze del paese, mentre il personaggio va incontro al suo ineluttabile destino di morte. Morte che viene confermata nell'ultima inquadratura del film, quando la camera rientra nella stanza per mostrare Nicholson inerme e immobile nel suo lettino. Come si vede, in questo caso la funzione del m.d.m. è proprio di "non mostrare" la scena della

150. Da rilevare la bellezza e l'espressività della composizione dell'immagine finale: il corpo accovacciato di Brando rimane sullo sfondo a destra (appunto come qualcosa che debba essere dimenticato), sulla sinistra e sul piano frontale dell'immagine il volto della Schneider in P.P.P. che parla, mentre al centro si staglia il montante della porta-finestra che conduce al balcone, che (come in altre immagini del film) serve a separare i due nella composizione statica dell'immagine.

morte, per togliere alla scena una forte carica emotiva non desiderata dall'autore.

La funzione di de-drammatizzazione non è comunque precipua caratteristica dei carrelli indietro. Per esempio, nel suo (poco visto) *O Megaleksandros* (*Alessandro il grande*, 1980), Thodoros Anghelopoulos utilizza una panoramica circolare per non mostrare una crisi d'epilessia del protagonista. La panoramica inizia nel momento in cui Megaleksandros cade da cavallo colpito dal male e si conclude, dopo aver narrato ciò che sta accadendo attraverso gli sguardi attoniti degli astanti, sempre sul corpo del personaggio nel momento in cui egli ha ormai superato la crisi. La stessa funzione di de-drammatizzazione, ma ad un livello lirico-emotivo più coinvolgente, è riscontrabile – come ha notato Roberto Campari – anche nel m.d.m. che chiude *Aparajito* (*L'invitto*, 1957) di Satyajit Ray. "Apu, il ragazzo protagonista, ha ricevuto a Calcutta la lettera con la notizia che sua madre è ammalata. Lo vediamo pensoso sul treno e poi lo vediamo arrivare a casa dalla strada tra gli alberi da cui prima lo si era visto partire. Quando però lui oltrepassa la porta ed entra nella corte, la macchina si ferma al di fuori; Apu chiama più volte la madre, ma l'inquadratura resta immutata, per muoversi quindi, però sempre restando all'esterno, con una carrellata che sfiora da fuori i muri della casa ed è pronta a re-inquadrare Apu quand'egli, ansioso e preoccupato, esce di nuovo da un'altra parte" [Campari, 1983, p. 124]. Sembra quasi che la m.d.p. tema di farsi avanti per paura di violentare (con la sua intrusione) la delicatezza e l'intima sacralità di quel momento in cui un bambino scopre di essere rimasto solo al mondo.

Oltre che utili per rendere simbolicamente lo stato psicologico dei personaggi, i m.d.m. possono assolvere un'essenziale funzione connotativa ed emotiva quando vengano usati in soggettiva. Lo sguardo soggettivo in panoramica o in carrello è in genere utilizzato per mostrare dei semplici sguardi turistici (funzione descrittiva), ma assume invece una particolare importanza espressiva quando è utilizzato per restituirci lo stato d'animo del personaggio. In questo caso occorre distinguere fra:

- Carrelli/zoom in avanti che servono a esprimere lo stato d'ansia dei personaggi;
- Carrelli/zoom indietro che servono a connotare nostalgia e/o rimpianto.

Un ottimo esempio del primo caso è in *Shining* nella già citata sequenza della pallina gialla che si avvicina al bambino che, seduto al crocevia di due corridoi, sta giocando con delle macchinine. Dopo aver esplorato con lo sguardo il corridoio di fronte a lui, il bambino si alza e s'incammina pauroso e tentennante, poi da un ballonzolante carrello in avanti in soggettiva si capisce che egli sta lentamente avviandosi in direzione del corridoio, che attraversa con un passo tremante che esprime tutto il suo timore. Poi la camera mostra la porta di una stanza che si apre e, altrettanto lentamente, entra. La nostra emotività, sollecitata dalla suspense della situazione, è all'apice, ma ... dentro la stanza non si vede nessuno.

Fra i molti esempi possibili di carrello indietro in soggettiva i più belli e significativi ci sembrano quelli del citato *Le notti di Cabiria* e de *I vitelloni* (1953) di Federico Fellini. Nel primo, innanzitutto, si può rilevare lo sguardo addolorato e di rimpianto della Masina quando – dopo una notte che avrebbe dovuto essere felice, uscendo dal bagno in cui l'ha rinchiusa Nazzari – si volge a guardare per un attimo il letto, ancora caldo d'amore, su cui aveva sperato di vivere la sua più esaltante avventura sentimentale e che è invece occupato da un'altra. L'altra è la "legittima" fidanzata dell'attore famoso, ma per Cabiria è un'intrusa e una ladra d'amore, e basta un brevissimo e quasi impercettibile carrello indietro per esprimere "tutto il suo rimpianto per l'allontanamento da una situazione e da un ruolo per un momento sognati ma per lei impossibili" [Campari, *op. cit.*, pp. 121-122]. La stessa connotazione nostalgica è ravvisabile, in altra parte dello stesso film, nei due brevi m.d.m. all'indietro che commentano l'allontanamento dalla casa che Cabiria ha appena venduto.

Ancor più sapiente, efficace ed espressivo risulta l'uso che Fellini fa del m.d.m. indietro nel finale de *I vitelloni* per esprimere la nostalgia che attanaglia l'animo di Moraldo (il personaggio autobiografico del film) nel momento in cui sta per lasciare definitivamente il suo paese in cerca di miglior fortuna in città. Moraldo è sul treno che si sta muovendo, il suo sguardo si posa sulla palizzata della stazione, poi (in soggettiva) vediamo una carrellata sulla palizzata e, di seguito, quattro carrelli sui familiari e gli amici ancora a letto. Forse non si sarebbe potuto trovare metafora più adeguata per esprimere quel misto di nostalgia, rimpianto per le cose care e paura per il futuro ignoto, che investono il personaggio in quel momento che risulterà, in un modo o nell'altro, decisivo per la sua vita.

I m.d.m. possono anche essere utilizzati per creare sorpresa, svelando improvvisamente ciò che prima l'autore teneva sapientemente celato. In questo senso il m.d.m. può servire per scoprire situazioni sia comiche che drammatiche. Gli esempi di gag comiche prodotte da un allargamento di campo (anche se non necessariamente in m.d.m.) sono molto numerosi e particolarmente frequenti sin dai tempi delle *slapstick-comedies* di Keaton e Chaplin, e quindi non è opportuno soffermarsi sull'argomento. Conviene invece concludere questa parte del discorso con un esempio drammatico tratto da uno dei più bei film di Sergio Leone, *C'era una volta il West*, in cui l'enfatico e progressivo disvelamento di una situazione drammatica dato dal m.d.m. indietro è preceduto da una serie di zoom in avanti sul volto di un personaggio che, progressivamente, ci introducono nella sua memoria. La sequenza è quella del duello finale fra Charles Bronson (Armonica) ed Henry Fonda (Frank), l'odioso bandito che gli aveva ucciso il fratello. La lunga sequenza inizia con i due in C.T. che avanzano l'uno verso l'altro. Dopo una serie di P.P.P. con contrapposti sguardi in macchina dei due, uno *zoom* in avanti si chiude sul volto di Armonica (tagliato al mento e sulla fronte, come quello in foto 10 p. 94). L'inquadratura successiva (in C.M.) ci mostra un giovane cow-boy che si avvicina alla camera in *ralenti*, quando è in M.F. si ferma, alza gli occhi al cielo, poi li riabbassa e, con movimento sempre lento e cadenzato, estrae dal taschino della camicia un'armonica a bocca e, dopo averla guardata, la gira verso la camera. Segue uno *zoom* sul viso di Bronson come il precedente, ma questa volta si chiude sul particolare degli occhi, dove rimane per qualche secondo. Si ritorna quindi al cow-boy della precedente inquadratura che spinge l'armonica davanti a sé (quindi verso la camera) dicendo: "Suona qualcosa a tuo fratello", mentre la camera "zooma" sul suo volto fino al P.P. L'inquadratura successiva in P.P.P. ci mostra (sempre tagliato al mento e sulla fronte) il volto di un bambino mentre una mano gli infila un'armonica in bocca. Quando la mano si ritrae, sulla destra del volto del bambino si nota una macchia scura che sembra uno stivale (vedi foto 31). Dopo qualche secondo (senza che sia intervenuto alcuno stacco) la camera comincia a indietreggiare e a spostarsi verso l'alto con un movimento di gru, scoprendo così, progressivamente, il bambino in piedi e con le mani legate dietro e, sopra le sue spalle, le gambe di un uomo. Man mano che l'inquadratura si allarga, scopriamo che l'uomo sulle spalle del bambino ha una corda legata al collo e che questa penzola da un arco di mattoni sper-

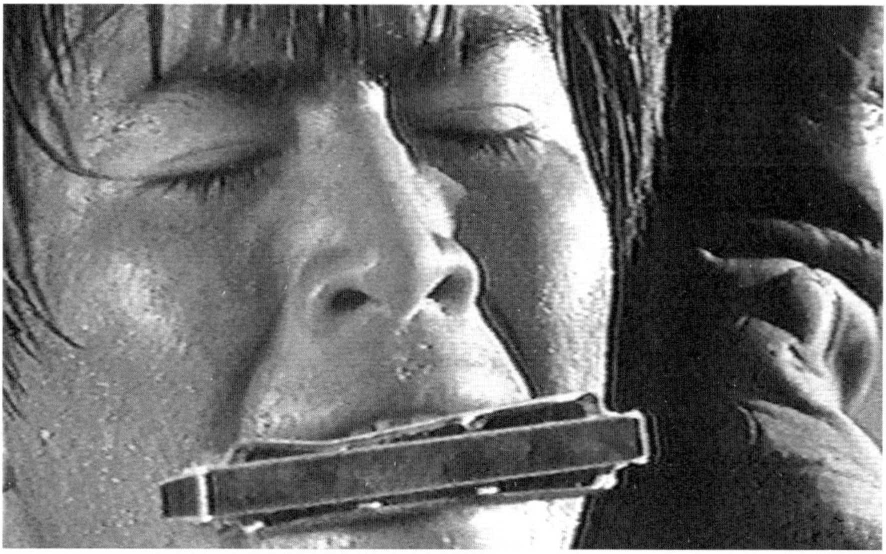

Foto 31

Foto 32

duto nel mezzo di un paesaggio desertico tipico del *Far West*, (vedi foto 32). Il seguito della (bellissima) sequenza, prima degli spari che concludono il duello, ci mostrerà – in mezzo a un turbinio di velocissimi P.P.P. tipici di Leone – il bambino che cade per terra, da cui inferiremo la morte per impiccagione del fratello. Ma la parte della sequenza che più interessa è la precedente, in cui Leone utilizza accorti e adeguati m.d.m. non solo per avvicinarci allo stato psicologico di Armonica, ma anche – orchestrando un efficace andirivieni dal *flash-back* al presente e viceversa – per spiegarci, senza alcun bisogno di parole, il motivo del misterioso odio che Armonica aveva manifestato nei confronti di Frank per tutta la durata del film, e per mostrare quindi che l'intensità del suo sguardo non è dovuta solo alla tensione del duello, ma anche alla dolorosa memoria di un evento che non può cancellarsi dalla sua mente.

IL MONTAGGIO
(o post-produzione)

1. FUNZIONI DEL MONTAGGIO

Come si è già notato, il montaggio è strettamente collegato al concetto e alle operazioni di découpage, delle cui previsioni e ipotesi discorsive costituisce la verifica e la materializzazione concreta. In quanto tale, il montaggio – o post-produzione o edizione – è considerato il momento specifico fondante del cinema perché è in questa fase che le inquadrature, concatenate in sequenza lineare secondo criteri d'ordine e di durata, si costituiscono in linguaggio e permettono di costruire discorsi audiovisivi.

Riassumendo quanto fin qui esposto, si può rilevare che nel suo operare il montaggio assolve vari compiti comunicativi che, considerate tutte le diverse tipologie di relazioni temporali e spaziali che possono occorrere fra due o più inquadrature in consecuzione lineare – e tenendo presenti le intenzionalità espressive e stilistiche dell'autore – possono essere schematicamente raggruppati nelle seguenti funzioni:

- Informativo-descrittiva
- Narrativa
- Metaforico-concettuale
- Ritmica

Queste diverse funzioni non sono antitetiche, bensì complementari; possono cioè essere compresenti e, anche se talvolta una è prevalente sulle altre, tutte insieme contribuiscono a produrre la vera e ultima funzione del discorso filmico, che è quella espressiva. Le prime tre funzioni sono "semantiche" in quanto sono produttrici di significato. Come s'è visto nei capitoli precedenti, la funzione descrittiva è insita nelle caratteristiche iconografico-rappresentative dei segni che il cinema utilizza; la funzione narrativa è invece una funzione transemiotica che – basandosi su logiche d'implicazione deterministiche di concatenazione "crono-logica" degli eventi mostrati – è produttrice della temporalità del racconto; la funzione metaforico-concettuale, basata anch'essa su logiche d'implicazione, è la funzione che permette al linguaggio cinematografico di esprimere concetti astratti; la funzione ritmica, infine, è invece una funzione a-semantica e indipendente che, come si vedrà, non genera significazione autonoma, bensì organizza emotivamente ed esteticamente i significati prodotti dalle altre funzioni.

Per verificare i vari modi in cui il montaggio può svolgere queste diverse funzioni, occorre analizzare dettagliatamente i differenti modelli sintattici rilevabili nel linguaggio cinematografico, i diversi rapporti fra tempo reale e tempo virtuale filmico all'interno di ognuna di queste unità e, infine, i tratti sovrasegmentali (cioè le scansioni di grandezza scalare, cromatiche, sonore e temporali) che, pur non essendo diretti produttori di significazione autonoma, contribuiscono comunque a organizzare l'emotività e la tensione ritmico-drammatica delle varie parti di un film. Tuttavia, prima di addentrarci in questo discorso di analisi sincronica del linguaggio cinematografico, è opportuno soffermarci su un più generale e propedeutico discorso sull'evoluzione diacronica delle estetiche del montaggio che si sono succedute e/o sovrapposte e contrapposte nell'ormai centenaria storia del cinema.

2. TEORIE ESTETICHE DEL MONTAGGIO (Cenni)

Nei libri di teoria e storia del cinema il termine montaggio è molto ricorrente e lo si trova quasi sempre associato ad aggettivi qualificativi che ne modificano il reale significato, ingenerando così qualche possibile confusione. Molti di questi aggettivi sono infatti relativi alla funzione metaforico-concettuale svolta dal montaggio,[151] altri si riferiscono, come si vedrà, a specifici modelli sintattici, altri, infine, indicano una precisa teoria (e/o teorica) e cioè un presupposto estetico che serve – o è servito – non solo per la costruzione di un intero film, ma di una pluralità di opere e che, addirittura, spesso "etichetta" la produzione cinematografica di un'intera epoca della storia del cinema.

151. Béla Balázs [*op. cit.*], per esempio, distingue fra montaggio metaforico, ideologico, simbolico, allegorico, intellettuale, formale, lirico, poetico, soggettivo, tonale ecc.

2.1. Montaggio delle "attrazioni"

Mentre, ancora in piena epoca del muto, nel mondo occidentale prende forma e si stabilizza quella particolare forma di montaggio narrativo che verrà chiamato "analitico" (vedi paragrafo successivo), in seguito alla rivoluzione culturale seguita a quella politico-sociale del 1917, nel cinema sovietico si sviluppa un approfondito dibattito sul valore e sul ruolo del montaggio, in particolare per quanto concerne la funzione metaforico-concettuale. Al dibattito partecipano tutti i maggiori registi sovietici dell'epoca, ma gli apporti più significativi sono indubbiamente quelli di Kulesov e di Ejzenstejn.

Da un lato Kulesov, con i suoi citati esperimenti, dimostra che il "rappresentare" del cinema significa sia capacità di "ri-presentare" ciò che già esiste nella realtà, sia possibilità di "presentare" ciò che nella realtà non esiste (o che non è possibile mostrare perché non ha materialità), costruendolo ex novo nel film e nella mente dello spettatore; mentre dall'altro Ejzenstejn sviluppa addirittura una sua teoria globale che chiama *montaggio delle attrazioni.*

La teoria nasce come applicazione ai linguaggi dello spettacolo della dialettica marxiana, con il preciso e dichiarato scopo di colpire emotivamente lo spettatore e di stimolare in lui una reazione ideologica. Inizialmente Ejzenstejn la applica in teatro e la definisce in questi termini: "L'attrazione è ogni momento aggressivo del teatro, cioè ogni suo elemento che sottoponga lo spettatore a un'azione sensoria o psicologica, sperimentalmente verificata e matematicamente calcolata per ottenere determinate scosse emotive del percipiente, scosse che a loro volta costituiscono, tutt'insieme, la sola condizione della possibilità di percepire il momento ideale dello spettacolo, la finale conclusione ideologica"[1964, p. 520].

Più in generale si può dire che Ejzenstejn si oppone al principio imitativo della realtà che – come si vedrà – sottostà al montaggio narrativo (principio considerato erede del romanzo "borghese" dell'Ottocento), e si schiera per un nuovo linguaggio del cinema, non-realista, rivoluzionario e ideologicamente orientato. Egli scrive infatti: "In luogo del *rispecchiamento* statico dell'evento dato, richiesto dal tema, e della possibilità d'una soluzione soltanto attraverso l'azione logicamente legata con quell'evento, viene avanzato un nuovo procedimento: il libero montaggio di azioni (attrazioni) arbitrariamente scelte, indipendenti (anche fuori della composizione data e dell'aggancio narrativo dei personaggi), ma con un preciso orientamento verso un determinato effetto tematico finale. Questo è il montaggio delle attrazioni"[*ibid.* p. 521].

Come risulta evidente da queste parole, il montaggio delle attrazioni, al contrario di quello narrativo, non si basa sulla *concatenazione* "crono-logica" delle immagini, bensì si fonda sullo "scontro" delle stesse. Scontro che diventa produttore di emotività e di significazione isotopica astratta in base al ricordato principio di implicazione. Il risultato espressivo è di grande intensità ed efficacia, ma spesso la temporalità diegetica risulta meno fluida e leggibile che con il montaggio narrativo perché complicata da lunghe stasi descrittivo-commentative e talvolta quasi sconvolta da piccoli ritorni indietro (vedi voce). Se a questo si aggiunge la mancanza, in molti film, di un eroe centrale a favore del protagonista "massa", si può facilmente capire perché questo tipo di montaggio non abbia avuto grande fortuna nel cinema commerciale. La lezione di Ejzenstejn è stata però fondamentale e, anche se solo occasionalmente, è riscontrabile nell'opera di molti autori di rango e talvolta, in forme seminascoste e non dichiarate, la sua eco fa capolino anche nella pubblicità e nei video-clip.

2.2. Montaggio analitico

Con l'eccezione delle opere di alcuni registi quali Wyler, Renoir, Von Stroheim e, in parte, Hitchcock, il montaggio analitico (o invisibile, neutrale, o découpage classico hollywoodiano, ecc.) è la forma di organizzazione linguistico-discorsiva che caratterizza il cinema americano (e mondiale) fra l'avvento del sonoro (1929) e la fine della seconda guerra mondiale, ma è ben diffuso e, anzi, dominante anche nel cinema contemporaneo.

Si tratta, per molti versi, di un'evoluzione diretta e "naturale" del montaggio narrativo, nato sul principio della moltiplicazione del punto di vista e del correlato "spezzettamento" della scena in tante inquadrature (secondo la logica narrativa dell'avvenimento, con la giustapposizione di campi e piani e l'inserimento di particolari e dettagli) e codificato nella prassi del miglior cinema americano delle origini e, in particolare, nelle opere di D.W. Griffith.

La frammentazione della scena in più inquadrature e la moltiplicazione del punto di vista rispondono a una duplice valutazione di "economicità". Da un lato, infatti, favoriscono una più funzionale organizzazione del lavoro e permettono effettivi risparmi e, in molti casi, un miglioramento della qualità delle immagini;[152] dall'altro consentono di analizzare l'avvenimento secondo la sua "logica materiale e drammatica" [Bazin, op. cit., p. 76] e di concentrare l'attenzione dello spettatore solo sui dati più essenziali all'economia emotiva dell'azione (la camera, infatti, si sposta sempre a inquadrare il personaggio che deve parlare o fare qualcosa, e il campo/piano utilizzato è sempre il più ristretto possibile rispetto ai dati narrativi da comunicare).

La qualificazione di invisibile o neutrale data a questo tipo di montaggio è dovuta al fatto che esso tende a cancellare, cioè a non rilevare, gli effetti dei raccordi di continuità spaziale (stacchi in asse, raccordi di movimento, di sguardo, di angolazione, inclinazione ecc.) di cui si è parlato. Non accorgendosi del "trucco" insito nel lavoro tecnico (brevi ellissi temporali, cambi di ambiente ecc.), lo spettatore è portato a giustificare i punti di vista proposti dalla cinepresa (poiché gli vengono mostrati appunto come "naturali", dettati dalla geografia dell'azione, cioè dallo spostamento del centro di interesse drammatico), a dimenticarne la presenza, a identificarsi con essa e, in ultima analisi, a "vedere" il film come una realtà di cui si sente testimone diretto.

Lo spettatore è quindi indotto a credersi partecipe degli eventi cui assiste. Oltre che con la camera, si identifica di volta in volta con uno o più personaggi (identificazione di 2° grado per effetto di empatia), prova tutte le loro emozioni e "vive" il racconto come un suo "sogno", ma anche – per il processo di denegazione – come se fosse di fronte ad una realtà (proprio per questo il cinema di quest'epoca classica è chiamato anche cinema della "trasparenza").

2.3. Dalla profondità di campo al "montaggio proibito" e al piano sequenza

Il pluricitato *Citizen Kane* di Orson Welles del 1941 viene oggi considerato alla stregua di uno spartiacque fra il cinema in montaggio analitico e il cinema moderno, perché con il suo montaggio in profondità di campo e la conseguente rinuncia allo spezzettamento

152. In questi casi, infatti, lo spazio da illuminare è relativamente ridotto e ciò va a tutto vantaggio della qualità fotografica ottenibile.

dell'azione ed alla moltiplicazione del punto di vista, introduce nel linguaggio cinematografico un elemento di novità[153] che avrà grandi ripercussioni nel cinema dei decenni successivi. Per motivi diversi, ma forse non troppo lontani da quelli di Welles, la rinuncia alla frammentazione della scena e alla moltiplicazione del punto di vista fu infatti ripresa da Rossellini – in particolare nell'ultimo episodio di *Paisà* (1946) – e da tutto il Neorealismo italiano alla fine degli anni '40, con il dichiarato scopo di ottenere un maggiore realismo iconografico, di avere cioè immagini e sequenze cinematografiche non elaborate che, nella loro scarna semplicità, restituissero il "vero" della realtà rappresentata.

L'opera di Welles e dei neorealisti italiani fu studiata in seguito con molta attenzione dal critico francese André Bazin, il quale ne derivò un'estetica del cinema realista che esplicitò in un celebre saggio intitolato appunto *Montaggio proibito*. Il presupposto da cui parte Bazin è che "il montaggio non può essere utilizzato che in limiti precisi, sotto pena di attentare all'ontologia stessa della favola cinematografica". Per esempio, non è consentito al regista aggirare col campo-controcampo la difficoltà di far vedere due aspetti simultanei di un'azione"[Bazin, *op. cit.* p. 70]. La tecnica del campo-controcampo, infatti, come si è già notato, permette di suggerire l'idea della copresenza spaziale di due elementi della stessa azione, ma, in effetti, li mostra in spazi separati e quindi non identificabili iconograficamente come un'unità. Bazin, invece, vuole un cinema che sia realista non solo nei suoi presupposti dichiarati e asseriti, bensì anche nella sua "ontologia", cioè nella natura rappresentativa (denotazione) dell'immagine e, più avanti nel suo discorso, scrive: "Mi sembra che si potrebbe porre come legge estetica il principio seguente: *quando l'essenziale di un avvenimento dipende da una presenza simultanea di due o più fattori dell'azione, il montaggio è proibito*" [*ibid.* p.72; il corsivo è nostro].

Un esempio di ciò che intende Bazin potrebbe essere la rappresentazione di un domatore di fronte a un leone. Se si mostra il domatore in un'inquadratura e il leone in un'altra, è evidente che la sequenza,

153. Non si tratta, in effetti, di una novità assoluta in quanto, come già ricordato, autori come Jean Renoir, William Wyler e Alfred Hitchcock avevano utilizzato con parsimonia il montaggio analitico, ma nessuno dei loro film aveva avuto – da questo specifico punto di vista – l'impatto e l'influenza che ebbe il film di Orson Welles sul futuro del cinema.

pur comunicando il senso narrativo dell'azione, ne smarrisce l'essenza, cioè l'intima verità del pericolo insito nella situazione. In questo caso, la copresenza fisica dei due attori dell'azione nella stessa immagine è un obbligo se si intende restituire il senso "vero" della situazione rappresentata.

Le indicazioni estetiche di Bazin ebbero una grande influenza estetico-linguistica su tutto il cinema europeo degli anni '50 e '60, ma in particolare su tutti quegli autori che, in qualche modo e per qualche verso, perseguivano un'estetica realistica. Sull'onda delle sue teorie, infatti, i suoi "figlioli" dei "Cahiers du cinéma" (Godard, Truffaut,[154] Resnais, Rohmer, Chabrol ecc., che diedero vita alla "Nouvelle vague"), i registi protagonisti del "Free cinema" inglese,[155] i propugnatori del "Cinéma direct",[156] e molti singoli autori (in primis Michelangelo Antonioni)[157] reagirono alla standardizzazione linguistica del montaggio analitico che rendeva pressoché uguali tutti i film,[158] e cominciarono a fare largo uso di lunghe, complesse e ininterrotte inquadrature in movimento che restituivano lo sviluppo di un'intera situazione narrativa e che, pertanto, vennero chiamate "piani sequenza".[159]

---

154. Com'è noto, François Truffaut era in effetti figlio adottivo di Bazin.
155. Movimento quasi contemporaneo alla "Nouvelle vague", nato nel 1956 per opera di Lindsay Anderson e Karel Reisz, attenti alle condizioni di vita dei proletari inglesi e cantori della rabbia dei giovani e della loro contestazione nei confronti di una società falsamente appagante.
156. Movimento socio-antropologico-cinematografico nato agli inizi degli anni '60, legato principalmente a Edgar Morin e Jean Rouch. Il "Cinéma direct" o "Cinéma vérité" come veniva chiamato agli inizi, avvicinò il cinema all'inchiesta giornalistica e alla documentazione etnografica. Basandosi su un'illimitata fiducia nella presunta (e, in seguito, dimostratasi illusoria) "oggettività" della macchina da presa, il "Cinéma direct", come dice lo stesso nome, propugnava la possibilità di cogliere la realtà nella sua inalterata autenticità e, a tal fine, utilizzava la ripresa del suono "in diretta" e rifuggiva dal montaggio.
157. Oltre ai citati *Deserto rosso* e *Professione reporter*, si vedano a questo proposito anche *L'avventura* (1960) e i suoi documentari e il suo lungometraggio d'esordio: *Cronaca di un amore* (1950).
158. Lo stesso Bazin aveva rilevato che negli anni '30 un film in montaggio analitico era mediamente composto da 600 inquadrature. Cfr. Bazin A., *op. cit.*
159. Le inquadrature lunghe e senza stacchi sono una caratteristica anche del cinema degli esordi, ma quest'uso "naturale e obbligato" non ha, ovviamente, nulla a che fare con l'uso cosciente del piano-sequenza.

2.4. Piano sequenza e realismo

Nella sua essenza, il piano sequenza è la forma linguistica più confacente al realismo iconografico perchè riporta in forme inalterate la continuità spazio-temporale della realtà e perché dà allo spettatore la sensazione di essere presente sulla scena e di guardare le cose direttamente per mezzo dello spostamento fisico della propria testa.

L'uso che ne fecero i primi succitati registi che lo adottarono andava in questo senso e non era quindi difficile vedere lunghe inquadrature che seguivano da presso i personaggi, o li inquadravano a distanza e li lasciavano uscire e rientrare in campo mantenendo inalterata nell'enunciazione filmica la durata dell'azione nella realtà. Ben presto però si dimostrò che questo presupposto estetico ed ontologico poteva essere trasgredito con relativa facilità. Infatti, gli stessi autori della "Nouvelle vague", seguendo il suggerimento di Alexandre Astruc di utilizzare la cinepresa come una *caméra-stylo*,[160] hanno fatto un uso del piano sequenza che ne nega il presupposto originario e ne svela la reale essenza di costrutto linguistico, cioè di strumento utilizzabile, al pari di altri, al fine di una "scrittura" filmica personale che possa permettere all'autore di esprimersi con la massima libertà – cioè non secondo stili e canoni predeterminati ma originali e personali, scelti caso per caso – allo scopo di ottenere l'effetto espressivo desiderato.

Fra i molti possibili esempi, si può ricordare innanzitutto l'uso metaforico che ne fanno Antonioni, nel citato finale di *Professione reporter* e Fellini il quale, nel carosello finale di *Otto e mezzo*, utilizza il piano sequenza non per esprimere la realtà dell'evento che il suo alter ego Guido/Marcello Mastroianni sta per mettere in scena, bensì per significare la capacità/possibilità del regista di trasformare la realtà oggettuale in "discorso" per mezzo di un'abile messinscena/scrittura che, partendo da uno spazio reale ambiguo non specifico, evochi lo spazio magico di un teatro per far scorrere i personaggi del suo film (quello fatto da Fellini e quello "da fare" di Guido) come nella passerella finale di uno spettacolo di varietà (genere teatrale cui Fellini era, peraltro, molto affezionato).

Diverso, nei suoi presupposti estetici e nei risultati espressivi, è l'uso che ne fanno alcuni autori come Thodoros Anghelopoulos – per esempio in *O Thiassos* (*La recita*, 1974-1975) – o Miklós Jancsó che,

---

160. Astruc A., *Naissance d'une nouvelle avant-garde: la caméra-stylo*, in "Ecran français", n. 144, 1948.

lasciando inalterata la continuità spaziale del piano sequenza, mettono in scena tempi diversi della storia, ottenendo così uno straniante effetto di teatralizzazione dello spazio cinematografico. Il secondo in particolare fa di questo tipo d'uso del piano sequenza una sua precisa marca autorale che contraddistingue quasi tutti i suoi film. Per esempio, seguendo il filo narrativo di *Még kér a nép* (*Salmo rosso*, 1971), ci si rende facilmente conto che tempo e spazio filmici non sono affatto quello che sembrano e che la continuità spazio-temporale dell'enunciazione filmica è solo illusione e artificiosità e "scrittura" filmica, perché il regista pur non interrompendo l'inquadratura, cambia continuamente l'apparato scenico e i personaggi. Nel film, danzato e cantato come un musical e ambientato in uno spazio aperto, Jancsó mette in scena tutte o quasi le rivolte storiche dei contadini ungheresi contro il potere costituito. Rivolte che, ovviamente, hanno avuto luogo in tempi e luoghi differenti. Anche in questo caso quindi, il piano sequenza non ha il compito di riportare, in forma inalterata, la "verità della realtà", bensì di suggerire simbolicamente l'unità ideale e la continuità ideologica di fatti e persone vissute in epoche e luoghi diversi.

In conclusione quindi, contrariamente ai suoi presupposti ontologico-estetici iniziali, il piano-sequenza può essere utilizzato in forme e modi assolutamente diversi che sempre più lo allontanano dall'originaria vocazione realista, per farlo diventare uno strumento linguistico-discorsivo di personalizzazione stilistica dell'enunciazione filmica.

2.5. Il montaggio nel cinema contemporaneo

Liberatosi dalle costrizioni grammatical-sintattiche del montaggio analitico e dall'asservimento al realismo del movimento di macchina e del piano sequenza, il cinema contemporaneo usa sempre di più la cinepresa come una *caméra-stylo* e il linguaggio come uno strumento duttile e – con il rispetto di pochi e deboli codici che consentano la comunicazione – plasmabile ai fini di una "scrittura" creativa molto personalizzata. Quindi non esiste più un'estetica di montaggio dominante. Il montaggio analitico può essere alternato al piano sequenza e talvolta si può persino ricorrere alle lezioni ejsenstenjane per brevi sequenze. In teoria, tutto può essere mischiato insieme purché il risultato sia funzionale a ciò che si intende esprimere, ma, in effetti, ciò accade di rado. Più generalmente ogni regista sceglie il suo stile e lo persegue in tutti i suoi film o, al limite, può cambiare stile da un film all'altro, ma all'interno dello stesso testo (ovviamente se si tratta di un buon film) c'è sempre uno stile di montaggio che risulta dominante.

3. TEMPO CINEMATOGRAFICO E SINTASSI FILMICA

Esaurito, anche se per brevi cenni, il discorso sull'evoluzione diacronica dei principi estetici che possono presiedere al concetto generale di montaggio, si possono ora analizzare le problematiche relative al tempo del film e alle diverse concatenazioni sintattiche cui il linguaggio cinematografico può dare luogo. Temi da affrontare in parallelo perché strettamente intrecciati fra loro.

Come si è accennato, il tempo cinematografico è un tempo virtuale perchè può riprodurre le caratteristiche del tempo reale o discostarsene in vari modi e forme; di conseguenza, in un film si possono distinguere vari tipi di temporalità. Nel secondo capitolo si è già posta la distinzione fra la posizione temporale di un evento nella storia (tempo diegetico o della storia/fabula) e la posizione che lo stesso evento assume nell'ordine discorsivo del racconto (tempo del discorso narrativo o dell'intreccio o del racconto). Parallelamente, occorre ora distinguere fra la "durata" di un evento nella storia e la sua durata nel film, cioè fra durata diegetica di un evento e durata (o tempo) dell'enunciazione filmica. Infine, occorre rilevare che nel cinema è distinguibile anche un tempo psicologico dello spettatore.[161] Si tratta di un tempo interiore e soggettivo (diverso per ciascuno degli spettatori e, eventualmente, diverso per lo stesso spettatore a una seconda o terza visione), legato a determinazioni testuali (genere, tipo di montaggio, ritmo ecc.) ma anche, e in misura forse preponderante, a fattori emotivi e culturali individuali. Fattori che determinano un'impressione di durata soggettiva, per cui può capitare che uno spettatore "viva" una durata filmica di pochi secondi come un tempo lunghissimo, e/o viceversa una sequenza di molti minuti come un tempo brevissimo.

Avendo già trattato del primo aspetto e tralasciando, per il momento, il discorso sul tempo psicologico, in quanto non rilevabile in sede d'analisi se non per quanto attiene al suo rapporto con il ritmo (vedi oltre), è bene concentrare ora l'attenzione sulla seconda dicotomia, e cioè sulle possibili relazioni fra durata filmica e diegetica di un evento. Relazioni che, considerate tutte le possibilità, possono essere di:

---

161. Questa tripartizione, anche se con termini diversi, è stata rilevata, fra gli altri, da Bálazs il quale parla, rispettivamente, di tempo reale (o fisico), tempo delle inquadrature (o drammatico) e tempo illusorio dell'immagine (o psicologico) [1964, p. 148].

- *equivalenza in continuità*, se il tempo/durata dell'enunciazione è uguale alla durata diegetica
- *compressione o dilatazione in discontinuità*, se il tempo/durata dell'enunciazione è, rispettivamente, inferiore o superiore alla durata diegetica[162]
- *non-relazione temporale*, se il rapporto fra due o più inquadrature di una stessa sequenza non è di tipo narrativo bensì commentativo.

Il semiologo francese Christian Metz [1972, p. 175-194], analizzando con attenzione tutte le possibili relazioni sintattiche fra le inquadrature organizzate in serie lineari all'interno di un qualsiasi film, ha identificato otto unità sintattico-discorsive – di lunghezza variabile ma limitata – ognuna delle quali si caratterizza per autonomia di significato e per specifiche determinazioni temporali che pone in essere al suo interno. Ha quindi raggruppato queste unità in un sistema paradigmatico che ha chiamato "grande sintagmatica della colonna visiva" e che consta di sette sintagmi (cioè unità discorsive composte da più inquadrature) e di un piano autonomo comprendente due sottotipi di segmenti autonomi formati da una sola inquadratura: il citato "piano sequenza" e quattro "inserti" (o interpolazioni sintagmatiche). Seppure ormai datata, la lezione di Metz risulta tuttora valida e stimolante ed è pertanto opportuno riproporla nelle sue linee generali, ma secondo una classificazione leggermente diversa che ponga maggiormente in evidenza la funzione principale svolta da ciascuna unità sintattica.

3.1. Unità sintattiche cronologico-narrative

Le prime unità sintattiche da prendere in esame sono quelle caratterizzate da un'equivalenza fra tempo diegetico e tempo dell'enunciazione. A parte il caso del citato piano sequenza – l'unico in cui, come si è visto, un'inquadratura equivale a un'unità narrativa autonoma, che Metz chiama piano sintagmatico – tali caratteristiche sono riscontrabili nel cinema solo in un unico sintagma: la *scena* propriamente detta.

---

162. In alcuni specifici casi, legati ad evidenti effetti espressivi (quali l'accelerato, il *ralenti*, il *freeze-frame*, ecc.), questi rapporti possono esplicarsi e risultare evidenti anche all'interno di una singola inquadratura ma, in generale, sono il prodotto di specifiche tipologie di montaggio.

3.1.1. Scena

La scena – così come la sequenza di cui si parla in seguito – può includere inquadrature di diverso tipo e di durata variabile, (cioè sia piani fissi che movimenti di macchina, nonché tre dei quattro tipi di *inserti* analizzati da Metz, quando la loro temporalità non risulti esplicitamente diversa da quella della scena),[163] purchè l'unità e la continuità spazio-temporale non risultino interrotte dalla frammentarietà del significante.

Ovviamente, per ottenere tale risultato, nella costruzione di una *scena* si dovranno utilizzare tutti i tipi di raccordo spaziale di cui si è parlato. La scena citata de *Il Gattopardo* è un buon esempio di *scena* propriamente detta per quanto riguarda la continuità temporale e l'equivalenza fra durata diegetica e filmica. Più in generale si può dire che qualunque scena di dialogo cinematografico realizzato con la cosiddetta tecnica del "campo-controcampo" e, per estensione, qualunque tipo di *talk-show* televisivo, sono classici esempi di *scena*.

3.1.2. Sequenza

A parte i succitati casi di piano sequenza e scena, il tempo cinematografico è discontinuo e generalmente compresso, più raramente dilatato. Il primo caso di sintagma a temporalità discontinua, e anche il più frequente, è quello della sequenza che "condensa" la durata diegetica di un evento eliminando dall'azione alcuni particolari non rilevanti, e cioè introducendo all'interno della sequenza delle piccole ellissi che permettono di rendere più fluida l'azione (si mostra, per esempio, un personaggio che sta per aprire una porta, nell'inquadra-

163. Ci si discosta qui dall'analisi di Metz che – in ragione del principio di classificazione da lui scelto – considera tutti i quattro tipi di inserto da lui enumerati come "piani autonomi" e cioè non facenti parte di unità sintattiche più ampie [Metz, *op. cit.*]. Al contrario di quanto asserito dal celebre semiologo, a parte il caso dell'inserto *non diegetico*, cioè a parte le immagini commentativo-metaforiche di stampo ejsenstenjano che, ovviamente stanno in un "non tempo", l'inserto *soggettivo* (cioè un'inquadratura breve di qualcosa visto dagli occhi di un personaggio), quello *esplicativo* (cioè l'ingrandimento in dettaglio di un oggetto, es.: lettera) e quello *diegetico-dislocato* (es.: un'unica immagine appartenente alla storia, ma dislocata all'interno di una serie d'immagini cui non pertiene), possono essere tutti considerati come integrati nella temporalità della sequenza nella quale sono interpolati.

tura successiva il personaggio è già uscito dalla stanza, ha già richiuso la porta alle sue spalle e sta attraversando un altro spazio).

In questo tipo di sequenza, che Metz [*op. cit.*, p. 189] chiama *ordinaria*, la discontinuità temporale è "non organizzata e casuale" in quanto le piccole ellissi interne possono avere durata variabile e non sono disposte secondo un ordine significativo. La durata di queste piccole ellissi – che, in genere, non vengono neppure rilevate dallo spettatore – è una delle marche epocali che distinguono il linguaggio del cinema classico da quello moderno perchè lo spettatore moderno – più "naturalmente" educato al linguaggio audiovisivo per una maggiore frequentazione dello stesso – è in grado di inferire un maggior numero di dati dalle informazioni che riceve e di integrare quindi più facilmente i particolari narrativi mancanti.[164] In un film degli anni '30, per esempio, il trasferimento di un personaggio da una città all'altra spesso comportava la descrizione di molti momenti del viaggio quali: uscita da casa, viaggio in taxi per la stazione o l'aeroporto, treno o aereo in viaggio, arrivo alla stazione/aeroporto dell'altra città... ecc. Nel cinema moderno, invece, la stessa situazione narrativa potrebbe essere risolta con due sole immagini del tipo: personaggio che viaggia in auto verso la stazione/aeroporto e poi lo stesso personaggio in viaggio su un altro tipo d'auto (che segnala il cambiamento di tempo e spazio), oppure: personaggio che entra nell'aeroporto di una città il cui nome è segnalato da un'indicazione, e poi il personaggio che esce da un altro aeroporto anch'esso segnalato da un'indicazione.

Come detto, in generale il tempo interno alla sequenza ordinaria risulta compresso, ma può capitare il caso che in una sua parte risulti dilatato. Per esempio, se la sequenza riguarda una corsa automobilistica (o di altro genere) il tempo diegetico della corsa verrà ridotto nell'enunciazione filmica a uno o due minuti (magari anche meno), ma nel finale della corsa, per aumentare la tensione emotiva, il regista potrebbe abbondare in campi e controcampi su ognuno dei contendenti e far durare quindi il finale più del (teorico) tempo diegetico.

La sequenza ordinaria, diversamente dai successivi modelli, si caratterizza comunque per unità e continuità d'azione.

---

164. Come rileva Umberto Eco, la quantità di "non-detto" inseribile in un testo dipende in massima parte dal genere e dalla tipologia del testo, e cioè dalle strutture comunicative che esso pone in essere rispetto al suo "lettore modello". [Cfr. 1979, pp. 51-59].

3.1.3. La sequenza a episodi

Come osserva ancora Metz, "la discontinuià all'interno di una sequenza può essere organizzata e diventare il principio stesso di costruzione e di intelligibilità della sequenza" [*op. cit.*, p. 189]. Già conosciuto come "montaggio durativo" o "montage sequence", questo tipo di organizzazione sintattica dell'unità narrativa è stato rinominato da Metz *sequenza a episodi* perché, la sequenza "allinea un certo numero di brevi scenette [...] che si succedono in ordine cronologico; nessuna di queste evocazioni è trattata con tutta l'ampiezza sintagmatica che avrebbe potuto comportare; è soltanto il loro insieme e non ognuna di esse, ad essere preso in considerazione dal film" [*ibid.*]. La sequenza a episodi, quindi, non è caratterizzata da unità d'azione (anche se non è da escludere che vi sia) e serve per "riassumere", in una breve durata filmica, diverse azioni – simboliche e metonimiche della lenta e lunga evoluzione di tutta una situazione narrativa – che nella diegesi occuperebbero un periodo di tempo relativamente lungo, spesso imprecisabile.

L'esempio, classico e ben noto, menzionato anche da Metz [1972, pp. 189-190], è tratto dal pluricitato *Citizen Kane* di Orson Welles. Si tratta della "sequenza che presenta il deterioramento progressivo dei rapporti affettivi tra il protagonista e la sua prima moglie, attraverso una serie cronologica di rapide allusioni a pasti consumati in comune dalla coppia in un clima sempre meno affettuoso, allusioni che panoramiche rapide concatenano direttamente le une alle altre lungo l'arco di parecchi mesi che separano questa usura dei sentimenti".

Un esempio dei più noti del cinema moderno, famoso per la particolare soluzione linguistica adottata, è rilevabile in *Butch Cassidy and the Sundance Kid* (*Butch Cassidy*, 1969) in cui George Roy Hill racconta la fuga dei protagonisti dagli Stati Uniti con una serie di fotografie (o meglio di *freeze-frame*), che ritraggono alcuni momenti della loro festosa e piacevole vita a bordo del piroscafo che li sta conducendo in Bolivia.

I *freeze-frame* sono virati in seppia e montati in veloce successione con dissolvenze incrociate su una musica allegra. Ogni quadro rappresenta metonimicamente un aspetto del viaggio e tutti insieme riescono a sottolineare con efficacia il carattere dei protagonisti e i rapporti di grande e solidale amicizia che li legano.

Un altro esempio, forse ancora più noto, è la sequenza di *The*

Graduate (*Il laureato*, 1967) di Mike Nichols in cui l'autore, per descrivere i rapporti freddi e inappaganti di Benjamin con Mrs Robinson, ci mostra il protagonista che, senza molta convinzione, passa senza soluzione di continuità dalla piscina di casa sua alla stanza del motel in cui incontra Mrs Robinson, e viceversa.

La sequenza è diventata celebre sia perché costituisce in prarica un "prototipo" di video-clip (è, infatti, senza parole e piacevolmente commentata solo da *The Sound of Silence* e, appunto, Mrs Robinson, due canzoni di Simon & Garfunkel, all'epoca molto famose), sia perché Nichols – rinunciando ai tradizionali effetti ottici che in questi casi sovente segnalano il cambio di spazio/tempo nel passaggio da un episodio all'altro – disambienta e sorprende lo spettatore a ogni cambio di inquadratura cui corrisponde un cambiamento di luogo, inserendo gli "stacchi" quasi sempre sul P.P. di Benjamin/ Dustin Hoffman fotografato contro uno sfondo nero (un cuscino o la spalliera del letto ecc.), di modo che il suo volto sembra appartenere alla scenetta che si sta vedendo, mentre invece è già la prima immagine della scena successiva. Molto efficace è inoltre il finale – introdotto da due ingegnosi e sorprendenti raccordi di movimento – in cui si vede, in stretta successione, Benjamin tuffarsi sopra un materassino nero che galleggia nella sua piscina, atterrare sul corpo di Mrs Robinson nel letto del motel e poi, in P.P., voltarsi a destra perché – nuovamente in piscina e sul materassino – il padre lo sta chiamando.[165]

3.1.4. Montaggio (sintagma) alternato

Un particolare caso di costruzione sintattica ricorre quando il linguaggio cinematografico ha necessità di mostrare la contemporaneità di due azioni che sono interrelate o due momenti diversi di una stessa azione. In questi casi una prima serie di inquadrature mostra un'azione, poi, prima che l'azione abbia termine, una seconda serie mostra un'altra azione in un diverso luogo (o un diverso aspetto della stessa azione) e, prima che questa abbia termine, una terza serie com-

165. Da rilevare che in questa sequenza la temporalità è rilevabile solo nella prima e nell'ultima inquadratura, per il resto le inquadrature potrebbero essere scambiate fra loro e, quindi, la sequenza risulta molto simile anche al sintagma "a graffe" di cui si parla più avanti.

pleta l'azione interrotta nella prima, mentre una quarta interverrà a completare l'azione interrotta nella seconda, e così via. Le varie serie di inquadrature non vanno considerate come unità sintattiche a sé stanti, bensì come segmenti parziali di una stessa unità sintattico-narrativa che viene chiamata, appunto, sintagma (o montaggio) alternato. Come nota Metz [1972, p. 187], esso "presenta alternativamente due o più serie di avvenimenti in maniera tale che all'interno di ciascuna serie i rapporti temporali siano di consecuzione, ma che tra le serie prese in blocco il rapporto temporale sia di simultaneità (alternanza delle immagini = simultaneità dei fatti)". Che le immagini delle varie coppie di serie di inquadrature (1-2; 3-4; 5-6, ecc) debbano intendersi come momenti contemporanei e non successivi l'uno all'altro è indicato appunto dal fatto che esse fanno parte di una stessa azione o di due azioni che alla fine convergono. Un facile esempio è il classico inseguimento fra bianchi e pellirosse o fra banditi e poliziotti ecc. Inseguitori ed inseguiti compiono azioni diverse in luoghi diversi (anche se, magari, vicini), ma l'inseguimento in sé può essere considerato un'unica azione di cui vengono mostrati alternativamente diversi momenti e punti di vista.

In linea teorica, questo tipo di montaggio potrebbe avvenire anche in rispetto di un'equivalenza fra durata diegetica e filmica per ogni serie di inquadrature (nel senso che la terza serie potrebbe ricominciare proprio dal punto esatto in cui la prima era stata interrotta), ma questo non accade mai, o quasi, nella pratica.[166] In effetti, in genere, ogni ritorno alla stessa azione "nasconde" una piccola ellisse, per cui, ad ogni ritorno ad ognuna delle serie, l'azione riprende da un momento del suo sviluppo alquanto posteriore rispetto a quello in cui era stata lasciata e lo iato temporale fra il momento finale prima dell'interruzione e quello del nuovo inizio è, di solito, molto superiore alla durata della serie riguardante l'azione che avviene in contemporanea.

Il montaggio alternato ha avuto e ha una grande rilevanza ai fini espressivi perché la sua funzione non si esaurisce nel denotare un

166. Quando accade, come in alcune soap e telenovelas televisive, si ha la strana e sgradevole impressione che i personaggi presenti nella prima serie siano rimasti "fermi" ad aspettare per tutta la durata della seconda serie. È evidente, comunque, che nemmeno così si può parlare d'equivalenza, perché in questi casi, in effetti, la durata filmica è superiore a quella diegetica, visto che nella diegesi le azioni si svolgono contemporaneamente.

"mentre". Come si vedrà più dettagliatamente nel paragrafo relativo al ritmo e nel successivo capitolo sulla *suspense*, questo tipo di sintagma, alternando "mancanze e saturazioni" dello svolgersi delle diverse azioni presentate, agisce a livello connotativo sull'emotività dello spettatore, in cui può ingenerare un forte stato emozionale di ansia e di attesa spasmodica della risoluzione della situazione narrativa.

3.2. Unità sintattiche non narrative

In totale, i sintagmi che non svolgono alcuna funzione narrativa sono tre: uno ottempera alla funzione descrittiva e gli altri due alla funzione metaforico-concettuale o commentativa.

3.2.1. Montaggio (sintagma) descrittivo

È evidente che tutte le unità sintattiche sin qui viste, oltre a svolgere una funzione narrativa, esplicano anche una funzione descrittiva in quanto mostrano luoghi, paesaggi, ambienti ecc., nel contesto di eventi e/o azioni. Talvolta, però, le immagini servono solo a descrivere i luoghi senza alcuna finalizzazione narrativa. In questi casi si parla allora di *sintagma descrittivo*. Come scrive Metz [*op. cit.*, p. 185], questo è "l'unico caso in cui le consecuzioni schermiche non corrispondono a nessuna consecuzione diegetica". Se la prima inquadratura è, per esempio, un C.L.L. di un paesaggio campestre e quelle successive in C.M. mostrano un piccolo ruscello, una collina, un prato e, infine, un albero (e si potrebbe continuare), è evidente che il tempo diegetico della seconda e della terza ecc. non è successivo a quello della prima, ma che tutte le inquadrature mostrano aspetti diversi, ma simultaneamente presenti, dello stesso luogo. In questo caso, quindi, alla consecuzione lineare delle inquadrature non corrisponde alcun avanzamento diegetico del racconto che rimane "in stallo", cioè fermo al punto in cui era arrivato. Come nota Metz, il sintagma descrittivo può anche mostrare azioni, sempre che queste non possano essere collegate temporalmente dallo spettatore (es.: un gregge di montoni in marcia: vedute dei montoni, dei pastori, dei cani ecc.) [*ibid.*].

È ovvio che questo tipo di sintagma è particolarmente frequente nei documentari (di cui anzi costituisce spesso l'intera struttura filmica), ma lo è anche nel cinema narrativo, in particolare nelle cosiddette *establishing shot* di inizio film o inizio sequenza, e non è nemmeno raro il caso in cui serve anche per chiudere la narrazione. Celebre è, a questo proposito, il finale di *L'eclisse* (1962) di Antonioni dove, dopo il mancato appuntamento con il suo giovane innamorato appena conosciuto, Vittoria/Monica Vitti si perde pian piano per le strade di Roma e, infine, scompare del tutto lasciando sullo schermo solo le immagini di un lungo sintagma descrittivo della città semideserta, immersa nella luce incerta e quasi mortale dell'eclisse.

3.2.2. Montaggio (sintagma) parallelo

Il montaggio parallelo è conosciuto sin dai primi anni della nascita del cinema. Un esempio molto antico è senz'altro in uno dei primissimi film della storia del cinema: *The Kleptomaniac* (*La cleptomane*, 1905) di E.S. Porter, che racconta dei destini diversi di due donne che vengono colte a rubare, in momenti diversi, in un grande magazzino. La prima, povera e affamata, viene arrestata e rinchiusa in cella; la seconda viene invece liberata immediatamente perché il suo avvocato riesce a dimostrare che, essendo ricca, la donna non ha alcuna necessità, né intenzione cosciente di rubare, ma lo ha fatto solo perché "ammalata" di cleptomania.

Siamo, in questo caso in presenza di un racconto con struttura binaria, che narra due storie separate fra le quali non v'è alcuna precisa relazione temporale di contemporaneità o, comunque, è assolutamente ininfluente ai fini dello sviluppo narrativo. Ciò che conta, invece, è il significato concettuale che l'accostamento produce. Si tratta infatti di un esplicito caso in cui il montaggio svolge una funzione commentativa, cioè metaforico-concettuale.

Il parallelismo può avvenire fra due o più serie di unità discorsive che si alternano l'un l'altra e ognuna delle quali porta avanti la narrazione della propria storia, come in *Intolerance* (1916) di D.W. Griffith, ma più frequentemente è riscontrabile all'interno di una sola unià discorsiva.

Simile al montaggio alternato per quanto concerne l'alternanza delle immagini significanti, ma diverso nei significati che produce, il montaggio parallelo si differenzia però dal primo per la diversità di relazioni spazio-temporali fra le diverse serie di immagini. Infatti, "ravvicina ed intreccia due o più motivi che alternativamente si ripetono, senza che questo ravvicinamento stabilisca alcun rapporto preciso (nè temporale, nè spaziale) tra i motivi in questione, almeno sul piano della denotazione" [Metz, *op. cit.*, p. 183].

3.2.3. Sintagma a graffe

Il sintagma a graffe è stato segnalato per primo da Metz,[167] che lo ha così chiamato "in quanto tra gli avvenimenti che raggruppa, suggerisce lo stesso tipo di rapporti che ci sono tra le parole riunite da una graffa" [1972, p. 184]. È costituito da una "serie di brevi scenette rappresentanti avvenimenti che il film dà come campioni di un medesimo ordine di realtà, astenendosi deliberatamente dal situarle le une in rapporto alle altre nel tempo, per insistere invece sulla loro presupposta parentela in seno ad una categoria di fatti che il cineasta ha per l'appunto lo scopo di definire e di rendere sensibile attraverso mezzi visivi. Nessuna di queste evocazioni viene trattata con tutta l'ampiezza sintagmatica cui avrebbe potuto pretendere (= sistema di allusioni); è il loro insieme, e non ognuna separatamente, ad essere commutabile con una sequenza ordinaria, e a costituire dunque un segmento autonomo" [*ibid.*, pp. 183-184].

Questo tipo di sintagma è abbastanza frequente nel documentario, ma molto meno nel cinema narrativo. Fra i pochi esempi rintracciabili Metz cita (fra gli altri) l'inizio di *Une femme mariée* (*Una donna sposata*, 1964) di Jean-Luc Godard, in cui il regista mostra vari momenti di una coppia ripresa nella propria intimità e che complessivamente diventano un "abbozzo per via di variazioni e ripetizioni parziali di un significato globale inteso come amore moderno" [*ibid.*, p. 184], e la sequenza iniziale di *Valahol Europaban* (*È accaduto in Europa*, 1947) di Géza Radványi – un'"illustrazione esemplare dell'idea e degli orrori della guerra" – che può essere così schematizzata:

Una strada di campagna/ un pastorello/ soldati che marciano con il passo dell'oca/ un ragazzo che balza da un treno merci/ soldati che marciano con il passo dell'oca/ una bambina che assiste alla fucilazione del padre/ soldati che marciano con il passo dell'oca/ un ragazzo che scappa durante un attacco aereo in città/ soldati che marciano con il passo dell'oca/ un giovane che scappa da un riformatorio bombardato ecc.

Un altro esempio molto espressivo di questo tipo di unità sintattica è riscontrabile in un'altra opera di Jean-Luc Godard: *Vivre sa vie*

---

167. Non che prima non venisse usato – come dimostrano gli esempi citati dallo stesso Metz – ma non era stato rilevato da alcun teorico come sintagma autonomo.

(*Questa è la mia vita*, 1962), un film-documento sulla prostituzione. La sequenza in questione mostra vari momenti della vita della neo-prostituta Nanà/Anna Karina, mentre, fuori campo, la voce del suo protettore "snocciola" le regole legali, sanitarie, comportamentali ecc. della perfetta "cocotte". L'organizzazione seriale delle immagini (fra le altre: lei che sale/scende dall'ascensore dell'albergo a ore insieme ad accompagnatori diversi, che si toglie il reggiseno, che si lava, prende i soldi da un uomo, si sfila una calza, fuma indolente e annoiata sotto il corpo di un altro uomo, ecc.) è simile a quella di una sequenza a episodi, ma dal contenuto delle immagini, che non seguono alcuna organizzazione crono-logica, e dal contrasto con il commento audio assolutamente asettico e non direttamente inerente alle immagini, risulta evidente che la consecuzione delle inquadrature è casuale (cioè senza connessioni temporali e/o spaziali), finalizzata solo alla costruzione isotopica del concetto "essere prostituta".

La capacità del sintagma a graffe di esprimere concetti astratti per mezzo di poche e "scollegate" inquadrature fa sì che esso sia sempre più spesso rintracciabile nella pubblicità, che ha appunto l'esigenza di evocare un concetto – spesso non direttamente relativo al contenuto denotato delle immagini – in un tempo molto breve.

3.2.4. Inserti

Un discorso per molti versi diverso va fatto per i cosiddetti inserti. Si tratta di singole inquadrature di breve durata che, pur rientrando in una serie lineare, assumono uno statuto autonomo del tutto particolare.

Il primo, e più frequente, caso è quello dell'*inserto esplicativo*, cioè di un "dettaglio ingrandito [...] esempio: biglietti da visita o lettere in primo piano" [Metz, *op. cit.*] che viene interpolato in una scena/sequenza per poter rendere edotto lo spettatore di particolari dati informativi non comprensibili in inquadrature di grandezza scalare ampia. Per certi aspetti si potrebbe dire che questi inserti – così come i successivi casi – stiano in un "non-tempo" in relazione alla storia, e quindi dovrebbero far parte del caso della "non-relazione temporale", ma, in questo particolare caso, se si considera che solitamente essi appaiono sullo schermo per la stessa durata che serve a uno dei personaggi (e a noi spettatori) per leggerli, si potrebbe anche dire che esso fa parte della diegesi e che tempo dell'enunciazione cinematografica e tempo diegetico coincidono in durata.

Lo stesso può dirsi per l'inserto soggettivo, cioè per "un'immagine che non viene vista-come-presente, ma vista-come-assente dal protagonista dell'azione; esempi: ricordi, fantasticherie, timori, premonizioni ecc." [Metz, *op. cit.*]. Anche in questo caso, è vero che l'inserto non fa parte della cronologia diegetica della scena/sequenza, ma, considerando che il tempo che l'ipotetico personaggio impiega a pensare/vedere l'immagine-inserto è un tempo che trascorre anche nella storia, si può considerarlo come parte integrante della temporalità dell'enunciazione filmica.

Diverso è invece il caso dell'*inserto diegetico-dislocato*. Si tratta di "un'immagine che, pur essendo pienamente reale – cioè appartenente alla diegesi – viene sottratta alla sua normale collocazione nel film per essere posta come interclusione in un sintagma che l'accoglie come estranea" [Metz, *op. cit.*, p. 182]. L'inserto diegetico dislocato è spesso utilizzato come brevissimo *flash-back* o *flash-forward.* Il più famoso esempio di quest'ultimo uso è indubbiamente quello dell'allucinazione nella sequenza di assunzione di L.S.D. in *Easy Rider* (*Easy Rider Libertà e paura*, 1969) che anticipa la scena finale dell'uccisione dei due motociclisti. Un simile utilizzo dell'inserto diegetico dislocato in funzione di piccolo *flash-forward* è stato fatto da Nicholas Roeg in *Bad Timing* (*Il lenzuolo viola*, 1980). Sovente, infatti, l'autore prima della fine di una scena/sequenza inserta la prima immagine della sequenza successiva al fine di colpire emotivamente lo spettatore, richiamare la sua attenzione e aumentare la tensione drammatica del film. L'effetto cui Roeg perviene con questo particolare accorgimento è simile a quello che si ottiene utilizzando scansioni molto forti sul piano cromatico e sonoro.

L'ultimo tipo di inserto da prendere in esame risulta invece estraneo, a tutti gli effetti, sia al sintagma in cui si trova inserito che alla storia stessa. Si tratta dell'*inserto non diegetico*, di cui si è già parlato in merito alla cosiddetta metafora visuale in cui il montaggio esplica la sola funzione metaforico-concettuale. Si tratta, infatti, di immagini che mostrano qualcosa che non ha alcuna relazione diegetica con quelle che precedono e/o seguono (né con tutto il racconto), e che si costituiscono quindi come commento a una di esse. Oltre ai citati esempi rilevabili in molti film di Ejzenstejn, si può ricordare una celebre sequenza di *Spellbound* ((*Io ti salverò*, 1945) di Alfred Hitchcock in cui Constance (Ingrid Bergman), non potendo dormire, incontra J.B. (Gregory Peck), che ella crede sia il dottor Edwardess di cui era appena andata a cercare un libro in biblioteca.

L'attrazione fra i due, che già si era annunciata durante una passeggiata campestre nel pomeriggio, si manifesta adesso in tutta la sua irrefrenabile forza, e i due finiscono per baciarsi. Durante il bacio Hitchcock inserta l'immagine di un lungo corridoio in cui si aprono, una dopo l'altra, sette porte che erano chiuse. L'inquadratura, ovviamente, non ha alcuna relazione diegetica con la storia, ma serve a Hitchcock per commentare la subitanea e inaspettata disponibilità di Constance verso un sentimento d'amore che era stata accusata di non riuscire a provare.

Uno statuto particolare assumono i casi di inserti non diegetici reiterati, cioè immagini commentative che l'autore interpola in ripetute occasioni all'interno del tessuto narrativo del film. Celebri esempi sono la madre che culla il suo bambino nel citato *Intolerance* e l'immagine surrealista di alcuni personaggi che avanzano, senza meta, in una strada di campagna, che Luis Buñuel inserta a varie riprese in *Le charme discret de la bourgeoisie* (*Il fascino discreto della borghesia*, 1972).

3.2.5. Discontinuità temporale a-sintattica

Gli altri casi di discontinuità temporale rilevabili nel linguaggio audiovisivo esulano da un discorso di tipo sintattico in quanto, come detto, possono occorrere anche all'interno di una o più inquadrature facenti parte di un qualunque tipo di sintagma. Si tratta di effetti visibili (cioè, che colpiscono e sorprendono l'occhio dello spettatore) usati con finalità espressive di vario genere.

I primi casi da prendere in considerazione sono l'accelerato[168], e la *pixelation*[169] due "trucchi" che comportano una compressione del tempo dell'enunciazione rispetto al tempo diegetico e che sono usati quasi sempre per ottenere effetti comici. Gli effetti di pixelation sono tipici dei cartoni animati ma alquanto rari nel cinema commerciale.

168. Nel cinema l'effetto di accelerazione si ottiene riprendendo la scena con una velocità inferiore ai 24 fotogrammi al secondo o per mezzo di una speciale attrezzatura chiamata "truka". In televisione il procedimento è molto più semplice perché i videoregistratori attuali possono variare la velocità di scorrimento a piacere e con relativa facilità.

169. Gli effetti di pixelation, cioè di persone/cose che si muovono a scatti, si possono ottenere sia riprendendo le persone/oggetti illuminati da una luce stroboscopica sia impressionando alcuni fotogrammi a intervalli di tempo regolari.

Un effetto simile (ottenuto però in sede di montaggio e non in ripresa) è ravvisabile in una sequenza di *She's Gotta Have It* (*Lola Darling*, 1986) di Spike Lee, in cui Lola e uno dei suoi amanti – inquadrati dall'alto – rotolano sul letto con istantanei movimenti a scatto.

Al contrario degli effetti di *pixelation*, quelli di accelerazione sono ben noti perché, resi famosi dalle slapstick-comedies americane degli anni '10. Anche grandi autori, però, non hanno disdegnato l'uso dell'accelerato con intenti comici. Si possono ricordare, per esempio, la famosa sequenza del funerale nel citato *Intermezzo* di René Clair, una ridicola scena di caccia nel *Tom Jones* (*id*, 1963) di Tony Richardson, alcune esilaranti sequenze di *Zazie dans le métro* (*Zazie nel metro*, 1960) di Louis Malle e di *A Hard Day's Night* (*Tutti per uno*, 1964) di Richard Lester, interpretato dai Beatles, nonché, una sequenza di *Le tentazioni del dottor Antonio* (episodio di *Boccaccio '70*, 1963) in cui Fellini, rifacendo il verso alle comiche, si prende gioco di un illuminato censore sessuofobico.

Inoltre, l'accelerato, in forme molto blande e quasi impercettibili, è spesso utilizzato in film d'avventura per rendere l'azione più veloce ed eccitante. Tipiche, da questo punto di vista, sono le frenetiche galoppate dei cow-boy alla caccia di banditi e/o pellirosse, le "scazzottate" in prossimità di profondi strapiombi, le fughe in auto di rapinatori che hanno appena assaltato una banca ecc.

Gli altri casi di discontinuità temporale a-sintattica hanno come effetto la dilatazione del tempo di enunciazione rispetto a quello diegetico. Il più importante e frequente è certamente il *ralenti*, il caso cioè in cui la velocità di movimento dei personaggi e/o cose risulta inferiore a quella naturale. All'opposto dell'accelerato, il *ralenti* è utilizzato, in genere, per sottolineare liricamente momenti drammatici o fantasie o, se in *flash-back*, per evocare la nostalgia del passato ecc. Mai comunque in funzione puramente narrativa, bensì per porre maggiore enfasi sulla funzione espressiva. Molto frequente in quasi tutti i generi, sin da *Olympia* (*Olimpia*, 1936) di Leni Riefensthal è diventato un codice tipico del cinema (e, oggi, della televisione) sullo sport.

Il *freeze-frame* (o *stop-motion*), cioè la negazione della specificità del cinema che è il movimento, ha un suo statuto temporale del tutto particolare. Come dimostra la citata sequenza di *Butch Cassidy*, esso rappresenta infatti il massimo della compressione possibile del tempo diegetico, ma per altri versi, considerandolo come la velocità minima cui il ralenti può arrivare, esso rappresenta al contempo la forma massima di dilatazione temporale. Constatando che il *freeze-frame* ricorre in genere a fine sequenza e sovente a fine film, sembra più opportuno considerarlo sotto quest'ultimo aspetto perché, allunga nell'enunciazione filmica una durata che nella diegesi è infinitesimale.

Un caso molto particolare di discontinuità temporale è il cosiddetto "piccolo ritorno indietro", segnalato da un piccolo "salto" indietro delle immagini, che ritornano a un momento diegetico già trascorso e già mostrato. Visto che nella realtà, è ovvio, il tempo non torna mai indietro, questo "salto" a ritroso delle immagini dà spesso la sensazione di un'imperfezione tecnica nello scorrimento della pellicola (o nastro) o, comunque, di una "innaturalità" dell'azione mostrata, ma ciò non è di alcun nocumento perché, l'effetto è voluto. Assimilabile, per gli effetti sull'attenzione dello spettatore, alle funzionali "trasgressioni" grammaticali di cui parla Noël Burch, il piccolo salto indietro non ha, ovviamente, finalità narrative, bensì espressive e serve in tutti quei casi in cui il regista intenda sottolineare ed enfatizzare non tanto il contenuto fisico di un'azione (la cui "naturalità" viene negata) ma il suo significato psicologico. Si tratta di un espediente cui sono ricorsi sovente i registi della "Nouvelle vague" francese e molti autori delle avanguardie in genere. Si può ricordare, per esempio *Cleo dalle cinque alle sette*, in cui l'autrice, Agnes Varda, mostra quattro volte il suo personaggio mentre discende una stessa scala, per segnalare la sua mancanza di partecipazione mentale all'azione fisica che sta compiendo.

Rimane infine da ricordare la massima forma di innaturalità temporale dell'enunciazione filmica, e cioè il caso del reverse motion. Troppo eccentrico e innaturale, è raramente usato nel cinema commerciale se non per effetti di magia o con finalità comiche. Per gli usi espressivi si possono invece ricordare la sequenza del citato *Ottobre* di Ejzenstejn, in cui la statua dello zar si ricostruisce per evocare simbolicamente il pericolo della restaurazione del vecchio regime; molte sequenze di *La Belle et la Bête* (*La bella e la bestia*, 1946) di Jean Cocteau e un rimarchevole cortometraggio di animazione di Valerian Borowczyk: *Renaissance* (*Rinascita*, 1963), in cui un ambiente distrutto dallo scoppio di una bomba si ricompone lentamente, pezzo dopo pezzo, al suono allegro di una tromba.[170]

170. La metafora dell'autore non è così ottimistica come può sembrare dalla nostra descrizione. Infatti, alla fine del processo di ricostruzione, un'altra bomba interviene a distruggere tutto una seconda volta.

Spesso il reverse motion è utilizzato anche come "trucco" per ottenere effetti scenici non realizzabili con una normale ripresa. Celebre, da questo punto di vista, è l'uso che ne fece Charlie Chaplin in *Pay Day* (*Giorno di paga*, 1922), nella sequenza in cui sembra che lui riesca ad afferrare dei mattoni provenienti da varie direzioni e stando sempre in posizioni impossibili. Sul set, in realtà, Chaplin non afferrava i mattoni al volo, ma li lanciava. L'effetto era stato ottenuto semplicemente capovolgendo la cinepresa in sede di ripresa o montando a rovescio la pellicola registrata.

4. ALTRI FATTORI ESPRESSIVI DEL MONTAGGIO

Per concludere il discorso sul montaggio come momento e strumento costitutivo del linguaggio cinematografico, occorre infine prendere in considerazione altri elementi che, come detto, non sono produttori di significato ma contribuiscono a enfatizzare l'emotività già insita nel contenuto narrativo dell'azione scenica.

4.1. Scansione

Il passaggio da un'inquadratura ad un'altra comporta non solo il cambiamento di contenuto dell'immagine, ma anche il variare dei parametri iconici e sonori che definiscono il quadro. Variano infatti sia le grandezze scalari del campo/piano, sia le determinazioni cromatiche e, in molti casi, i valori sonori. Questa variazione di parametri scalari, cromatici e sonori (che può riguardare le differenze che si creano sia tra due inquadrature dello stesso sintagma sia tra le inquadrature rispettivamente finale e iniziale di due diversi sintagmi) viene chiamata "scansione".

Esistono due tipi fondamentali di scansione: per analogia e continuità (dolce), quando le variazioni parametriche sono minime e quasi impercettibili all'occhio e all'orecchio, e per contrasto e discontinuità (violenta), quando i cambiamenti risultano decisamente avvertibili dai sensi dello spettatore. È intuitivo che tra questi due estremi si possono trovare una miriade di situazioni intermedie e di combinazioni miste. Si può avere cioè una scansione dolce per quanto concerne le variazioni scalari e cromatiche, ma violenta per quanto riguarda i valori sonori, oppure una scansione violenta per quanto attiene ai valori cromatici (per esempio a causa di un improvviso cambiamento di luci), ma dolce per quanto concerne i valori scalari e sonori, e così via. Il tipo di scansione utilizzato è diventato in molti casi una marca stilistica (cioè una caratteristica tipica di un autore e del suo modo di fare cinema) e talvolta un vero e proprio codice di genere o epocale. In linea generale, infatti, si può dire che la scansione violenta è tipica di molti *thriller* e *horror*; la scansione dolce, invece, è tipica della commedia, mentre un ben orchestrato dosaggio di scansioni dolci e violente può essere ritenuto tipico del film d'avventura e (melo) drammatico.

Allo stesso modo è possibile affermare, molto approssimativamente e schematicamente, che la scansione dolce all'interno del medesimo sintagma è tipica del cinema classico – la cui estetica, come diceva Pasolini, era "non far sentire la macchina" – mentre la scansione violenta è più tipica del cinema ejzenstejniano, del cinema d'avanguardia e – specialmente per quanto riguarda la scansione sonora – del cinema della "Nouvelle vague" e, più in generale, del cinema moderno a cavallo fra gli anni '60 e '70.

4.2. Ritmo (o scansione temporale)

Come si è visto, il movimento è l'essenza del cinema (e della televisione) in quanto è responsabile primo dell'effetto di realtà e risulta essenziale per attrarre e direzionare l'occhio dello spettatore e, quindi, per tenere desta la sua attenzione. Sarebbe però più opportuno usare il plurale, perché in effetti nel cinema occorre distinguere fra diversi tipi di movimento. Infatti, come si è già avuto modo di vedere, esiste innanzitutto un doppio movimento interno all'inquadratura: quello dovuto allo spostamento fisico delle persone e/o cose rappresentate e quello determinato dai movimenti di macchina nelle panoramiche, nei carrelli, dolly ecc. Esiste poi un cosiddetto movimento esterno creato dalle variazioni di grandezza scalare e/o angolazione al cambio dell'inquadratura e prodotto dal montaggio. Ovviamente, questi tre tipi di movimento non si escludono a vicenda, ma sono complementari; cioè si sommano e intrecciano di modo che il movimento globale cui l'occhio dello spettatore è sottoposto è la risultante dei loro effetti congiunti.

La sola nozione di movimento non è però sufficiente a spiegare l'emotività che il cinema riesce a creare nello spettatore. Le velocità relative (lento/veloce/ecc.) osservabili in ognuno dei tre tipi di *movi-*

mento, non sono infatti costanti ma variabili; più opportunamente occorre quindi introdurre un concetto che renda conto di queste variazioni del movimento, e cioè la nozione di "ritmo".[171]

4.2.1. *Un "ritmo puro"?*

Come accennato trattando del montaggio alternato, il primo regista ad avere una chiara intuizione dell'importanza del ritmo ai fini di un'organizzazione emotiva delle immagini è stato D.W. Griffith che, al fine di enfatizzare la situazione drammatica, ricorse all'accorciamento progressivo della durata delle varie serie di inquadrature nei montaggi alternati che spesso concludevano i suoi film.[172]

Anche in Europa però, contemporaneamente alle esperienze griffithiane, si sviluppa un ampio dibattito sulla funzione e sul valore del ritmo nel cinema. Negli anni '20 e all'inizio del terzo decennio, due scuole principalmente animarono il dibattito e si confrontarono sull'argomento: la scuola sovietica, che con Kulesov e Ejzenstejn era, come detto, alla ricerca di "immagini-idee" che potessero esprimere concetti astratti, e la scuola francese della cosiddetta *avant-garde*, che "s'impegnò nella ricerca d'un ritmo puro e d'una significazione relativa al valore durata delle immagini".[173]

Fra i primi a porre, anche se indirettamente, il problema c'è un pittore: Leopold Survage che, ispirato dalle potenzialità del nuovo mezzo espressivo, nel 1914 intuisce la possibilità di una nuova e

171. Poco o per nulla indagato dai semiologi, il ritmo è stato invece al centro dell'attenzione di quasi tutti i teorici e studiosi presemiotici. Tralasciando gli interventi parziali di Arnheim [1971, pp. 181-187]; Balázs, [*op. cit.*, pp. 146-156]; Ejzenstejn [1985, pp. 283-289] e quelli di tutti gli studiosi che hanno riferito sinteticamente sull'argomento, ad esempio, Harrington J. [*op. cit.*, pp. 132-134]; Reisz-Millar [*op. cit.*, pp. 239-245]; Martin M. [*op. cit.*, pp. 169-174], e, fra gli italiani: Chiarini L. [1965]; Verdone M. [1977, pp. 78-86], si riferirà solo delle trattazioni più specifiche e approfondite: quella, ormai antica, di R. Spottiswoode nel citato *Grammar of the Film: An Analysis of Film Technique* e quella di Jean Mitry. Mitry che aveva trattato estensivamente l'argomento nel citato *Esthétique et psychologie du cinéma* (pp. 287-354), vi è ritornato anche nel suo ultimo libro – *La sémiologie en question*, pp. 216-230 – ma sostanzialmente senza mutare le sue precedenti valutazioni.

172. Finali che vennero definiti "mozzafiato" o, appunto, "alla Griffith". Sull'argomento si veda più specificamente il prossimo capitolo.

173. Mitry J. [*op. cit.*, p. 216]. Trad. nostra di: "s'engagea dans la recherche d'un rythme pur et d'une signification relative a la valeur durée des images".

autonoma forma d'arte, diversa dalla pittura per intenti, tecnica ed espressione concreta, analoga, per ruolo, al suono della musica e in grado di sfruttare il movimento visivo reso possibile dal cinema. Survage chiama questa nuova arte *rythme coloré* e la immagina come risultato di tre fattori costituenti: la forma visiva astratta, il ritmo (cioè le trasformazioni della forma dovute al movimento), il colore.[174] Survage disegnò alcune tele intese a dar vita al suo progetto, che però non realizzò mai.

Altri artisti, come Eggeling, Ruttman, Richter, Duchamp e altri, concretizzarono (in parte) il suo sogno producendo alcuni film astratti[175] realizzati per mezzo delle tecniche d'animazione a "passo uno"[176] e montate su rapporti "metrici" (la durata di ogni singola inquadratura veniva infatti calcolata in cm di pellicola) che in qualche modo si riferivano al tempo musicale.

Tuttavia, il dibattito sul ritmo non riguardava soltanto il cinema astratto, ma ogni possibile tipo di testo filmico. Un notevole contributo venne dalle opere di sperimentalisti e/o dadaisti come Léger, Dulac, Ray, Clair, Chomette, L'Herbier e molti altri, ma il dibattito fu vivacizzato in particolare dal film di Abel Gance, *La Roue* (*La rosa sulle rotaie*, 1922), un melodramma a forti tinte in cui si narra di un

---

174. Cfr. Survage L., *Le rythme coloré,* "Les Soirées de Paris", n. 26-27, luglio-agosto 1914. Trad it. in Verdone M. [1977, in appendice], e in Provenzano R.C. (a cura di), *Dal ritmo colorato alla musica visuale. Continuità ed evoluzione nell'audiovisivo astratto*, Atti del convegno "Invideo" 1990, Ergonarte, Milano, 1990.

175. Fra gli altri: *Symphonie diagonale*, 1921, 7' circa di V. Eggeling; *Opus I*, 1919; *Opus II*, 1919; *Opus III,* 1924, *Opus IV*, 1925, *Opus V*, 1926, tutti di 7' circa di W. Ruttman; *Prélude*, 1919, *Rhytmus 21*, 1919-1920 di 3' circa e *Rhytmus 23*, 1923 di 5' circa di H. Richter; *Anemic cinéma*, 1926, 7' circa di M. Duchamp; *Ballet mécanique*, 1924, 15' circa di Fernand Léger; *La fête espagnole* (*Festa spagnola*,1919), *La coquille et le clergyman* (*La conchiglia e il clergyman*, 1927), *Etude cinematographique sur un arabesque* (*Studio cinematografico su un arabesco*, 1928) di Germain Dulac; *Le retour à la raison* (*Il ritorno alla ragione*, 1923), *Emak-bakia* (1927), *Etoile de mer* (*Stella marina*, 1929) di Man Ray; *Entr'acte* (*Intermezzo*, 1924), *Un chapeau de paille d'Italie* (*Un cappello di paglia di Firenze*, 1927) di René Clair; *Jeux et reflets de la lumière et de la vitesse* (*Giochi e riflessi della luce e della velocità*, 1921) realizzato da Henri Chomette, fratello di Clair, utilizzando riprese "accelerate" fatte nel metrò parigino; *Phantasmes* (*Fantasmi*, 1918), *L'homme du large* (*La giustizia del mare*, 1920), *El Dorado* (*id.*, 1922), *L'inhumaine* (*Futurismo*, 1924) di Marcel L'Herbier.

176. Cioè realizzando un fotogramma per ogni minima variazione delle loro composizioni e poi proiettando le immagni nella successione normale del cinema a 24 fotogrammi al secondo. È la tecnica usata ancora oggi per il cinema d'animazione.

ferroviere (Elie) da sempre molto geloso di una donna (Norma) che crede sua sorella, ma che in effetti è una trovatella raccolta in tenera età dal padre (Sisifo), anch'egli ferroviere, dopo il deragliamento di un treno.

Basandosi sulle scoperte di Griffith (che Gance aveva conosciuto personalmente nel 1919) e su quelle del "montaggio metrico" degli sperimentalisti russi e francesi, egli diede ad alcune sequenze del film (in particolare a quella di una locomotiva lanciata a folle velocità) una forma ritmica accelerata montando inquadrature progressivamente più corte. L'incalzare frenetico del ritmo, dovuto a una progressiva diminuzione della "frequenza di taglio" (cioè alla diminuzione della durata di ogni inquadratura), divenne l'aspetto fondamentale e più rilevante del film, che riscattava così la sua struttura narrativa eccessivamente melodrammatica, e fece parlare i critici dell'epoca di "sinfonia visiva su temi ferroviari".

I risultati ottenuti da Gance in *La Roue* portarono critici e filmmakers a pensare che il ritmo potesse essere portatore di "significazione autonoma" e a intensificare gli studi alla ricerca di un "ritmo puro che fosse per gli occhi ciò che la musica è per le orecchie".[177] Una ricerca che si rivelò, in ultima analisi, assolutamente improduttiva.

Pur non disconoscendo né volendo sminuire l'importanza di queste ricerche e sperimentazioni cui ha dedicato uno degli studi più approfonditi che si possano tuttora leggere sull'argomento, [Mitry, 1971 e 1977] e pur concordando sul fatto che possano esistere evidenti rapporti fra il ritmo del film e quello musicale, nelle sue estensive trattazioni dell'argomento nei testi citati, Jean Mitry si diffonde in dotte argomentazioni per dimostrare che un ritmo puro simile a quello musicale e portatore di significazione autonoma, al cinema non può esistere.[178]

---

177. Cfr. Canudo R., *L'usine aux images*, 1927. Trad. it. in Verdone M. [1966].
178. Cfr. Mitry J., *La sémiologie en question*, cit., p. 225. "Qu'il y ait des rapports étroits entre le rythme filmique et le rythme musical, que l'on puisse retrouver dans la composition d'un film les lois qui président à celle d'une symphonie, voilà qui ne laisse pas d'être évident. Mais il ne s'agit jamais que de structures rythmiques, c'est-à-dire de relations mesurées au moyen du chronomètre ou du "mètre unitaire" filmique (une seconde, ou 24 images, ou 0,45 m) et nullement de relations ressenties et persues comme un rythme. Vuillermoz dit: "Le nerf optique et le nerf auditif ont, malgré tout, les mêmes facultés de vibration." Cette erreur, commune à bien des cinéastes, est à la base de l'énorme confusion sur les capacités rythmiques du film d'où sont sorties les théories de *l'avant-garde*.

Dopo aver osservato che "il divenire al cinema non nasce come nella musica dalla forma ritmica ma dagli avvenimenti di cui la sequenza si compone"[179] e che "il ritmo filmico non è libero come quello musicale, fatto di materia sonora senza concretezza"[180] ma, al contrario, "sottoposto ai pesi costrittivi della spazialità", Mitry rileva che il ritmo visivo non è però "soggetto ad alcuna legge formale, ad alcun principio imposto dall'esterno",[181] che "nel cinema non esiste un ritmo giusto o sbagliato, se con ciò si intende un ritmo che sia o meno conforme a determinate regole o a certe forme prefissate" e che, quindi, "le condizioni del ritmo visuale non sono trascendenti a tutte le opere possibili, ma immanenti a ciascuna di esse". In conclusione, afferma Mitry, nel cinema "Il ritmo è in funzione di ciò che deve essere ritmato".[182] Conclusione che ancora oggi non viene messa in discussione e che si rivela essenziale perché chiarisce che il ritmo al cinema costituisce un'ulteriore qualificazione emotiva (aggiuntiva rispetto a quanto già insito nella diegesi e nell'organizzazione sintattico-discorsiva del racconto cinematografico), che serve ad organizzare ed enfatizzare emotivamente significati preesistenti, ma non è mai, in sé, in funzione semantica, cioé portatore di significato.[183]

Implicito nell'affermazione di Mitry è che ogni sequenza di un film può e deve essere ritmata in relazione al suo significato autono-

---

179. *Ibid.*, p. 228. Trad. nostra di: "Le devenir au cinéma ne nàit pas comme en musique de la forme rythmique mais des événements dont la suite se compose."
180. *Ibid.* Trad. nostra di: "Le rythme filmique n'est donc pas, apparemment, un rythme libre alors que le rythme musical qui est d'une matière sonore sans réalité concrète".
181. *Ibid.* Trad. nostra di: "soumis au poids contraignant de la spatialité (...) n'est (...) sujet d'aucune loi formelle, d'aucun principe impos, de l'extérieur".
182. *Ibid.* Trad. nostra di: "il n'y a donc pas, à l'écran, de rythme juste ou de rythme faux, si l'on entend par là d'un rythme qui serait ou non conforme à certaines règles ou à certaines formes fixes" e di: "les conditions du rythme visuel ne sont pas transcendantes... toute oeuvre possible mais immanentes... chacune d'elles. (...) Le rythme est en fonction de ce qui doit être rythmé".
183. Un'obiezione a questa affermazione potrebbe venire dall'osservazione che la visione di una sequenza o di un film con un effetto di "accelerazione da moviola" (oggi ottenibile con qualsiasi videoregistratore) la trasforma in una sorta di "comica" e ci spinge al riso. Si potrebbe quindi pensare che il significato comico scaturisca da questo ritmo accelerato e che quindi esso porti "significato". Si tratta però di una falsa impressione. La comicità non è nel ritmo in sé, bensì nella "deformazione" che esso introduce rispetto al "naturale". Noi ridiamo per questa deformazione, non per il ritmo accelerato.

mo, ma anche in relazione al significato globale del film. Infatti, essendo il ritmo complessivo di un film la risultante dei suoi ritmi parziali, il ritmo di ogni singola sequenza deve essere in qualche modo in relazione e complementare a quello delle altre, perché "è fin troppo ovvio che non si può ritmare un film psicologico allo stesso modo di un'epopea".[184]

4.2.2. *Montaggio ritmico*

Con un approccio meno storico-culturale e un procedimento retorico-discorsivo più pragmatico e operativo, Roger Spottiswoode, documentarista canadese e teorico del cinema, era arrivato pressoché alle stesse conclusioni di Mitry, proponendo in più un originale metodo grafico d'analisi del ritmo e precisi suggerimenti operativi per il montaggio ritmico.

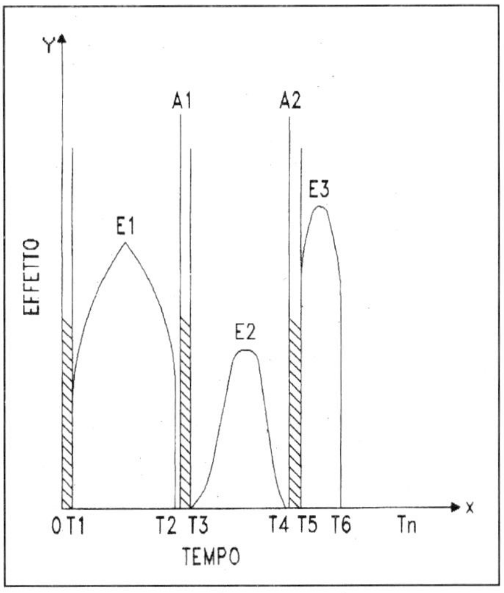

Secondo Spottiswoode, il valore emotivo (*affective tone*) di un film è il risultato di due fattori: il contenuto (emotivo) dell'inquadratura e la frequenza di taglio (rate of cutting) del montaggio, che sono *indipendenti* l'uno dall'altro.[185] Egli rappresenta l'interesse e l'emotività che ogni inquadratura suscita nello spettatore con una curva d'attenzione (vedi grafico 1) che, partendo da

184. Mitry J. [1987, p. 229]: Trad. nostra di: "On ne rythme pas un film psychologique comme on rythme une épopée, cela tombe sous le sens".
185. Spottiswoode dimostra il suo assunto con un ragionamento molto semplice: se i due fattori fossero "interdipendenti", qualora il valore emotivo di uno dei due fosse ridotto a zero (assenza di contenuto o assenza di taglio), il valore emotivo della sequenza dovrebbe essere zero, mentre, com'è facile constatare, questo non succede. Infatti, ogni piano fisso, seppur breve o lungo, ha un suo innegabile valore emotivo legato al suo contenuto, d'altronde le esperienze degli astrattisti precedentemente ricordate hanno dimostrato che il ritmo crea emotività anche in assenza di contenuto "reale" dell'immagine. [Cfr. Spottiswoode R., *op. cit.* pp. 208-209 ediz. inglese e p. 106 ediz. italiana (nell'edizione italiana il discorso è in forma riassuntiva e non in traduzione fedele].

zero al suo apparire, raggiunge rapidamente un picco di massimo interesse e poi decresce gradatamente per ritornare lentamente a zero. Ovviamente, non è possibile stabilire a priori con esattezza quale debba essere la durata di un'inquadratura in base al valore emotivo che il suo contenuto può suscitare, ma è intuitivo che un campo ristretto (P.P.P. o P.P. o M.F.) raggiungerà il suo picco d'interesse e decrescerà fino a zero prima di un campo largo (F.I. o C.L o C.L.L.) e durerà quindi di meno perché dal punto di vista della pura denotazione narrativa, contiene meno informazioni. È evidente altresì che la durata d'ogni inquadratura dipenderà anche dalla bellezza dei dati scenografici e compositivi del quadro, dall'eventuale movimento interno, nonché dall'eventuale sonoro. Elementi che, è ovvio, fanno aumentare il tempo di lettura del quadro perché ne modificano o aumentano i dati informativi.

Anche ponendo la questione in questi termini, non si è però in grado di indicare parametri e regole oggettive e/o scientifiche. Valutazioni empiriche inducono a considerare che la durata ideale di un'inquadratura corrisponda al suo "tempo di lettura" (così come avviene, in analogia, per la durata delle didascalie) e cioè al tempo che intercorre fra il suo apparire e il momento in cui si raggiunge il picco di massimo interesse della curva d'attenzione che, in linea generale, è il momento in cui lo spettatore ha recepito una quantità di informazioni minima, ma sufficiente per trarre tutto il significato narrativo-descrittivo dell'inquadratura.

Spottiswoode nota, infatti, che se il "taglio" di un'inquadratura interviene prima che sia raggiunto il picco di massimo interesse, lo spettatore si sentirà insoddisfatto per non aver potuto apprezzarne appieno il contenuto. Se, al contrario, lo stacco interviene dopo il picco, egli sarà impaziente che l'inquadratura scompaia per averne già assimilato l'intero contenuto.[186]

Per questo, secondo Spottiswoode, il taglio dovrebbe avvenire nel punto di massimo interesse,[187] Spottiswoode osserva inoltre che se si

186. Cfr. Spottiswoode R., *op. cit.*, p. 219. "If the cut takes place before (this) maximum value is attained, the audience will feel dissatisfied that the shot has been removed before they have fully appreciated it; if after this maximum, that they have already assimilated the whole meaning of the shot and are impatient for its disappearance."
187. Cfr. Spottiswoode R., *op. cit.*, p. 219. "Thus the cut must be made at the peak of the content of the curve".

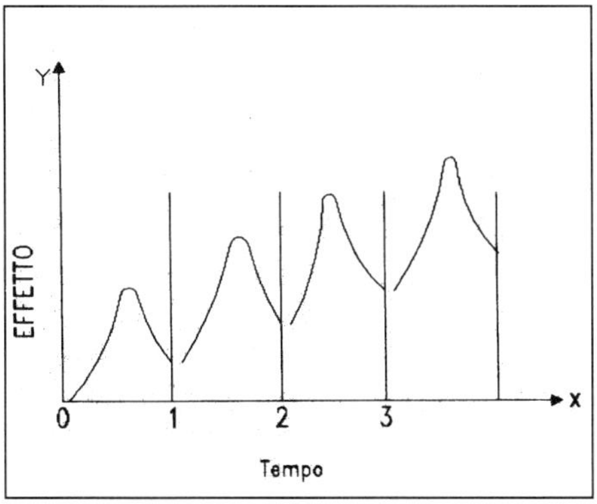

Grafico 2

"taglia" prima che il valore emotivo dell'inquadratura torni a zero rimane un residuo di emotività che si somma a quello della successiva inquadratura (vedi grafico 2). Ovviamente, più anticipato è il "taglio" maggiore è il residuo e, di conseguenza, maggiore l'effetto di accumulazione (vedi grafico 3) che si ottiene tramite il montaggio.[188] Occorre però considerare – avverte Spottiswoode – che mantenendo costante la frequenza di taglio (es.: 15' per ogni inquadratura), dopo i primi tagli, gli effettivi aumenti di valore emotivo diventerebbero minimi. Volendo mantenere un buon coefficiente di aumento occorre aumentare progressivamente la frequenza di taglio (cioè ridurre la durata di ogni singola inquadratura.[189] In altri termini, quindi, ipotizzando di riuscire ad avere una serie di inquadrature che abbiano tutte lo stesso valore emotivo per quanto concerne il contenuto (es.: P.P.P. di personaggi inespressivi) si potrebbe osservare che il valore emotivo della sequenza aumenta tanto più rapidamente quanto più breve è l'intervallo di tempo che intercorre fra un cambio d'inquadratura e l'altro. Un buon esempio di questo assunto potrebbe

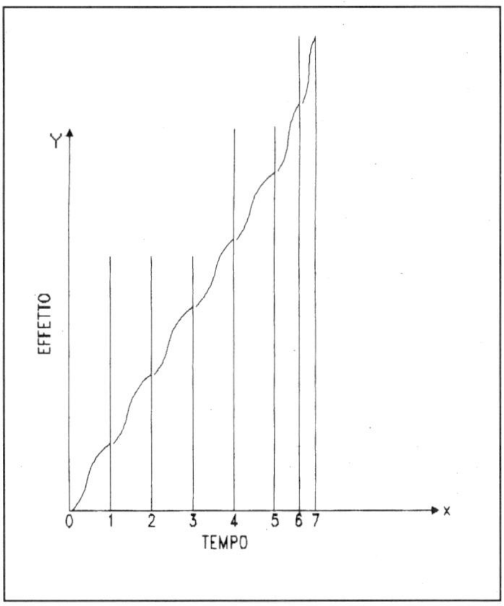

Grafico 3

188. Spottiswoode R., *op. cit.*, p. 214 "There will remain a small residuum of affective tone at the cutting-point, which will be added to the amount produced by the next cut" [...] "the shorter the shot the larger this residuum will be and the larger also the cumulative effect of cutting" [...] "cutting-tone increases with cutting-rate"..

189. CFr. Spottiswoode R., *op. cit.*, pp. 211-214 ediz. inglese e p. 107-109 ediz. italiana.

essere costituito dalla sequenza della scrematrice in *Staroe i novoe* (*La linea generale*, 1929) in cui Ejzenstejn, al fine di creare *suspense*, fa precedere il momento in cui la scrematrice comincia a funzionare da una serie di P.P.P. degli astanti montati secondo rapporti temporali vicini alle ipotesi di Spottiswoode. Effetti simili sono altresì osservabili nei finali dei duelli dei western di Sergio Leone, nei quali una serie di brevissimi P.P.P. e di dettagli precede immediatamente il momento degli spari.

Ovviamente questo procedimento è comunque possibile solo per brevi sequenze. Non fosse altro perché nell'ipotesi teorica di inquadrature che abbiano tutte lo stesso livello di valore emotivo di contenuto, continuando a diminuire il tempo della frequenza di taglio si raggiungerebbe molto presto un tempo inferiore a 1/5 di secondo, che è il livello di "non lettura cosciente" delle immagini o "livello subliminale".

Potrebbe sembrare che, in questo modo, Spottiswoode non faccia altro che ripercorrere la strada del "montaggio accelerato" di Abel Gance, per fornire una più sistematica elaborazione teorica delle sue ipotesi, ma non è così. In effetti, Spottiswoode considera il montaggio ritmico come la più primitiva e semplice forma di montaggio perché fa appello unicamente ai sensi, mentre le forme di montaggio più evoluto (come quello ideologico) stimolano più la mente e le emozioni superiori[190] e, saggiamente, nota che la sua analisi non avrebbe alcun valore se non si prendesse anche in considerazione il valore emotivo intrinseco al contenuto dell'inquadratura.[191]

A questo punto, le due curve (quella del contenuto e quella della frequenza di taglio) possono essere combinate per costruire le scene/sequenze del film, ma tenendo presente – dice sempre Spottiswoode – che alcune situazioni narrative richiedono un certo tipo di emotività che è meglio espressa da un montaggio veloce e serrato (es.: sequenze d'azione), mentre altre richiedono un montaggio più ampio e disteso che conferisca un adeguato rilievo alle singole inquadrature (es.: momenti drammatici, lirici, sequenze sentimentali ecc.). Quindi, nessun tipo di montaggio deve essere predominante. Al contrario, occorre alternare ritmi serrati a ritmi più distesi, anche perché la vicinanza di ritmi diversi serve a enfatizzare l'effetto di ognuno di essi.[192]

---

190. Cfr. Spottiswoode, *op. cit.*, p. 207 ediz. inglese (p. 106 ediz. italiana)
191. Cfr. "Before this analysis can be of any service to the director, a study of content must follow that of cutting and afterwards be combined with it".
192. Cfr. *Ibid* p. 220. "Length and content of shot are closely interrelated. Some

Come Mitry quindi (ma prima di lui perché il suo saggio è del 1950), anche Spottiswoode giunge alla conclusione che il ritmo è in funzione di ciò che deve essere ritmato e che deve essere inteso non tanto come accelerazione costante all'interno di una sequenza, bensì come *variazione*. Infatti, lo spettatore ha bisogno di momenti di accelerazione del ritmo che lo coinvolgano emotivamente fino a fargli trattenere il respiro, ma anche di fasi di decelerazione che gli permettano di distendersi, di recuperare uno stato emotivo meno teso, e quindi di riassumere le informazioni incamerate (magari per rifletter-vi sopra). Così, alternando momenti tesi a momenti piani e distensivi, mediante il susseguirsi di attese, soddisfazione e insoddisfazione, lo spettatore acquista la coscienza di un gran numero di ritmi.[193]

4.2.3. Il ritmo nel cinema contemporaneo

Il cinema contemporaneo sembra essersi orientato a questo concetto di ritmo come variazione non solo per quanto concerne la consecuzione di sequenze con ritmo diverso,[194] ma anche per quanto attiene alla struttura interna della singola sequenza. E ciò anche nei film d'azione. Se, per esempio, si esaminano la citata sequenza del bombardamento al napalm in *Apocalypse Now* di Francis Ford Coppola e quella dell'inseguimento al camion dell'esercito tedesco che trasporta l'arca nel prefinale di *Raiders of the Lost Ark* (*I predatori dell'arca perduta*, 1981) di Steven Spielberg, si potrà riscontrare che ambedue le sequenze contengono inquadrature anche relativamente lunghe, fra le quali però vengono interpolate altre immagini

---

moods are best expressed and excited by quick cutting[...] Other moods demand slower cutting and allow a greater importance to be attached to individual shots." (...) "No one type of cutting must predominate." [...] "Cuts divide sequences as well as shots, and fast and slow cutting are each emphasized by the near presence of the other".

193. Cfr. *Ibid.*, p. 221. "So, by a series of expectations, satisfactions and dissatisfactions, the spectator can be made aware of a large number of rhythms."

194. Si veda, come esempio, la costruzione ritmico-emotiva delle prime sequenze di *Raiders of the lost Ark* (*I predatori dell'arca perduta* , 1981) di Steven Spielberg. Il ritmo molto serrato della prima sequenza (che è infatti una sorta di prologo esterno alla vera diegesi del film), è immediatamente seguito da quello molto più blando di due scene ambientate in una università, che hanno la funzione di presentazione/spiegazione del personaggio di Indiana Jones e di vera introduzione all'argomento avventuroso del film.

estremamente brevi e al limite della leggibilità (es.: il bosco colpito dal napalm con le fiamme che si alzano in *Apocalypse Now* e il momento in cui Indiana Jones riesce ad agganciarsi al fondo del camion con la sua frusta in *I predatori dell'arca perduta*). Variazione, quindi, e non pura accelerazione, perché ciò che conta, in definitiva, è solo il tempo psicologico dello spettatore. Infatti, come scrive ancora Mitry nel suo ultimo intervento sull'argomento, non è importante la durata in sé di un'inquadratura, bensì la sua relazione d'intensità all'interno della durata, e cioè l'impressione di durata che essa suscita.[195]

Da questo punto di vista, occorre quindi osservare che, contrariamente a quanto affermato da Spottiswoode, il "taglio" della curva del contenuto di un'inquadratura, in linea generale, non avviene (quasi) mai al picco di massimo interesse. Nei film di largo respiro narrativo e/o di interesse psicologico il "taglio" viene spesso posticipato rispetto al picco di interesse massimo perché ciò risulta più funzionale all'espressività del discorso filmico. Se è vero, infatti, che "tagliando" dopo il punto di massimo interesse (montaggio ampio e disteso), si rischia spesso di creare un qualche senso di noia nello spettatore "medio" in quanto si determina una ridondanza di informazioni, è altrettanto vero che questa durata "eccessiva", questi cosiddetti "tempi morti" assumono una funzione essenziale per dare allo spettatore il tempo per intuire e fare proprio il particolare stato psicologico di un personaggio e per godere appieno dell'atmosfera emotiva insita in situazioni drammatiche e/o liriche. Infatti, come si è visto nel paragrafo sul significato espressivo di campi e piani, se lo spettatore è coinvolto nello stato d'animo di un personaggio, non si accorge della durata eccessiva di un suo P.P.P. sullo schermo. Al contrario, nelle sequenze d'azione esso viene leggermente anticipato rispetto al momento in cui lo spettatore può cogliere tutte le informazioni narrativo-descrittive di cui necessita. Ciò al fine di procurargli delle pic-

195. Cfr. Mitry J., *La sémiologie en question*, cit., p. 229. "Le rythme n'est pas de simple rapport de durée [...] Le rythme est bien davantage de *relations d'intensité*, mais de relations d'intensité *dans des relations de durée*. L'intensité d'un plan dépend de la quantité de mouvement (physique, dramatique ou psychologique) qu'il contient et de la durée dans laquelle il se produit." [...] "par la quantité des mouvements variés qu'il contient il requiert une attention plus grande, donc un temp de perception plus long, c'est lui qui paraîtra plus court [...] ce qui compte, dans le rythme, ce n'est pas la durée réelle mais l'impression de durée".

cole frustrazioni, sottili insoddisfazioni di carattere narrativo che, suscitando una richiesta di completamento e accumulandosi progressivamente, stimolano in lui l'insorgere di uno stato d'ansia che tiene desta la sua attenzione e che lo coinvolge empaticamente nell'azione con una partecipazione sempre crescente.[196]

Quanto qui asserito trova una verifica analitica nel successivo capitolo in cui, analizzando vari modi in cui il linguaggio può essere utilizzato ai fini della creazione di *thrilling e suspense*, si è cercato appunto di dimostrare che non esistono formule sintattiche e/o durate filmiche che possano essere stabilite a priori e che siano valide in ogni occasione, ma che al contrario l'estrema flessibilità e le numerose possibilità fornite dal linguaggio cinematografico permettono soluzioni linguistico-narrative ogni volta nuove e assolutamente originali.

196. Anche Spottiswoode aveva sottolineato questa essenziale funzione del ritmo: "Had rhythmical montage no other function it would serve in this way to awake and maintain the spectator's attention [...] variation of tempo is essential, if demands are not to be made upon an audience". Cfr. Spottiswoode R., *op. cit.*, p. 221.

THRILLING, SUSPENSE E LINGUAGGIO CINEMATOGRAFICO (da Griffith a Hitchcock)

L'orologio di un campanile segna le sei e dieci, un urlo, rumori di passi concitati, uccelli che volano, un gatto che scappa dalla parte in ombra di una strada, si sente bussare a una porta, una donna si affaccia a una finestra protestando per il rumore, una lenta panoramica ci svela che altre finestre si stanno illuminando, continua insistente il bussare alla porta, una donna si sporge dalla finestra e chiede all'uomo di fianco a lei: "Che succede, che sarà?"

Vorremmo saperlo anche noi. *Murder* (*Omicidio*, 1930), di Alfred Hitchcock, è appena iniziato e già ci sentiamo coinvolti in uno stato di curiosità misto ad apprensione crescente, che viene poi espresso dalle domande della donna alla finestra. Ma cos'è questo stato di ansia che spesso ci attanaglia in determinati generi di film e che in molti casi, più o meno correttamente, viene definito talvolta thrilling e tal altra suspense? È una tecnica cui ricorre la narrativa per mantenere viva l'attenzione dello spettatore e piacevole la sua fruizione, che consiste nel mettere lo spettatore in condizione di presumere e/o sapere con certezza che un determinato evento accadrà in un breve volgere di tempo e nel differire poi il più a lungo possibile il soddisfacimento delle sue richieste di scioglimento della situazione, suscitando quindi in lui uno stato di eccitazione emotiva.

La suspense non va confusa con la sorpresa, che consiste nel far accadere all'improvviso eventi assolutamente inaspettati ed imperscrutabili. Proprio in quanto coglie lo spettatore impreparato, la sorpresa esercita su di lui un'impressione molto intensa, ma di brevissima durata. Al contrario, la suspense non sorprende lo spettatore e non lo coglie impreparato, ma esercita su di lui un'azione di lunga durata e di intensità progressivamente crescente. Questa differenza, sempre richiamata da tutti i teorici, era naturalmente ben chiara nella mente del grande maestro del thriller Alfred Hitchcock, il quale, nella sua lunga intervista concessa a Truffaut, definisce la suspense "il mezzo più potente per tenere viva l'attenzione dello spettatore" [1985, p. 58].

Come spiegare la differenza fra sorpresa e suspense? Hitchcock afferma che la prima ricorre quando improvvisamente e inaspettatamente scoppia una bomba sotto un tavolo intorno al quale sono riunite alcune persone, la seconda invece quando, nella stessa situazione, il pubblico viene avvertito che una bomba sotto un tavolo – di cui i commensali sono ignari – può esplodere da un momento all'altro o esploderà a una determinata ora [Cfr. *ibid.* p. 60].

Hitchcock sottolinea quindi come la suspense non sia affatto collegata alla "paura" (si può cioè creare suspense senza infondere paura nello spettatore), ma nasca quasi esclusivamente dalla necessità che lo spettatore sente di correre in soccorso dei personaggi in pericolo. Molto opportunamente Hitchcock specifica inoltre che l'apprensione dello spettatore per i personaggi, pur essendo di intensità variabile a seconda del modo in cui egli si identifica con la/le persona/e in pericolo, in definitiva "è più forte della simpatia o dell'antipatia nei confronti dei personaggi" [*ibid.*]. Gli esempi che possono esemplificare questa affermazione di Hitchcock sono innumerevoli nella sua filmografia. Basterebbe pensare alla nostra solidarietà verso le sue donne "colpevoli" – le "ladre" Marion di *Psycho* e Marnie del film omonimo, o le "assassine" per necessità Alice White di *Blackmail* (t.l. Ricatto, 1929) e Sylvia Verloc di *Sabotage* (*Sabotaggio*, 1936) – o alla nostra delusione per il fatto che Scottie in *La donna che visse due volte* non perdoni la "colpevole" Judy/Madeleine e ne causi (anche se involontariamente) la morte. Ma, forse, l'esempio più bello, perché più paradossale, è riscontrabile in *Strangers on a Train* (*Delitto per delitto* o *L'altro uomo*, 1951) nella sequenza in cui Bruno cerca affannosamente e ansiosamente di recuperare l'accendino di Guy che gli era caduto dentro un tombino. Il gioco del montaggio alternato, abilmente orchestrato da Hitchcock, fra la partita di tennis in cui è impegnato Guy e la mano di Bruno che lentamente ma progressivamente si protende verso l'accendino, ci fa dimenticare che Bruno è un assassino e che sarebbe meglio se non riuscisse nel suo intento perché non potrebbe più ricattare Guy e, inspiegabilmente e con meraviglia, ci troviamo, in qualche modo, a parteggiare un po' per lui e a desiderare quasi che la sua mano riesca ad agguantare l'importantissima prova.

Come accennato, la suspense pur essendo tipica del film giallo non è comunque esclusiva di questo genere. È possibile infatti che una forte tensione emotiva, dovuta all'attesa di ciò che deve o può accadere, giochi un ruolo fondamentale anche in molti altri generi. Non solo nel genere avventura, in cui si esprime praticamente nelle stesse forme che nel thriller, ma anche, per esempio, nella commedia e nel comico. Tutti i comici (e anche coloro che raccontano semplici barzellette) sanno bene quanto sia importante, ai fini di un buon effetto, una "adeguata" pausa di sospensione prima di pronunciare la battuta finale. Per la comicità visiva è lo stesso. Infatti: "Quello che è stato chiamato, specificatamente, gag consiste nel creare una sorpresa negando improvvisamente un'attesa sapientemente costruita".[197]

Come detto, la suspense struttura molti tipi di narrativa e lo fa indipendentemente dal medium. La suspense è cioè un ingrediente essenziale di qualsiasi narrazione, sia essa in forma letteraria, teatrale, cinematografica, fumettistica, o altro. Lo stato d'animo di incertezza di chi attende la soluzione di un avvenimento drammatico, o anche solo di conoscere le forme e i modi in cui si verificherà un esito di cui si è certi e che si dà per scontato è vecchio quanto la letteratura e lo spettacolo stessi.

Come dimostra, per esempio, l'Edipo Re di Sofocle – in cui, appunto, lo spettatore è a conoscenza dell'avverarsi della profezia molto tempo prima che il personaggio interessato ne divenga cosciente – la suspense è infatti riscontrabile già nell'"ironia tragica" del teatro greco classico. Se questo è indubbiamente vero, ci sembra però che si possa affermare che è nel cinema che la suspense trova la sua più alta espressione, e ciò è dovuto al fatto che il linguaggio cinematografico, con la sua ineguagliabile possibilità/capacità di passare istantaneamente da un luogo e un tempo a un altro e di far "percepire" allo spettatore il trascorrere del tempo, è estremamente più funzionale alla suspense del linguaggio letterario. Ciò perché "la lettura del testo verbale, e soprattutto di quello letterario, avviene nel tempo, ma in modo indipendente dai tempi rappresentativi che vi sono in gioco. La lettura del film avviene (invece) solo nel-luogo-dentro il tempo che lo instaura e lo ha costruito come oggetto significante dinamicamente espresso" [Bettettini, 1979, p. 12].

197. Bendazzi G. [1976, p. 54]. È bene però puntualizzare che l'effetto comico può nascere anche dalla "conferma" di ciò che lo spettatore si aspetta. Come accade, infatti, nell'esempio di *L'arroseur arrosé*, (*L'innaffiatore annaffiato*, 1895), riportato più avanti nel testo, il dato importante per lo sviluppo della suspense non è l'accadere o meno dell'evento prefigurato, quanto il fatto che lo spettatore non possa in alcun modo determinare il "momento" del verificarsi dello scioglimento, positivo o negativo, della situazione.

Il linguaggio cinematografico è perciò caratterizzato da una "dureté"[198] (durata/durezza) che il linguaggio letterario non ha. Esso cioè, in quanto si sviluppa linearmente nel tempo, possiede – come si è visto – una sua "durata" che si manifesta come "durezza" nei confronti dello spettatore perché gli si impone come tempo di lettura. Quindi, mentre il lettore di un romanzo può scegliere il suo ritmo di lettura e, di conseguenza, può vagliare e regolare l'intensità della sua risposta emotiva in rapporto alla situazione narrativa proposta, lo spettatore è invece costretto a subire la durata/durezza del linguaggio cinematografico, e non è perciò in grado di controllare liberamente la propria emotività. C'è quindi una differenza emotiva fondamentale fra il leggere che un personaggio ha trenta secondi di tempo per mettersi in salvo e "vivere" interiormente il trascorrere di quei trenta secondi.

Una prova indiretta di questa fondamentale differenza fra i due tipi di linguaggio può venire da una semplice considerazione di carattere storico-statistico. Se si prende in considerazione la tripartizione tipologica in romanzo-enigma (o detective story o anche *Who-dun-it?*),[199] *hard-boiled.* (o *noir*)[200] e *suspense*[201] proposta da Todorov, si

198. Termine francese la cui radice etimologica rinvia alla doppia accezione di *durata* e *durezza*. *Ibid.*, p. 13.

199. In questo primo tipo, Todorov rileva l'esistenza di due storie distinte e separate: quella del delitto e quella dell'inchiesta sul delitto (che non è una storia di azione, bensì di speculazione intellettuale da parte del detective). Il detective, che può non essere un "professionista", ma è comunque uno "specialista" (Holmes, Miss Marple, Poirot ecc.), non corre mai alcun pericolo (c'è pero l'eccezione di Poirot in *Death on the Nilet* (*Assassinio sul Nilo,* 1978) e, al limite, non ha nemmeno bisogno di spostarsi da casa (vedi Nero Wolfe). Cfr. Todorov T., "Tipologia del romanzo poliziesco", in Cremante R.-Rambelli L., *op. cit.*, pp. 153-163.

200. Si tratta dei romanzi alla Chandler e Hammett. Le due storie sono fuse insieme e il delitto può non essere avvenuto prima dell'inizio dell'inchiesta (vedi per esempio *The Maltese Falcon* (*Il mistero del falco*, 1941) di J. Huston, con H. Bogart, tratto dall'omonimo romanzo di Hammett). Il detective è sempre un "professionista" (spesso privato) che usa anche "maniere dure" e rischia la propria pelle. Fatti, questi, molto importanti perché, da un lato, comportano l'avvento della "violenza" nel poliziesco e, dall'altro, la nascita della suspense: vogliamo sapere cosa e quando accadrà; inoltre, identificandoci con il detective, partecipiamo all'azione e temiamo per lui. Cfr. *Ibid.*

201. Del primo tipo conserva il mistero e le due storie separate, ma il passato (il delitto) non è concluso, qualcosa può ancora accadere. Il mistero è qui solo un punto di partenza, l'interesse principale è per la storia presente, che però lascia convivere due diversi tipi d'emozione: curiosità (come si spiegano i fatti avvenuti?), ma anche suspense (cosa accadrà in seguito ai protagonisti?). Esistono due sottoti-

può facilmente constatare come al cinema i thriller che si basano su effetti di suspense, cioè il secondo e il terzo tipo, abbiano avuto, in generale, molta più fortuna (non solo commerciale, ma anche critica) di quella ottenuta dal primo tipo.[202]

Il romanzo-enigma confezionato secondo le regole di S.S. Van Dine (il creatore di Philo Vance),[203] si trasforma infatti in una vera e propria partita a scacchi fra l'autore e il lettore. La possibilità che ha il lettore di interrompere la lettura per riflettere sugli elementi in suo possesso e tentare di risolvere il rebus, si dimostra estremamente funzionale al tipo di godimento estetico che questo genere di narrativa può offrire.[204] Al cinema invece, dove, come detto, lo spettatore non può interrompere il flusso degli avvenimenti quando meglio gli aggrada, la soluzione finale dell'enigma arriva sempre, o quasi, in modo inaspettato e/o sorprendente.

Una seconda conferma del "destino" cinematografico della suspense è costituita dal fatto che è riscontrabile già in quello che

---

pi: il primo con detective "professionista", il secondo con un "non professionista", e cioè con un "sospettato costretto a farsi detective", che è quello che più frequentemente usa Hitchcock, o un semplice "ficcanaso", come Jeffries/James Stewart in *Rear Window* (*La finestra sul cortile*, 1951). Spesso in questi casi il protagonista è allo stesso tempo detective, colpevole presunto (agli occhi della polizia) e vittima potenziale (dei veri assassini). Cfr. *Ibid.*

202. Naturalmente non si intende dire che fra i film strutturati sulla ricerca della soluzione di un enigma non vi siano stati film di grande successo. Come ricorda William K. Everson nel suo *The Detective in Film* (The Citadel Press Secasus, New Jersey, 1980, pp. 4-5), il primo film basato sul personaggio di Sherlock Holmes è, probabilmente, *Sherlock Holmes Baffled* (t.l. Sherlock Holmes perplesso; produzione American Biograph Company) che è del 1903. Inoltre, come testimonia il buon successo di (quasi) tutti i film basati sul citato Holmes o sui detective di Agatha Christie, dopo l'avvento del sonoro, il genere ha avuto una grande fioritura, ma nessuno di questi film è mai diventato un cult movie come gli hardboiled o come i migliori film-suspense di Hitchcock.

203. Le "regole" di Van Dine (20 in tutto) sono citate in molti testi e sono riassunte anche da Todorov nel già citato saggio, cui rinviamo. Todorov T., *op. cit.*, p.p. 159-160

204. Proprio per questo, lo "Who-dun-it?" ha avuto una grande fortuna in televisione dove, spesso inserito in programmi tipo "quiz" che prevedevano una competizione fra un certo numero di concorrenti, il filmato veniva interrotto poco prima dello scioglimento finale per permettere ai concorrenti e, di riflesso, agli spettatori di misurarsi con il detective per risolvere l'enigma (si pensi al vecchio programma della RAI "Giallo club", con le famose inchieste del tenente Sheridan/Ubaldo Lay).

viene comunemente considerato il primo film di finzione della storia del cinema che, guarda caso, non è un thriller, ma un film comico. Ci si riferisce, ovviamente, al citato *L'innaffiatore annaffiato*, in cui i fratelli Lumière, consapevolmente o meno, sfruttavano appunto la prima regola della suspense: dire tutto al pubblico, fare in modo che gli spettatori sappiano qualcosa in più rispetto al/ai personaggio/i della storia.

Il film, composto da una sola inquadratura, mostra un giardiniere che scuote il bocchettone di un idrante mentre si domanda perché non funziona. Il pubblico conosce la ragione perché, può vedere un ragazzo che, schiacciando il tubo dell'idrante con i piedi, impedisce il flusso dell'acqua. Suspense immediata: si toglierà, non si toglierà... quando si toglierà? Finché, il ragazzo si muove e l'acqua sgorga con violenza dal bocchettone dell'idrante e colpisce il giardiniere in pieno volto. Se non vedessimo il ragazzo schiacciare il tubo dell'idrante, potrebbe esserci sorpresa quando il giardiniere viene colpito in faccia dall'acqua; c'è invece suspense perché, essendo noi a conoscenza di quanto il giardiniere ignora, ci chiediamo se, quando e come succederà che sarà colpito dall'acqua.

Quindi, anche se non la teorizzavano e non la spiegavano con esempi chiari come quelli di Hitchcock, i pionieri che tentarono di utilizzare il cinema in funzione narrativa conoscevano già, magari istintivamente, la funzione della suspense quale tecnica narrativa atta a obbligare lo spettatore a chiedersi che cosa stia per accadere e a costringerlo a trattenere il respiro e ad aspettare con ansia progressivamente crescente l'evolversi della situazione; il problema consisteva unicamente nel trovare le forme linguistiche più adeguate per ottenere anche nel cinema il massimo possibile da quella tecnica narrativa. Ma, probabilmente, la suspense cinematografica sarebbe rimasta affidata per lungo tempo a gag comiche o a particolari situazioni di pericolo se, proveniente dal teatro e dalla recitazione, non fosse approdato alla regia cinematografica David Wark Griffith.

Infatti: "Fu lui che diede al medium ciò di cui aveva bisogno per svilupparsi ed espandersi".[205] Griffith girò più di quattrocento film di una o due bobine in cinque anni, dando così forma, fin dall'inizio, a quel modello di storie semplici, dirette e piene di suspense che hanno fatto la fortuna del cinema.

205. O' Dell P. [1979, p. 128]. Trad. nostra di: "It was he who gave the medium what it required to develop and expand".

Il primo film che Griffith diresse fu *The Adventures of Dollie* (*Le avventure di Dollie*, luglio 1908). "Il film racconta di una bimba, Dollie, che gioca insieme alla mamma e al babbo sul prato della loro casa di campagna. Nei pressi scorre un torrentello nel quale alcuni ragazzi, osservati dalla mamma e da Dollie, stanno pescando. Uno zingaro si avvicina fingendo di voler vendere qualcosa alla mamma. Questa rifiuta l'acquisto, destando in tal modo l'ira dello zingaro, il quale tenta di rubarle la borsa. Il babbo è richiamato dalle grida della moglie e interviene, armato di un nerbo, batte senza pietà lo zingaro, scacciandolo e destando in lui un acre sentimento di vendetta. Più tardi lo zingaro coglie l'occasione favorevole e rapisce Dollie. Nascostala dentro una botte, la carica su un carro e si allontana rapidamente. Nell'attraversare un torrente la botte cade dal carro e precipita in acqua; la corrente la trascina verso una cascata, la sospinge attraverso le rapide, riconducendola infine nella quieta ansa della prima scena. I ragazzi intenti alla pesca, udendo strani rumori provenire dalla botte, la sfondano e vi trovano Dollie. I genitori, esultanti, la stringono fra le braccia" [Jacobs, 1966, pp. 157-158]. In effetti non si tratta di un intreccio molto complicato (fondamentalmente, l'emozione che il film suscita sta tutta in quel continuo affondare e riapparire del barile), ma non ha molta importanza perché, "non è soltanto la struttura narrativa della storia ma la modalità con cui questa è portata a conoscenza del suo pubblico che conta" [Fabbri, 1981, p.106].

Griffith, del resto, non si guadagnò certo il titolo di "padre del cinema" per l'importanza e/o l'eccezionalità delle storie dei suoi primi film (la letteratura a lui contemporanea sapeva fare molto meglio da questo punto di vista), bensì per il modo in cui sapeva narrare con il cinema. Infatti, "quando egli iniziò i film venivano girati interamente in campo medio, da un'unica cinepresa fissa predisposta a riprendere gli attori in F.I. Fu Griffith che capì che la suspense, e quindi il racconto in sé, richiedevano di trasportare il pubblico dentro l'azione; obbligandolo a sentirsi coinvolto e a identificarsi con i personaggi del racconto. Griffith reinventò il P.P. per il cinema commerciale".[206] Come accadde a tutti i pionieri e innovatori, e come egli

206. Hammond L. [1974, pp. 24-25]. Trad. nostra di: "When he began, a film was entirely made in medium shot from a single immobile camera set up to photograph the actors in full-lenght view. It was Griffith who realized that suspense (and therefore storytelling) demanded drawing the audience into the action, com-

stesso ebbe a dichiarare,[207] Griffith fu inizialmente deriso, ma è proprio alle sue intuizioni che "si deve la scoperta della macchina da presa come strumento drammatico e lo sfruttamento delle sue possibilità ai fini del linguaggio cinematografico; di qui la precisa funzione espressiva assunta, in Griffith, da Campo Totale, Campo Medio, Campo Lungo, Primo Piano, Panoramica, Carrello (...)" [Jacobs, *op. cit.* p. 155].

La frammentazione della scena in più inquadrature, non inventata da Griffith, ma da lui perfezionata e portata alla piena maturità espressiva, è di fondamentale importanza per creare suspense, perché permette al regista di "orchestrare" l'emotività dello spettatore a suo piacimento. Infatti, moltiplicando il punto di vista e le grandezze scalari, il regista ha la possibilità di controllare in ogni istante ciò che egli vuole che lo spettatore veda e di escludere al suo sguardo quanto potrebbe limitare la sua eccitazione. Il regista può cioè "drammatizzare" al massimo il più piccolo e insignificante particolare (es.: la "fatidica" mano che abbassa la maniglia di una porta), o enfatizzare lo stato psicologico di un personaggio (es.: il tradizionale volto impaurito di donna, incorniciato dalle mani). Con lo sguardo escluso dalla totalità della scena, lo spettatore non può fare a meno di chiedersi cosa ci sia oltre i confini del quadro, nel "fuori campo" (di chi è quella mano? Perché la donna si stringe il volto fra le mani? ecc.) e un'ansia crescente nell'attesa di sapere. Ma la frammentazione della scena in varie inquadrature non è il solo contributo di Griffith al linguaggio cinematografico e alla suspense. Infatti, "prima di Griffith tutti i racconti cinematografici si snodavano secondo l'alfabeto: parti-

---

pelling the public on the hard seats to feel involved and identified with the actors. He reinvented the close-up for the commercial cinema". Hammond usa il termine "reinvented" per significare che già altri prima di Griffith avevano utilizzato il P.P., ma non lo avevano inserito, come invece fa Griffith, all'interno di una sequenza di varie inquadrature, conferendogli così una funzione narrativa e di drammatizzazione.

207. *Ibid.*, p. 25. "When I first photographed players at close range he said later my management and patrons decried a method that showed only the face of the story characters... Today (he was speaking in 1921) the close-up is employed by nearly all directors to bring a picture audience to an intimate acquaintance with an actor's emotions." Trad. nostra: "Quando ripresi gli attori a distanza ravvicinata per la prima volta i miei produttori deprecarono un metodo che mostrava solo le facce dei personaggi della storia [...] Oggi (parlava nel 1921) il P.P. è usato quasi da tutti i registi per portare il pubblico a un più intimo rapporto con le emozioni dell'attore".

vano dall'A e (una volta che il pubblico si era abituato alla novità del mezzo) sbadigliavano fino alla Z, secondo una sequenza temporale lineare. Griffith inventò il *flash-back*. Nella già citata intervista del 1921 disse: "Adottai il *flash*-back per creare suspense, una qualità che fino ad allora era mancata ai racconti cinematografici. Invece di mostrare una visione continua e lineare di una ragazza che galleggia dentro un barile trascinato dalla corrente di un fiume, feci uno stacco inserendo in *flash-back* immagini di incidenti che contribuivano alla scena e la spiegavano".[208]

Oltre all'uso del *flash-back,* "di straordinaria importanza fu [...] l'introduzione dell'azione parallela e alternata cui si accompagnò, a rafforzare la struttura interna del film, il mirabile dosaggio dei valori ritmici" [Jacobs, *op. cit.* p. 155]. Come abbiamo già avuto modo di notare, i benefici del montaggio alternato per accrescere la tensione emotiva dello spettatore sono incommensurabili. In ogni momento in cui l'immagine cambia, il passaggio crea una frustrazione, un desiderio di completamento d'informazione nello spettatore e, mentre egli è impegnato a seguire le azioni dei nuovi personaggi che vede, rimane in ansia per quelli che, passando nel "fuori campo", sono stati esclusi al suo sguardo. Al successivo stacco la situazione si ripete, con la sola inversione dei ruoli dei personaggi per i quali egli è in ansia. E così di seguito, in un continuo crescendo.

Griffith adottò il montaggio alternato già nei suoi primissimi film *The Black Viper* (t.l. La vipera nera) e *The Red Man and the Child* (t.l. Il pellerossa e il bambino) del giugno 1908. "In entrambi i film, c'è un rapimento con relativo inseguimento [...] In *The Red Man and the Child* (suo secondo film in assoluto) le inquadrature si susseguono con uno sviluppo parallelo delle azioni: (inquadrature n. 4 e 5) il ragazzo viene rapito e portato in un posto (già visto nell'inquadratura n. 3) dove viene picchiato; (inquadratura n. 6) il nonno lo cerca; il pellerossa (inquadratura n. 7), dopo aver seguito un uomo che trasporta uno strumento ottico per misurazioni topografiche, osserva

208. Hammond L. [*op. cit.*, p. 25]. Trad. nostra di: "Before Griffith, film stories were told by the alphabet technique they started at A and (once the novelty of the medium had worn off) yawned through to Z in a straightforward time sequence. He devised flashback. In the same interview in 1921 he said "I adopted the flashback to build suspense, which until then had been a missing quality in picture dramas. Instead of showing a continuous view of a girl floating downstream in a barrel, I cut into the film by flashing back to incidents that contributed to the scene and explained it".

incuriosito l'aggeggio e infine guarda attraverso di esso. Nell'inquadratura n. 8, condividiamo lo stesso punto di vista dell'indiano che, attraverso l'obiettivo dello strumento, scopre l'accaduto: il ragazzino e il nonno nelle mani dei rapitori. Nell'inquadratura n. 9, vediamo la reazione del pellerossa a quanto ha appena visto. Corre nel posto dove si trova, solo e ferito, il nonno (inquadratura n. 12). Il pellerossa arriva al fiume, lascia a terra il corpo del nonno e sale su un'altra canoa per inseguire gli assassini (inquadratura n. 13)".[209]

In questi primissimi film il linguaggio di Griffith è però ancora a un primo stadio evolutivo, tant'è vero che nel secondo film citato non v'è traccia di montaggio alternato nella scena dell'inseguimento. Griffith comunque perfezionò il suo linguaggio in breve tempo, e già l'anno successivo il montaggio alternato si presentava nei suoi film con ben maggiore incisività emotiva. In *The Lonely Villa* (t.l. La villa solitaria, 1909) egli alternò immagini di una madre che protegge il suo bambino da alcuni furfanti con inquadrature del padre che corre in soccorso dei due. "La situazione era già di per se stessa drammatica, ma Griffith ne accentuò straordinariamente i fattori emotivi prolungando la durata e passando, a intervalli sempre più brevi, dalla rappresentazione della famiglia inerme di fronte ai banditi a quella dell'uomo tutto proteso nella corsa. Ottenne in tal modo un'atmosfera di tensione efficacissima, e tale da provocare negli spettatori uno stato d'animo d'intensa partecipazione alla vicenda narrata" [Jacobs, *op. cit.* p. 164].

Come si evince dalle parole di Jacobs, Griffith non si limitava più ad alternare semplicemente le azioni, ma, accorciando progressivamente la durata delle singole inquadrature, riusciva a ottenere nello spettatore un quid d'eccitazione in più che lo ghermiva e lo metteva in un eccezionale stato di tensione e di ansia. È per questo che in seguito questa tecnica, come detto, fu denominata finale mozzafiato o alla Griffith. Anche per quest'innovazione Griffith trovò, naturalmente, degli oppositori. Siccome "creava" tensione invece di mostrarla soltanto, il montaggio alternato era considerato (a) disonesto e (b) si pensava che confondesse [Fenin-Everson, 1978, p. 62]. Ma Griffith non si curò delle critiche. Continuando a sperimentare e perfezionare ulteriormente la tecnica del montaggio alternato, egli lo impose sia come propria marca stilistica che come codice linguistico.

---

209. Xavier Ismail N., *Match-cut e montaggio parallelo nei film di Griffith*, in Griffithiana, n. 5-6, marzo-luglio 1980, p. 41.

Per la complessità e l'efficacia del montaggio alternato, "un esempio difficile da imitare nel 1911, fu un thriller intitolato *The Lonedale Operator* (t.l. L'operatrice solitaria). Era la storia di una bella telegrafista delle ferrovie salvata, all'ultimo momento, dalle grinfie d'alcuni vagabondi inclini al furto. Per creare suspense, Griffith alternò inquadrature della ragazza, Blanche Sweet, che chiamava aiuto con inquadrature dei vagabondi che tentavano di penetrare dentro l'ufficio e con altre dell'equipaggio di un treno che correva in suo soccorso. Ogni scena veniva tagliata progressivamente più corta, accelerando il ritmo cinematografico, finché, nel momento cruciale, quando la ragazza stava per capitolare, Griffith improvvisamente estese la sequenza del treno, trattenendo così la suspense in modo molto efficace, prima di concludere con la scena del salvataggio. Nemmeno un secondo era stato perso in dettagli superflui [...] il che dimostra che Griffith fu un vero precursore del pensiero di Hitchcock, secondo cui "la narrativa è la vita ripulita e accorciata delle parti noiose".[210]

Entro il 1912, Griffith aveva sviluppato praticamente tutte le principali tecniche linguistiche atte a creare suspense. Non solo otteneva una maggiore vitalità della situazione narrativa frammentando la scena in più inquadrature e mischiando campi lunghi, campi medi, campi ravvicinati e primi piani e sfruttando quel quid di emotività in più introdotto dal montaggio alternato e/o parallelo, ma per primo cominciò ad usare più cineprese per riprendere la stessa scena e sempre più spesso utilizzava una cinepresa montata su un mezzo mobile. "Quando rifece *The Lonedale Operator* con il titolo *The Girl and her Trust* (t.l. La ragazza e la sua fede), il lavoro della sua cinepresa era diventato infinitamente più sofisticato e, come risultato, la suspense esercitava una presa più forte. Montò una cinepresa su un vagoncino ferroviario azionato a mano (come quelli che si vedono nei film western) e alternò inquadrature da questo punto di vista con inqua-

210. Hammond L. [*op. cit.*, p. 25]. Trad. nostra di: "An example that's hard to beat was in 1911 The Lonedale Operator. It was the story of a beautiful railway telegrapher saved, at the last minute, from some tramps bent on theft. To build up this suspense, Griffith intercuts shots of the girl, Blanche Sweet, trying to call help with shots of a train crew speeding to the rescue. Each scene was cut shorter and shorter, speeding the tempo, until, at the crucial moments when the girl was really at bay, Griffith suddenly extended the train sequence, holding the suspense to breaking-point before quickly ending with the rescue. Not a second was wasted on unnecessary detail [...] another precursor of the Hitchcock's belief that drama is life with the dull bits cut out".

drature della locomotiva in corsa riprese da una postazione fissa. Quindi alternò inquadrature da un'auto che viaggiava parallela sia al vagoncino che alla locomotiva (camera-car). C'era sempre il montaggio mozzafiato con inquadrature sempre più brevi, che facevano intuire che la locomotiva si avvicinava sempre più al vagoncino, senza però mai mostrarli nella stessa inquadratura [...] finché l'ultima inquadratura mostrava il treno che raggiungeva il vagoncino da dietro".[211]

Tutte le tecniche sperimentate da Griffith trovarono la massima espressione artistica in quelli che sono considerati i suoi più grandi capolavori: *The Birth of a Nation* (*Nascita di una nazione*, 1915) e *Intolerance*. In particolare, nel secondo, come già detto, Griffith, affiancò sapientemente al montaggio "alternato" quello "parallelo" (o montaggio di "azioni parallele") che, basandosi anch'esso sull'alternanza/esclusione reciproca di due azioni, è funzionale quanto il primo per suscitare ansia nello spettatore. Come scrive Lewis Jacobs, in *Intolerance* "ogni risorsa tecnica è sfruttata per creare un film denso e vario che scorre fino all'ultimo con ritmo deciso, in un clima di tensione sempre crescente". Specialmente nel finale "le azioni si susseguono senza posa, assorbite dal ritmo prima ancora che giungano al termine. Cristo sale al Calvario; la ragazza babilonese corre dal re per metterlo in guardia contro i nemici; l'Ugonotto combatte strenuamente per salvare la fidanzata dai mercenari; la Piccolina vola in automobile verso le carceri dove suo marito sta per essere impiccato. Le immagini turbinano sullo schermo a velocità impressionante; è una sinfonia visiva i cui movimenti confluiscono poi nella grande scena del finale" [Jacobs, *op. cit.*, p. 264]. Grande scena finale in cui vengono alternate le immagini della "Piccolina" che corre alle carceri per portare la grazia a quelle del marito che sale sul patibolo. Le immagini scorrono veloci sullo schermo, ma forse lo spettatore non avverte più il trascorrere del tempo. Questo, come il suo fiato, sem-

211. *Ibid.* Trad. nostra di: "When he remade *The Lonedale Operator* as *The Girl and her Trust*, with Dorothy Bernard, his camerawork was infinitely more sophisticated and, as a result, the suspense exerted a stronger grip. This time he mounted a camera on a railway handcar and intercut shots from that with shots of the pursuing taken from a car travelling parallel to both handcar and locomotive ("tracking shots"). There was the same breathless editing of shorter and shorter shots, bringing the handcar and the locomotive closer and closer without showing them in the same shot [...] until the last shot showed the train catching up from the rear".

bra essersi arrestato in un'indefinibile a-temporalità, fino a quando la "Piccolina" non raggiunge il patibolo, proprio nel momento in cui il cappio si sta stringendo intorno al collo del marito. Solo allora il tempo ricomincia a fluire (e lo spettatore a respirare).

Quindi, anche se molti critici datano la nascita del thriller moderno a partire da *The Lodger* (*Il pensionante*, 1926) di Hitchcock, considerando la maturità linguistico-narrativa che Griffith aveva raggiunto, non deve meravigliare che egli sia anche considerato "forse il primo regista a "creare" vera suspense nei film di atmosfera dei primi anni '20 come *Way Down East* (*Agonia sui ghiacci*, 1920), *Orphans of the Storm* (*Le due orfanelle*, 1921), e in particolare *One Exciting Night* (t.l. Una notte eccitante, 1921) che il critico inglese David Robinson ha considerato un film "pioniere del dramma di assassinio e mistero".[212]

Griffith, comunque, non fu il solo innovatone e sperimentatore che il cinema americano ebbe in quegli anni. Occorre quantomeno ricordare anche Edwin S. Porter che, in molte cose, anticipò lo stesso Griffith.[213] La sua casa di produzione – la Rex – realizzò nel 1913 un film (di cui lo stesso Porter curò probabilmente la regia) intitolato proprio *Suspense* [Slide, 1970, p. 14]. In effetti, la suspense è più nel titolo che non nell'azione del film, ma in esso c'è almeno una sequenza degna di particolare interesse, se non altro per lo sforzo di invenzione/sperimentazione linguistica che testimonia. La sequenza in questione mostra un ladro che sta cercando di penetrare in un appartamento mentre la signora che vi abita, impaurita, telefona al marito per chiedere aiuto. Per rendere conto della contemporaneità delle azioni, Porter (o chi per lui), invece di ricorrere al montaggio alternato, divise lo schermo in tre parti. Nel margine in alto a sinistra del quadro (vedi foto 33) si vede il ladro che cerca di penetrare nell'appartamento; in quello in alto a destra, la donna che telefona concita-

---

212. Pirie D. [1981, p. 220]. Trad. nostra di: "Perhaps the first director to generate true suspense, in the climaxes of early 1920s movies like Way Down East, Orphans of the Storm and particularly One Exciting Night, which English critic David Robinson has cited as a pioneer murder-mystery drama".

213. Edwin S. Porter (1869-1941) è considerato dagli storici il "primo padre" del cinema americano. Con *The Life of an American Fireman* (1903), egli cominciò a sperimentare una costruzione drammatico-narrativa, montando insieme scene documentaristiche e altre di fiction appositamente realizzate. Con *The Great Train Robbery* (1903) "inventò" invece il film western e utilizzò il P.P.; infine, con il citato *La cleptomane*, sperimentò il "montaggio parallelo" addirittura nel 1905.

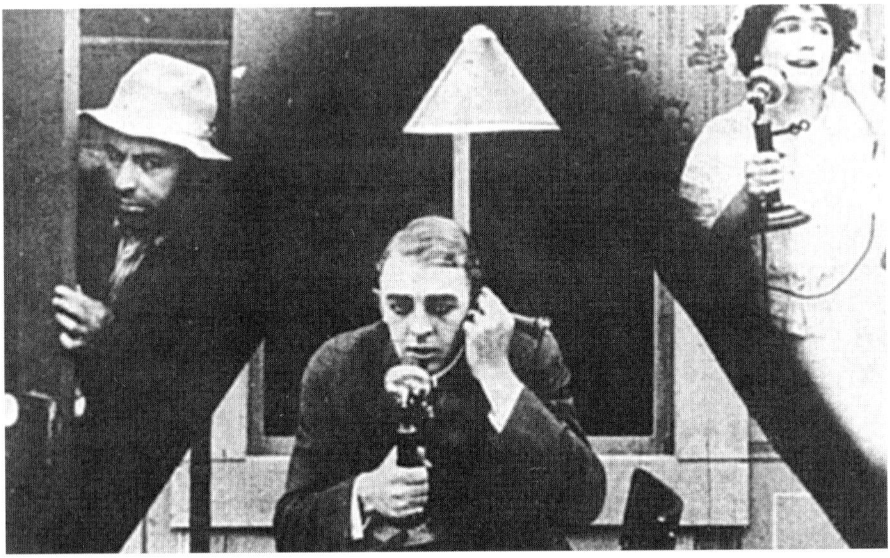

Foto 33

tamente al marito, e nella parte centrale del quadro, iscritto in un triangolo equilatero, il marito di questa all'altro capo del filo.

La sperimentazione linguistica di Porter è d'indubbio interesse, ma lo *split screen* non sembra altrettanto efficace del montaggio alternato di Griffith per quanto concerne la creazione di *suspense*. Infatti, lo spettatore, non più costretto nell'alternanza "visione/esclusione della visione" (cioè l'alternanza "sguardo/non sguardo"), non è più sollecitato a integrare con la propria immaginazione quanto non può vedere e, quindi, è meno stimolato a partecipare emotivamente (o, se si vuole, può controllare meglio la sua risposta emotiva, il che è lo stesso).

Con questo non si intende però affermare che non può esservi suspense cinematografica senza l'intervento del montaggio. Come dimostra il già citato esempio di *L'innaffiatore annaffiato*, la suspense può esistere anche all'interno di una sola inquadratura, ma, in questi casi, essa è tutta nei dati cognitivi della situazione, il linguaggio cinematografico non interviene in alcun modo per sottolinearne ed enfatizzarne gli effetti. In questi casi la suspense cinematografica non si differenzia in nulla da quella che si può mettere in scena a teatro o, al limite, da quella riscontrabile nella realtà in una situazione analoga. Ma, come scrive Paolo Fabbri [*op. cit.*, p. 10], "le attese non sono solo cognitive, ma [...] passionali" e il linguaggio cinematografico può (anche se non è detto che debba) intervenire efficacemente per stimolare gli stati emozionali oltre a quanto già fa la sollecitazione cognitiva.

In effetti, però, come conferma il cinema di Griffith, la suspense cinematografica vive, nella maggior parte dei casi, dell'estrema mobilità del punto di vista cinematografico che, variando costantemente e istantaneamente da un punto all'altro dello stesso luogo (e, quindi, escludendo alcune parti della totalità della scena a favore di altre) o da un luogo all'altro (e cioè, interrompendo ora l'una ora l'altra azione con il montaggio alternato) o da un tempo all'altro (con salto ellittico o con l'introduzione di un flash-back) o, infine, nel tempo e nel luogo (come accade con il montaggio parallelo), crea nello spettatore continue "frustrazioni" e crescente ansia di completamento dei dati cognitivi.

Hitchcock, il grande maestro, imparò presto, e bene, questa lezione, ma, naturalmente, come sempre fanno i veri artisti, vi aggiunse molto del suo, sia per quanto concerne le tecniche linguistiche che per quanto attiene all'invenzione e organizzazione di situazioni narrativo-drammaturgiche originali e molto più raffinate ed efficaci di quelle alquanto ingenue (ai nostri occhi) di Griffith. Per molti versi si può anzi affermare che le novità della drammatizzazione sono nel suo cinema molto più facilmente riscontrabili di quelle propriamente linguistiche perché, come giustamente scrive Pascal Bonitzer, "il cinema di Hitchcock obbedisce a questa legge: più una situazione è qualsiasi, naturale, familiare, più è suscettibile di diventare inquietante".[214]

Tutto ciò è evidente sin dal già citato *Il pensionante*, che lo stesso autore definisce "il primo vero film di Hitchcock" [Truffaut, *op. cit.* p. 38]. La prima novità drammaturgica apportata da Hitchcock in questo film è indubbiamente "l'uomo innocente accusato di delitti che non ha commesso",[215] una situazione diventata poi celebre perché molto ricorrente nell'opera del maestro inglese.[216] L'altra grande

214. Bonitzer P., "It's only a film o la facciata di nulla", in: Bruno E. [*op. cit.*, p. 44].

215. Il film narra di Jonathan Drew (Ivor Novello), un giovane che viene scambiato per il "Vendicatore", una specie di Barbablù con borsa e mantello neri che, sempre nello stesso giorno, il martedì, uccide giovani donne bionde.

216. Ma che, secondo quanto confida lo stesso autore a Truffaut, nasce più come dettato dello star-system, che proibiva di far risultare colpevoli i personaggi interpretati da "divi" come Ivor Novello, che come deliberata e cosciente scelta. Cfr. Truffaut F. [*op. cit.*, p. 38].

invenzione drammaturgica, in qualche modo conseguente alla prima, è nel finale del film quando Jonathan Drew/Ivor Novello è inseguito da una folla inferocita che vorrebbe linciarlo. Qui Hitchcock, per la prima volta, gioca magistralmente con una situazione che potrebbe essere comica se, appunto, non fosse tragica: Jonathan riesce a fuggire dopo un arresto, ma è ammanettato. Tentando di scavalcare una ringhiera, vi rimane appeso per le manette e resta lì come un "Cristo in croce",[217] impossibilitato a muoversi, mentre la folla minacciosa si avvicina sempre più e poi raggiunge la ringhiera. La situazione è senza via di scampo. Come potrà lo spettatore, inchiodato alla sua poltrona, aiutare il povero Jonathan?[218] L'elemento drammatico e quello comico sono fusi in modo magistrale, tanto che si potrebbe parlare di "ironia tragica", ma la sequenza, forse, non avrebbe una carica emotiva tanto dirompente se Hitchcock non avesse utilizzato, con raffinata sapienza, il montaggio alternato che, mostrandoci ora Jonathan che scappa, ora la folla che lo insegue, ci prepara emozionalmente a subire tutta la drammaticità e tutta la tensione, per una salvezza che sembra impossibile, rappresentata nell'immagine del povero Jonathan, solo e miseramente appeso, impossibilitato a fare alcunché per salvarsi.

Gli elementi di drammatizzazione di questa sequenza ritorneranno in seguito in molti altri film di Hitchcock. Per esempio, le manette come elemento drammatico-comico ritornano sia in, *The 39 Steps* (*I 39 scalini*, 1935), un altro bel film del periodo inglese in cui l'innocente eroe si ritrova legato dalle manette a una ragazza che non vuole credere alla sua innocenza e cerca ogni occasione per denunciarlo; sia in *Saboteur* (*Sabotatori* o *Danger*, 1942), uno dei suoi primi film americani, in una situazione pressoché identica: c'è sempre una ragazza che non crede all'innocenza del protagonista e vuole denunciarlo, ma questa volta le manette sono solo ai polsi di lui.

Essere appesi e dipendere dagli altri per la propria salvezza è invece una situazione che ricorre con tale frequenza nell'opera di Hitchcock che si potrebbe senz'altro considerarla una situazione narrativa "retorica" se non fosse che egli aggiunge ogni volta almeno un elemento di differenziazione che la fa risultare sempre nuova. Citando un po' a caso, si possono ricordare: *Young and Innocent*

217. *Ibid.*, p. 42.
218. La situazione viene risolta, in modo invero non molto originale, con la contemporanea scoperta del vero colpevole. Una soluzione tipo "deus ex machina" alla quale Hitchcock non ricorrerà più nei suoi film più maturi.

(*Giovane e innocente*, 1937), in cui la figlia del capo della polizia (che stavolta ha fiducia nell'"innocente/accusato ingiustamente") rimane aggrappata alla mano del giovane (prontamente messosi in salvo) mentre la sua auto precipita dentro un fosso in una vecchia miniera abbandonata; il già citato *Sabotatori*, con la famosa sequenza tragico-ironica ambientata in cima alla statua della Libertà in cui il giovane innocente/accusato cerca di salvare la vita (ma con esito negativo) al vero colpevole, tenendolo sospeso nel vuoto per la manica della giacca; il finale di *La finestra sul cortile* in cui Jeffries/James Stewart rimane appeso al suo davanzale per un po' prima di cadere e rompersi la seconda gamba; il travolgente inizio di *La donna che visse due volte*, in cui ancora James Stewart rimane appeso ad una grondaia (si salva, ma non sapremo mai come); infine, il celebre prefinale di *North by North-west* (*Intrigo internazionale*, 1959) in cui Cary Grant riesce a trarre in salvo Eve Marie Saint, sullo sfondo delle facce dei presidenti americani scolpite sul monte Rushmore (la sequenza, maliziosamente, termina all'interno di un vagone letto con Grant che solleva la Marie Saint sulla cuccetta superiore, un attimo prima che il treno "penetri" un tunnel).

Al di là della bellezza di queste situazioni, ricorrenti ma sempre nuove perché inusuali, ciò che in questa sede interessa particolarmente sottolineare è l'estrema funzionalità (e, con il passare degli anni, la sempre maggiore perfezione) del linguaggio utilizzato da Hitchcock nelle varie occasioni. Secondo quanto dice Bonitzer, "all'inverso della suspense griffithiana, non è da un'accelerazione e da una violenza imposta alla durata attraverso il montaggio che procede la suspense hitchcockiana, ma da un rallentamento e da una decomposizione del tempo naturale. Non è una suspense del montaggio ma una suspense del *découpage*. Il meccanismo della suspense non è qui fondamentalmente nel montaggio parallelo o alternato, ma nel campo-controcampo, che fa giocare lo sguardo. Hitchcock non forza, non violenta, non tradisce con le sue manipolazioni l'indifferente natura, ma la inganna, bara, come direbbe uno del mestiere" [Bonitzer, *op. cit.*, p. 46].

Quanto afferma Bonitzer è indubbiamente vero, ma se Hitchcock non si accontenta dei "semplici" effetti d'accelerazione del ritmo di Griffith, non li dimentica nemmeno. È vero che il suo cinema è in genere caratterizzato da un montaggio ampio e disteso che permette allo spettatore di recepire i dati cognitivi con tranquillità, ed è altrettanto vero che la suspense hitchcockiana dipende, di solito, "da un rallentamento e da una decomposizione del tempo naturale", ma nella sua filmografia vi sono anche molti esempi in cui il maestro non disdegna di aggiungere alla frammentazione delle inquadrature un effetto d'accelerazione del ritmo che, improvvisamente, s'impenna per sottolineare la concitazione dell'azione e per enfatizzare (anche in rapporto al ritmo blando precedente) gli effetti della suspense.

La già citata sequenza di *Giovane e innocente*[219] può essere un primo esempio. Mentre cercano di far perdere le proprie tracce ad un'auto della polizia che li sta inseguendo, Robert ed Erica (i due personaggi principali del film) si rifugiano in una vecchia miniera dove, improvvisamente, l'auto sprofonda in una buca. La sequenza è costruita come segue:

1. C.L.: vista posteriore dell'auto che entra nella miniera
2. C.M.: le ruote anteriori dell'auto che sprofondano in un fosso
3. F.I.: velocissimo controcampo di Robert che salta fuori dall'auto
4. M.F. dall'alto: sguardo atterrito di Erica ancora alla guida dell'auto che sprofonda
5. Totale: al centro auto che sprofonda, di lato Robert che riesce ad aggrapparsi al bordo del fosso
6. C.M.: Robert che risale sul ciglio
7. C.M.: Robert disteso per terra che si sporge in direzione del fosso (che non si vede)
8. M.F. dall'alto: Erica che si agita dentro l'auto che sprofonda
9. totale: Robert che corre all'altro lato della buca
10. totale: un poliziotto che arriva nella parte alta della miniera
11. part.: ruote dell'auto che sprofondano
12. C.M.: Robert, tenuto da un poliziotto, che si sporge verso il fosso; dal basso appare la mano di Erica
13. M.F.: Erica di spalle con la mano protesa verso l'alto che cerca di raggiungere quella di Robert
14. P.P.P.: volto atterrito di Erica
15. C.M.: Robert che sporge la mano verso il basso, leggera panoramica a destra in basso: cade uno spuntone di roccia

219. Robert Tisdall (Derrick de Marney) scopre un cadavere sulla spiaggia. Visto vicino al cadavere da due zitelle, viene accusato di essere l'assassino. Arrestato, riesce a fuggire. Durante la fuga incontra Erica (Nova Pilbeam), la figlia del capo della polizia che, istintivamente, ha fiducia in lui e lo aiuta, dopo varie peripezie, a rintracciare un barbone che può riconoscere il proprietario di un impermeabile la cui cintura è stata utilizzata per l'omicidio.

16. P.P.P.: volto atterrito (come la14)
17. part.: mani di Erica e Robert, le dita riescono a toccarsi e ad agganciarsi
18. part.: ruote anteriori dell'auto che sprofondano ancora un po'
19. part.: le mani (come la 17) si sganciano
20. M.F.: Erica di spalle con braccio proteso verso l'alto che tenta di riagganciare la mano di Robert
21. P.P.P.: volto atterrito (come la 14)
22. M.F.: Robert disteso a terra con braccio proteso verso il basso
23. P.P.P.: volto atterrito (come la 14)
24. part.: le mani dei due che si ricongiungono
25. semitotale: l'auto che sprofonda ancora di più
26. part.: la mano di Robert riesce ad agguantare il braccio di Erica
27. totale: auto che sprofonda, Erica rimane appesa al braccio di lui
28. totale: cagnolino (di Erica) che scende velocemente fra i detriti che cadono
29. totale: Robert, sorretto da un poliziotto, che solleva Erica
30. P.P.: volto di Robert nello sforzo per sollevare Erica
31. totale: Erica che viene tratta in salvo e sta ormai strisciando al suolo
32. totale (da altra angolazione): Erica, aiutata da Robert e dal poliziotto, si rialza
33. totale: i tre che fuggono mentre tutto sembra crollare.

Dal momento in cui l'auto entra nella vecchia miniera al momento in cui i tre fuggono passano solo 50".[220] Questo tempo così esiguo, in rapporto al numero delle inquadrature (la durata media è di soli 1,51"!), ci dà immediatamente un'idea della concitazione e del ritmo della sequenza e, di conseguenza, dell'effetto di trepidante tensione che suscita nello spettatore. Ogni inquadratura è estremamente funzionale alla descrizione della dinamica dell'incidente, e la durata delle singole inquadrature è perfettamente studiata per darci il tempo di "leggere" ciò che accade, ma non per notare eventuali incongruenze. È una sequenza che potrebbe ritenersi esemplare,[221] non fosse per il fatto che il P.P.P. del volto atterrito di Erica, che

220. Dati rilevati alla moviola elettronica.
221. Montaggio di Charles Frend

viene ripetuto ben quattro volte, è sempre lo stesso, e la cosa, a una seconda visione, si nota alquanto.

L'anno precedente Hitchcock era riuscito fare ancora meglio in *Sabotaggio,* in quella che si può considerare la sequenza più crudele di tutta la sua filmografia, perché in essa l'autore fa morire un bambino.[222] Il film racconta la storia di Verloc, direttore di una piccola sala cinematografica e membro di un'organizzazione spionistica, che, non potendo compiere direttamente un attentato perché sotto stretta sorveglianza, affida il pacco contenente la bomba e alcune bobine di un film all'ignaro fratellino della moglie. Dice al ragazzo che il pacco deve essere depositato improrogabilmente per le 13,30, e noi sappiamo già che la bomba esploderà alle 13,45. Purtroppo, però, il ragazzo si attarda per strada e poi è bloccato da una parata. Quando, finalmente, la strada è sgombra, un orologio indica le 13,20. Il ragazzo, per arrivare in tempo a Trafalgar Square, prende un autobus. Ecco com'è strutturata la sequenza:

1. C.M.: il ragazzo sale sull'autobus
2. si siede e gioca con un cagnolino in braccio a una signora
3. si volta verso la strada dove un orologio indica le 13,31
4. con il volto preoccupato ritorna a giocare col cagnolino
5. dett.: bobine e pacco
6. il ragazzo si volta verso la strada
7. dett.: un altro orologio stradale indica le 13,35
8. un vigile ferma il bus a un incrocio
9. il ragazzo guarda i pacchi che poi avvicina a sé
10. F.I.: il controllore che passeggia
11. totale del traffico fermo
12. dett.: pellicole e pacco
13. il ragazzo guarda fuori
14. dett.: pacco
15. il ragazzo gioca con il cagnolino, poi guarda fuori e vede un altro orologio
16. dett.: un orologio indica le 13,43

222. Un errore che Hitchcock non avrebbe più ripetuto. La sequenza è stata citata dal "grande emulo" di Hitchcock, Brian De Palma, nel suo *Untouchables (Gli intoccabili,* 1989) nella sequenza di apertura del film in cui una bambina muore per lo scoppio di una bomba che lei stessa aveva recapitato dentro un negozio.

17. dett.: pacco
18. C.L.: traffico che scorre
19. dett.: semaforo che diventa rosso
20. il ragazzo gioca con il cagnolino, poi si volta ripetutamente verso l'esterno
21. F.I. del bigliettaio
22. C.M.: auto in fila al semaforo
23. dett.: il semaforo segna ancora rosso
24. part.: le mani del ragazzo che tamburellano nervosamente sul pacco
25. M.F.: volto preoccupato del ragazzo che guarda fuori e vede un orologio che segna le 13,44
26. part.: la sua mano sul pacco
27. il ragazzo voltato verso l'esterno si gira e gioca col cagnolino, poi guarda nuovamente fuori
28. dett.: il semaforo diventa verde
29. il ragazzo gioca col cagnolino
30. dett.: un orologio segna le 13,44
31. dett.: lancetta che passa da 44 a 45
32. dett.: pacco dall'alto
33. dett.: frontale del pacco
34. dett.: pellicole e pacco dal basso
35. dett.: scoppio della bomba
36. autobus (modellino) che salta in aria.

Dal momento in cui il ragazzino è salito sull'autobus sono passati solo 2' 50", ma per noi spettatori è come se fossero passati ancor più dei 25 minuti diegetici della storia. In particolare le inquadrature dalla 30 alla 34, talmente brevi da essere al limite della leggibilità, risultano insopportabili per la tensione che provocano, anche perché non ci vogliamo arrendere all'idea che Hitchcock lasci morire il ragazzino (è curioso notare come, forse, non pensiamo a tutti gli altri passeggeri, ma solo a lui e, magari... al cagnolino).[223] Tuttavia, il ritmo

223. Il film poi stacca su Verloc, la moglie e il poliziotto (Spencer) che sono a casa.

concitato, da solo, non basta a spiegare lo stato di lancinante attesa in cui veniamo a trovarci in tutta la sequenza. Quello stato è, in effetti, in massima parte il risultato degli incidenti perditempo (il vigile, il semaforo ecc.) e della mobilità della cinepresa che ci sottopone a ogni istante un punto d'attenzione diverso (il bambino, il pacco con la bomba, l'orologio ecc.) e che, escludendo il nostro sguardo dalla totalità dell'azione, ci fa sentire di più la nostra incapacità e impossibilità di informare il ragazzino del pericolo incombente.

Si tratta di una sequenza quasi impeccabile, che prelude alla perfezione della celeberrima sequenza dell'omicidio nel bagno di *Psycho* nel momento di maggiore concitazione, ci sono infatti 34 inquadrature in soli 22"[224] fra l'arrivo dell'assassino e la sua fuga, fra le quali Hitchcock riesce anche a inserire angolazioni assolutamente arbitrarie (es.: la pseudosoggettiva dalla doccia) senza che lo spettatore ne prenda coscienza – o dell'altrettanto famosa sequenza del prefinale del remake di *The Man Who Knew Too Much (L'uomo che sapeva troppo,* 1955). In questo caso Hitchcock, pur mantenendo la durata "reale" dell'intera esecuzione musicale (8' e 50', dall'inizio dell'esecuzione musicale al colpo di piatti), inserta magistralmente i totali dell'auditorium con P.P. dell'impassibile volto dell'assassino, o di quello sempre più ansioso di Doris Day, con inquadrature della vittima designata (una in soggettiva attraverso il binocolo dell'assassino), con dettagli della pistola e dello spartito musicale (con in bella evi-

---

Verloc ha appena finito di rispondere alle domande di Spencer e si sente al sicuro, ma poi arriva, per telefono, la notizia dell'attentato. Più tardi, scoperta la responsabilità di Verloc, la moglie lo ucciderà con un coltello da cucina. È interessante notare che, così come accadeva nel finale di *Blackmail* in cui il fidanzato/poliziotto dell'eroina le impedisce di confessare il delitto, anche qui la donna cercherà di confessare, ma Spencer, a più riprese, glielo impedirà. Poi il provvidenziale arrivo nel cinema dell'uomo che aveva costruito la bomba e il successivo scoppio di un'altra bomba impediranno la scoperta del delitto e renderanno inutile la sua confessione. Curioso comunque che, in due film così vicini nel tempo, Hitchcock si permetta di lasciare due delitti, compiuti da donne, assolutamente impuniti. Nel caso di *Blackmail* si trattava, in effetti, di legittima difesa, qui invece si potrebbe, più propriamente, parlare di "legittima vendetta", in base a una giustizia morale che serve a gratificare anche il pubblico (molto scosso per la morte del ragazzo). Ancor più curioso, e intrigante, risulta il fatto che in ambedue i casi Hitchcock faccia propugnare questa "autogiustizia" da poliziotti.

224. Dal momento in cui Marion si toglie l'accappatoio all'inizio della panoramica che conclude la sequenza ci sono 57 inquadrature, e la durata totale (esclusa la panoramica finale) è di 2'41'. L'arrivo dell'assassino è alla 13ª inquadratura (sono trascorsi 51') e la sua fuga è alla 46ª (tempo totale dall'inizio: 1'13').

denza l'unica nota che sarà suonata dal maestro di piatti) ecc. e riesce così non solo a comunicarci l'istante esatto in cui avverrà l'attentato ma anche, nel momento cruciale, a farci "vivere" come una liberazione l'urlo finale di Doris Day.

Se in questa sequenza la funzione del salto improvviso di ritmo sembra rimanere in ombra, perché è parallela alla musica diegetica del concerto che è in sé molto efficace nel sottolineare la drammaticità del momento, vi sono però molti altri casi in cui Hitchcock rinuncia volutamente al ruolo e alla funzione della musica (sia diegetica che di commento) e si affida quasi esclusivamente alle improvvise variazioni di ritmo per amplificare l'effetto di suspense. Si prenda, per esempio, in *Marnie* (id. 1964), la sequenza del furto nella ditta del futuro marito (fra parentesi i tempi delle singole inquadrature, arrotondati al secondo). Alla fine di una giornata di lavoro:

1. totale: Marnie entra nel bagno delle signore e si avvia verso una toilette (5")
2. M.F. dall'alto: Marnie dentro la toilette che aspetta. Si odono le voci delle colleghe, poi escono tutte e Marnie rimane lì nel silenzio totale (45"). Si ferma ancora qualche attimo nel bagno e, infine, si avvia verso la porta ed esce (50")
3. controcampo, M.F.: Marnie, davanti alla porta del bagno, guarda di fronte a sé (2")
4. controcampo-soggettiva, totale: panoramica su corridoio e stanze uffici (4")
5. come la 3: Marnie si guarda intorno, poi avanza verso la m.d.p. (5")
6. soggettiva, carrello in avanti, totale: ufficio (2")
7. M.F.: Marnie avanza verso la m.d.P.; panoramica in basso fino a particolare mani e borsetta; estrae una chiave, avanza, panoramica verso l'alto fino a M.F., si avvicina a una scrivania, apre un cassetto e tira fuori un'altra borsetta, si volta e si dirige a sinistra, carrello a seguire, verso un'altra scrivania. Poggia le borsette sul tavolo e si china ad aprire un altro cassetto (con la chiave che aveva in mano) (26")
8. soggettiva, part.: interno cassetto con combinazione cassaforte (5")
9. dall'alto, P.P.: testa di Marnie chinata in avanti, alza il viso, gli occhi si voltano a destra e a sinistra, carrello indietro fino a

M.F.; si gira, apre con circospezione la porta dietro le sue spalle (sullo sfondo si scopre la cassaforte), si guarda intorno, fa per richiudere la porta poi la apre completamente, guarda ancora, si gira e si dirige verso la cassaforte. (29")

10. part.: mano di Marnie che gira la manopola della combinazione (29")
11. Totale stanzone uffici. Sulla sinistra largo corridoio vuoto, a destra stanze uffici con in fondo Marnie, di spalle, davanti alla cassaforte. Marnie apre la cassaforte, sulla sinistra entra in campo una donna delle pulizie (6" da inizio inquadratura). Mentre la donna pulisce il pavimento, Marnie prende i soldi, li mette nella seconda borsetta, richiude la cassaforte, si gira e avanza verso la m.d.p. (45")
12. P.P.: Marnie (vedi foto 34) si volta a sinistra di scatto, sentendo un rumore d'acqua in un secchio (3")
13. (soggettiva di Marnie), P.A.: donna delle pulizie, di spalle, china a pulire il pavimento (2")
14. M.F.: Marnie guarda davanti a sé per scoprire se vi siano altre persone intorno (3")
15. controcampo-soggettiva, totale: uffici vuoti (2")
16. M.F. (come nella 14): Marnie si china, panoramica verso il basso a seguire, si toglie le scarpe (prima la destra), le solleva, panoramica verso l'alto a scoprirla in M.F., e le mette ognuna in una tasca del soprabito (19")
17. M.F. di profilo sinistro: panoramica a seguire Marnie che cammina verso sinistra (2")
18. part.: piedi e gambe di Marnie che cammina in punta di piedi (2")
19. dett.: scarpa che sporge per metà dalla tasca destra del soprabito (2")
20. M.P.P.: Marnie, quasi di spalle, alla sua sinistra, sullo sfondo, la donna delle pulizie di spalle chinata a pulire. Marnie si avvia verso sinistra, panoramica a seguire (3")
21. dett.: come la 19 (2")
22. M.P.P.: nuca di Marnie con sullo sfondo a destra donna delle pulizie, chinata e di spalle (2")
23. dett.: come la 19, poi la scarpa cade dalla tasca (2")

Foto 34

24. dett.: scarpa che batte rumorosamente per terra (1")
25. P.P.: Marnie che guarda prima per terra (di scatto) e poi a destra dietro di sé (5")
26. (soggettiva) P.A.: la donna delle pulizie, di spalle e china, continua a pulire per terra indisturbata (2")
27. M.F.: Marnie di profilo sinistro che si china, panoramica verso il basso a seguire, a raccogliere la scarpa (4" da inizio inquadratura), si rialza, panoramica verso l'alto a seguire, sulla destra si scoprono le scale, a sinistra un corridoio vuoto, e, di spalle, si avvia verso le scale. Si sente un rumore di porta che si apre (5"), Marnie in punta di piedi accelera il passo e comincia a scendere le scale; rumore di porta che si chiude, dalla sinistra entra nel corridoio un uomo in tuta bianca che avanza verso la m.d.p., quando è vicino all'imbocco delle scale (11") potrebbe ancora, girandosi, vedere Marnie sul pianerottolo, ma, mentre Marnie scompare, l'uomo avanza; panoramica a destra a seguire fino a scoprire la donna delle pulizie, si avvicina all'orecchio della donna (di spalle e china a pulire per terra) e, quasi urlando, le chiede perché stia facendo tutto di fretta (risposta: "Non vedo l'ora di andare a casa"). Poi l'uomo esce a destra, lasciando la donna sola (22").

È una sequenza veramente esemplare; una delle più belle di tutto il cinema di Hitchcock.[225] Il numero ridotto di inquadrature in rapporto alla durata totale (4'23") può immediatamente rendere l'idea che non siamo in presenza di una sequenza "concitata", come quelle analizzate in precedenza; tuttavia, dal rilievo dei tempi parziali, è possibile constatare come siano comunque presenti importanti alterazioni del ritmo, che assume quindi un andamento alterno, con lunghe stasi e improvvisi picchi di accelerazione, che risultano perfettamente funzionali a guidare lo stato d'animo dello spettatore verso l'effetto voluto (che, come già ricordato, ci deve portare, fra l'altro, a stare dalla parte di una "ladra").

Un'analisi particolareggiata ci può rivelare meglio il sapiente lavoro di *découpage* svolto da Hitchcock e la finalizzazione della durata d'ogni inquadratura. Per quanto attiene alla costruzione drammatica, occorre innanzi tutto rilevare i ripetuti ribaltamenti della situazione. La situazione di apparente relativa tranquillità (si può definirla così perché, in fondo, non c'è nulla di più semplice che compiere un furto in un ufficio deserto e ben conosciuto) viene ribaltata improvvisamente dall'imprevista apparizione della donna delle pulizie; ma ciò che temiamo non accade: la donna, voltata, non vede Marnie, e quindi si ritorna alla situazione di relativa tranquillità, che viene di nuovo negata dalla caduta della scarpa. La nuova e ancor più sorprendente tranquillità (la donna non ha sentito il rumore) viene ancora una volta messa in discussione dall'arrivo dell'uomo, ma anche stavolta, alla fine, nulla accade.

Per quanto invece attiene al linguaggio, possiamo vedere come tutta la sequenza tragga il tono emotivo dalla lunga durata della seconda inquadratura. Un découpage tradizionale avrebbe alternato l'immagine di Marnie nella toilette con inquadrature delle colleghe che parlano, che escono dal bagno e, magari, con altre dei locali rimasti vuoti. Hitchcock, al contrario, si sofferma per quasi 45" sul viso di Marnie e affida il racconto di ciò che accade nel bagno alle voci fuori campo e al silenzio. Ciò perché, per poterci immedesimare con Marnie e *vivere* con lei l'interminabile durata di quel tempo "morto", occorre aver presente solo lei e il suo presunto stato d'animo.

Seguono quattro inquadrature veloci, di cui due (3ª e 6ª) in soggettiva. L'uso della soggettiva conferma l'intenzione dell'autore di

225. Montaggio di George Tomasini. I tempi sono stati rilevati alla moviola elettronica.

farci immedesimare con il punto di vista di Marnie. L'improvvisa, anche se temporanea, accelerazione del ritmo tende inoltre a farci capire e *sentire* come, in quella situazione, si debba essere molto concentrati e attenti per poter agire nel più breve tempo possibile. Tralasciando la 8ª (anch'essa però in soggettiva) e la 10ª che sono inserti esplicativi; si può notare che la 7ª e la 9ª hanno la funzione di fornirci una dettagliata descrizione delle azioni in modo da renderci edotti del fatto che Marnie si sta muovendo secondo un piano ben studiato. Le durate, relativamente lunghe, delle due inquadrature sono compensate dal ritmo dato dai m.d.m. e servono comunque ad anticipare la lunga inquadratura fissa (11ª) che segue subito dopo. Analizzando con attenzione questa inquadratura, si può rilevare innanzitutto come il cupo silenzio che si è instaurato fin dall'inizio della 2ª sia qui funzionale alla suspense tanto quanto lo era la musica nel citato *L'uomo che sapeva troppo*. Questa lunghissima inquadratura fissa (45") fa da *pendant* a quella che, in effetti, apriva la sequenza (la 2a) ed è propedeutica alla suspense successiva provocata dalla 24ª e dalla 25ª. Qui Hitchcock per ottenere il massimo della suspense, più o meno coscientemente, si affida al ricordato "montaggio proibito" decretato da André Bazin per i film realisti.

Che Hitchcock non avesse letto Bazin poco importa,[226] quello che comunque fa è attenersi "naturalmente e istintivamente" a quel principio estetico. Infatti, affinché noi si possa partecipare al massimo e subire tutta la tensione della situazione, è essenziale che la scena abbia il massimo di realismo. In questo caso, il campo-controcampo non sarebbe stato adeguato a renderci la gravità della situazione, perché non avremmo avuto riferimenti precisi circa la prossimità delle due donne, mentre, al contrario, occorre *vivere dal vivo* l'inganno di Marnie nel credersi sola, per poter stare dalla sua parte e fremere per lei nel momento in cui sta commettendo un crimine.

Seguono poi altre quattro inquadrature veloci (quattro come dopo la 2ª e anche qui due sono in soggettiva) che hanno il compito di farci sobbalzare come Marnie per la sorpresa. La relativa lunghezza

226. Hitchcock infatti aveva usato un'inquadratura simile già nel citato *Blackmail* del 1925 e quindi di molto antecedente al saggio di Bazin, nella sequenza in cui Alice, dopo aver commesso un omicidio e aver girovagato tutta la notte, arriva a casa all'alba. Nella stessa immagine si vede una scala sulla destra e la luce di una stanza a sinistra. Lei fa in tempo a salire i primi gradini della scala che dalla stanza a sinistra appare la madre. Riesce a salire senza essere vista e si mette a letto vestita, giusto in tempo prima che la madre entri a portarle la colazione.

della 16ª (anche qui il ritmo è fornito dai m.d.m.) serve a mostrarci come Marnie recuperi con prontezza il suo sangue freddo e la sua determinazione. Subito dopo, però, segue un blocco di otto inquadrature brevi (un numero doppio rispetto a prima) che alterano improvvisamente il ritmo blando precedente come e più di quanto avessero fatto i due piccoli blocchi accelerati precedenti. Qui non ci sono soggettive, ma la nostra trepidazione viene nuovamente sollecitata con l'informazione di un nuovo pericolo di cui Marnie è ignara, per mezzo del montaggio alternato fra Marnie che cammina e il particolare della scarpa in bilico sulla tasca del suo soprabito. Il blocco si conclude con l'inquadratura più veloce di tutta la sequenza (meno di un secondo) e la più temuta: la scarpa cade rumorosamente sul pavimento. Ovviamente, si teme il peggio. La successiva inquadratura, con il volto di Marnie che guarda di scatto per terra e poi dietro di sé, dura solo 5", ma, per noi poveri spettatori, che ancora non sappiamo niente delle reazioni della donna delle pulizie, quei 5" sono interminabili. Per non perdere l'effetto della (positiva) sorpresa e mantenere ancora la suspense, Hitchcock fa seguire un'altra inquadratura breve in soggettiva, poi conclude con un'elaborata inquadratura che riassume e ripete gli effetti della 16ª (la parte iniziale) e della 10ª.

Occorre, infine, notare la grande efficacia e funzionalità che nel linguaggio hitchcockiano assumono i m.d.m. Si noti per esempio come è organizzata la 6ª inquadratura. Invece di mostrarci l'incedere di Marnie nell'ufficio vuoto da un "riposante" punto di vista oggettivo, Hitchcock inserisce un breve carrello in avanti in soggettiva che, come visto, è sempre usato per sottolineare e amplificare stati emotivi di ansietà e di timore. Inoltre, la breve durata dell'inquadratura fa sì che gli spettatori subiscano tutto l'effetto subliminale del m.d.m. senza, magari, rilevarne la presenza.[227] Anche quando non sono usati in soggettiva, i m.d.m., come si è già notato, si rivelano comunque molto funzionali alla creazione di suspense perché permettono di svelare i dati cognitivi dell'azione lentamente e con molta gradualità in modo da ingenerare nello spettatore, che desidererebbe avere subito tutti i dati informativi, uno stato di ansia. Si è già visto come Hitchcock abbia sfruttato appieno queste possibilità nell'intrigante

---

227. Quest'effetto è utilizzato varie volte da Hitchcock. In particolare occorre porre l'accento su un brevissimo carrello in avanti in soggettiva, inserito fra tante inquadrature fisse durante la discesa delle scale di Cary Grant e Ingrid Bergman nel finale di *Notorius*. La brevità del carrello è tale che esso è rilevabile solo dopo ripetute visioni.

Foto 35

dolly di *Notorius* che, dal totale di un salone, arrivava fino alla minuscola chiave stretta nella mano di Ingrid Bergman. Ma non era la prima volta che Hitchcock ricorreva a un simile inusuale m.d.m. per creare suspense (e nemmeno l'ultima),[228] lo aveva già fatto, con maggiore ampiezza e respiro narrativo, nel prefinale del citato Gi*ovane e innocente*, nella sequenza in cui Erica e un vecchio barbone sono nel salone delle feste di un hotel alla ricerca del proprietario di un impermeabile (che è il vero assassino). Sanno che l'uomo ha un tic nervoso ad un occhio, ma, seduti ad un tavolo, non riescono a vedere nessuno con quella caratteristica. Hitchcock ci svela il mistero con un'unica, lunga e ingegnosa inquadratura in movimento del tutto simile a quella di *Notorius*. L'inquadratura parte dall'alto di uno scalone, poi panoramica a destra mostrando, in totale, tutti i tavoli del salone e si ferma di fronte all'orchestra che suona. Sembra una semplice descrizione del luogo, ma, dopo aver mantenuto per alcuni istanti questa posizione, la m.d.p. riparte con un carrello in avanti a stringere sull'orchestra fino al volto dipinto di nero del batterista (vedi foto 35). Dopo un'altra breve pausa, stringe ancora fino al particolare degli

228. Hitchcock, infatti, si autocita anche in Marnie con l'inquadratura che inizia la sequenza della festa: dall'alto della scala, carrello in avanti verso la porta d'ingresso dove sta entrando Strutt.

occhi e qui, improvvisamente, le palpebre cominciano a chiudersi e riaprirsi nervosamente. Il film è meno noto di *Notorius*, ma il movimento di macchina (1' e 10" circa) ha lo stesso ineguagliabile fascino e una funzione informativo- discorsiva anche superiore perché in un'unica inquadratura, Hitchcock riesce a svelare chi sia e dove sia l'assassino e la ragione per cui Erica e il suo compagno non riescono a individuarlo.

Esemplare è anche una panoramica che Hitchcock utilizza nel citato *Omicidio*. La donna che aveva chiesto "Che succede, che sarà?", dopo essersi vestita, esce di casa e si avvia verso una porta dove s'è già radunata una folla. Sfondata la porta, la polizia entra. Stacco, totale interno di una stanza: un uomo chino verso qualcosa o qualcuno nascosto ai nostri occhi da una poltrona, gli altri dietro di lui che guardano per terra. Stacco, P.P. sbigottito di un poliziotto, panoramica verso il basso fino alla sua mano che stringe una torcia a pile; panoramica a sinistra a scoprire il volto di una donna immobile e con lo sguardo perso nel vuoto; panoramica verso il basso, si scoprono le mani della donna abbandonate, e sul pavimento, sotto la sua mano destra, macchie di sangue e il manico di un attizzatoio di metallo; panoramica verso destra, seguendo la linea dell'attizzatoio, si scopre un corpo per terra proprio alla fine dell'utensile. La funzionalità di quest'inquadratura alla creazione di suspense è evidente. A livello meramente narrativo Hitchcock avrebbe potuto organizzare i dati cognitivi in modo affatto diverso. Per sfruttare un effetto sorpresa, avrebbe potuto mostrarci subito il morto, poi, in controcampo, il volto della donna in *trance* e, infine, il presunto strumento di morte. In questo modo avrebbe però rinunciato, quasi totalmente, alla suspense che, invece, nasce immediatamente a causa di quella poltrona che non ci permette di vedere cosa stiano guardando tutte quelle persone con lo sguardo a terra, e che si prolunga per tutta la durata della panoramica, dall'originale e inusitato percorso spezzato ad angoli retti, che ci fornisce i dati informativi con estrema parzialità e lentezza.

Anche questi esempi (che si potrebbero moltiplicare) dimostrano che l'esclusione dello sguardo dello spettatore dai dati informativi che egli richiede è di capitale importanza ai fini della creazione di suspense. È però possibile escludere lo sguardo dello spettatore anche senza ricorrere alla frammentazione dello spazio cinematografico o a elaborati m.d.m. È una tecnica molto meno comune nel cinema, ma si possono comunque citare almeno un paio di esempi molto chiarificatori. Il primo, è tratto da uno dei più famosi film di Fritz Lang – il grande regista tedesco (*id.*, 1926), considerato uno fra i più fantasiosi creatori di suspense – che operò sia in Germania che negli Stati Uniti, autore fra l'altro del celebre *Metropolis*, e più esattamente da *Das Testament des Dr. Mabuse* (*Il testamento del dottor Mabuse*, 1932), secondo film della sua trilogia sul personaggio di Mabuse. Si tratta della sequenza in cui ad un semaforo un autista viene ucciso da una macchina che gli si affianca. Lo spettatore non può avere un'immediata coscienza di ciò che è accaduto perché non si vede né l'omicida che spara né l'uomo che viene colpito. Si comincia ad intuire l'accaduto solo vedendo che la macchina non riparte nonostante il semaforo sia diventato verde. "Durante la sequenza, il regista non ci porta mai "dentro" l'incidente. Siccome siamo tenuti fuori, l'inquadratura finale dall'alto della macchina che rimane al centro della strada dopo che il semaforo è cambiato, con le macchine che accettano passivamente la sua presenza e la sorpassano, è particolarmente inquietante".[229] Come giustamente scrive Lawrence Hammond, "non sono necessari né violenza né sangue perché il pubblico acquisisca la sconvolgente consapevolezza che un uomo vivo quando il semaforo era rosso è invece morto quando diventa verde".[230] Lang non ha quindi avuto affatto bisogno di frammentare la scena o di escludere totalmente il nostro sguardo da quanto stava succedendo; molto semplicemente, gli è bastato tenere la nostra vista e il nostro udito lontani dal centro dell'azione, perché noi cominciassimo a provare, a nostra volta, l'impazienza e l'ansia degli automobilisti del film nel vedere che l'auto non riparte.

Il secondo esempio è invece tratto proprio da Hitchcock e, più precisamente, dal film che segnò il suo ritorno in patria e che è considerato l'ultimo dei suoi capolavori: *Frenzy* (*id.*, 1972, suo penultimo

---

229. Jensen P.M. [1969, p. 108]. Trad. nostra di: "During this sequence, the director never takes us "into" the incident. Because we are kept on the outside, the final overhead shot of the car remaining in the centre of the road after the light changes, with the cars passively accepting its presence and passing it by, is especially eerie". La sequenza è stata citata da Luc Besson in *Nikita* (*id.*, 1990). Anche qui ci si rende conto che il compagno di Nikita è morto, solo perché non si vede ripartire l'auto, di cui è alla guida, quando il semaforo ritorna verde.
230. Hammond L [*op. cit.*, p. 35]. Trad. nostra di: "No violence, no blood, is needed for us to be eerly aware that a man who was alive when the lights were at red is dead now they are at green".

film in assoluto). Il film, che come il vecchio *Il pensionante* inizia con il ritrovamento casuale di un cadavere di donna che affiora dal Tamigi e che è liberamente ispirato da fatti di cronaca riguardanti un omicida maniaco sessuale, meriterebbe un'analisi approfondita di tutte le sue parti, ma, in questa sede, si riferirà solo del suo nucleo narrativo centrale che si segnala in particolare per coesione narrativa e finezza di scrittura filmica. In questo blocco narrativo, Hitchcock ricorre inizialmente ad un'estrema mobilità del punto di vista della camera, nella sequenza in cui, confermando i sospetti degli spettatori, svela il volto del maniaco. Per ritmo e concitazione, e anche per qualche concessione all'horror, questa sequenza (36 inquadrature in 56" dal momento in cui l'omicida comincia a sciogliersi la cravatta a quello in cui gli occhi della vittima si fermano nella fissità della morte), è del tutto assimilabile a quelle già analizzate, ma in *Frenzy* la frenesia di questa sequenza è messa in significativo contrasto con l'immobilità di un'altra, quasi immediatamente successiva.

Subito dopo l'uscita dall'ufficio dell'omicida, l'ex marito della vittima bussa alla porta, ma, non ricevendo alcuna risposta, se ne va senza scoprire il cadavere. Uscendo dal portone, incrocia la segretaria della donna che sta rientrando dopo l'intervallo del pranzo. Noi sappiamo che la segretaria ha le chiavi dell'ufficio e siamo certi che scoprirà il cadavere: ci prepariamo quindi a "guardare" la scena. Con un ingegnoso quanto semplice stratagemma linguistico, Hitchcock però esclude il nostro sguardo dall'avvenimento. Egli inquadra, di spalle, la donna che entra nel portone; quando è sparita dentro l'androne, ci si prepara al cambio dell'inquadratura, che invece non arriva. Si rimane così a "guardare" un portone vuoto. Si sa che il cadavere deve essere scoperto, ma non con quali modalità. Da dietro l'angolo della strada, sulla destra del quadro, arrivano due donne che attraversano diagonalmente tutta l'inquadratura e, poi, escono a sinistra. Tratteniamo il respiro, ma non succede nulla. Nella sequenza non c'è musica, solo lievi rumori di sottofondo (il ticchettio dei tacchi delle due donne), e il silenzio pesa indicibilmente sulla nostra ansia di sapere. Poi, ormai inaspettato, arriva finalmente un urlo: il cadavere è stato finalmente scoperto (ma senza la nostra presenza/visione!). Dalla scomparsa della donna dentro l'androne al suo urlo sono passati solo 25", ma possono sembrare un tempo interminabile.

La bravura di Hitchcock nel creare suspense in questa scena è tanto più encomiabile se si pensa che, nel cinema, di solito l'invio nel "fuori campo" di azioni violente e/o drammatiche è una tecnica che viene utilizzata per ottenere l'effetto esattamente opposto e speculare alla suspense, e cioè per effetti di "de-drammatizzazione" – come avviene, per esempio, nel cinema di Robert Bresson o di Michelangelo Antonioni[231] – e anche perché, a tanti anni di distanza, indirettamente risponde alle critiche che Kafka avanzava nei confronti del cinema.

Secondo quanto asserisce Adelio Ferrero [1978, p. 24], il grande letterato aveva infatti, orrore del cinema, che considerava "l'immagine estrema di una coazione (...). Per lui, il cinema mette l'uniforme all'occhio, è una persiana di ferro, non aiuta a vedere ma impedisce di vedere perché, l'autorità e la violenza univoca dell'immagine cinematografica hanno in sé tutti i caratteri dell'irreversibilità". Fra tutti gli esempi che si potrebbero trovare nella storia del cinema, la succitata sequenza di *Frenzy* sembra la più appropriata a rispondere a questa critica appunto perché dimostra in modo inconfutabile che il cinema non uccide la fantasia e l'immaginazione, ma anzi può sollecitarle, come e forse meglio di altri mezzi espressivi, perché, "per far vedere" non è detto che il cinema debba necessariamente "mostrare".

231. Si pensi, per esempio, al citato finale di *Professione reporter* in cui Antonioni distoglie lo sguardo della cinepresa da David Locke/Robertson proprio perché una forte emotività, eventualmente suscitata dalle immagini della sua morte, avrebbe creato un indesiderato contrasto con il tema del film.

BIBLIOGRAFIA

1: Teoria del linguaggio e della narrativa

AA.VV.
1969 *L'analisi del racconto*, Bompiani, Milano.

AGEL H.
1978 *Le Cinéma, ses diverses méthodes d'enseignement* – Editions Universitaires Fribourg Suisse.

ALBERS J.
1991 *Interazione del colore*, Pratiche Ed., Torino.

ALEXANDER C.
1964 *Notes on the Synthesis of Form*, Harvard College, Cambridge, [trad. it. Il Saggiatore, Milano, 1967].

AMBROGIO I.; *Formalismo e avanguardia in Russia*, Editori Riuniti, Roma 1968; *Ideologie e tecniche letterarie*, Editori Riuniti, Roma 1971.

ANDREW D.
1976 *Concepts in Film Theory*, Oxford University Press, New York/Oxford.
1984 *Film in the Aura of Art*, Princeton University Press, Princeton.

ANGELINI A.
1992 *Psicologia del cinema*, Liguori, Napoli.

ANGELINI A. – PASQUALI E
1983 "Movimenti Oculari e percezione di sequenze filmiche", in *Bianco e Nero*, n. 1.

ANTAL L.
1967 *Content, Meaning and Understanding*, Mouton, The Hague 1964; [trad. it. *Problemi di significato*, Silva, Milano].

ARISTARCO G.
1947 *Storia delle teoriche del film*, Einaudi, Torino.

ARISTOTELE
1973 *La poetica*, La Nuova Italia, Firenze.

ARNHEIM R.
1957 *Films as Art*, University of California, Berkeley-Los Angeles, [trad. it. Feltrinelli, Milano, 1983]
1974 *Il pensiero visivo*, Einaudi, Torino.
1977 *Arte e percezione visiva*, Feltrinelli.

ASQUITH A
"The Tenth Muse Climbs Parnassus", in *Penguin Film Review*, n. 1.
1950 "The Tenth Muse Takes Stock", in *Cinema*, Pelican Books.

AUMONT J. & LEUTRAT J.L.
1980 *Théorie du film*, Albatros, Paris.

AUMONT J. & MARIE M.
1988 *L'analyse du film*, Nathan, Paris [trad. it. *L'analisi del film*, Bulzoni, Roma, 1996].

AUMONT J – BERGALA A. – MARIE M. – VERNET M.
1994 *Esthétique du film*, Nathan, Paris [trad. it. *Estetica del cinema*, Lindau, Torino,1995].

BACH E. & HARMS R.T.
1968 *Universals in Linguistic Theory*, Holt, New York.

BALÁZS BELA
1964 *Il film, evoluzione ed essenza di un'arte nuova*, Einaudi, Torino.
1978 *Estetica del film*, Editori Riuniti, Roma.

BALDELLI P
1963 *Sociologia del cinema*, Editori Riuniti, Roma.
1964 *Film e opera letteraria*, Marsilio, Padova.

BALDELLI P. & TARRONI E.
1970 *Educazione e cinema*, Loescher, Torino.

BARBARO U.
1974 *Il film e il risarcimento marxista dell'arte*, Ed. Riuniti, Roma.

BARBERA A. & TURIGLIATTO R. (a cura di)
1978 *Leggere il cinema*, Mondadori, Milano.

BARTHES R.
1953 *Le degrée zéro de l'écriture*, Seuil, Paris [trad. it. Lerici, Milano, 1960]
1957 *Mythologies*, Editions de Seuil, Paris [trad. it. Einaudi, Torino 1974]
1963 *Sur Racine*, Seuil, Paris
1963 *Essais critiques*, Seuil, Paris [trad. it.: *Saggi critici*, Einaudi, Torino, 1966]
1967 *Critique et Verité*, Seuil, Paris [trad. it. Einaudi, Torino 1969]
1967 *Systhéme de la Mode*, Seuil, Paris [trad. it. Einaudi, Torino 1970]
1970 *S/Z Essai*, Seuil, Paris [trad. it. Einaudi, Torino, 1973]
1971 *Sade, Loyola, Fourien*, Seuil, Paris.
1973 *Le plaisir du texte*, Seuil, Paris [trad. it. Einaudi, Torino, 1975]
1977 "The tThird Meaning", in *Image Music Text*, Fontana Paperbacks, London
1982 *L'obvie et l'obtus. Essais critiques III*, Seuil, Paris [trad. it. Einaudi, Torino, 1985].
1984 *Image Music Text*, Fontana Paperbacks, London.

BASTIDE R.
1962 *Sens et usages du terme 'structure'*, Mouton, The Hague [trad. it. Bompiani, Milano 1965].

BAUDRILLARD JEAN
1968 *Pour une critique de l'économie politique du signe*, Gallimard; *Systhème des objets*, Gallimard, Paris [trad. it. Bompiani, Milano 1972].

BAUDRY J.L
1978 *L'effet cinéma*, Albatros, Paris.

BAZIN ANDRÉ
1979 *Qu'est-ce que le cinéma?*, Cerf. Paris [trad. it. *Che cos'è il cinema*, Garzanti, Milano].

BELLOUR R.
1966 "Pour une stylistique du film" in *Revue d'Esthétique.*
1979 *L'analyse du film*, Paris, Albatros.

BENDAZZI G.
1976 *Woody Allen,* Il Castoro cinema, La Nuova Italia, Firenze.

BENJAMIN W.
1966 *L'opera d'arte nell'epoca della sua riproducibilità tecnica*, Einaudi, Torino.

BENOIST L.
1976 *Segni, simboli e miti*, Garzanti, Milano.

BENVENISTE E.
1966 *Problémes de linguistique générale*, Gallimard, Paris [trad.it. Il Saggiatore, Milano 1971].

BERTETTO P.
1983 *Il cinema d'avanguardia 1910-1930*, Marsilio, Venezia.

BETTETINI G.
1968 *Cinema: lingua e scrittura*, Bompiani, Milano.
1971 *L'indice del realismo*, Bompiani, Milano.
1975 *Produzione del senso e messa in scena*, Bompiani, Milano.
1979 *Tempo del senso*, Bompiani, Milano.
1984 *La conversazione audiovisiva*, Bompiani, Milano.
1985a "L'analisi del film", in *Carte Semiotiche*, n° 1 Sett., La Casa Usher.
1985b *L'occhio in vendita*, Marsilio, Venezia.
1996 *L'audiovisivo Dal cinema ai nuovi media*, Bompiani, Milano.

BIRDWHISTELL R.L.
1952 *Introduction to Kinesics*, Dept. of State F.S.I., Washington D.C.
1970 *Kinesics and Context*, Univ. of Pennsylvania, Philadelphia.

BLOEM W.S.
1924 *The Soul of the Moving Pictures*, E.P. Dutton & Co., New York.

BLOOMFIELD L.
1933 *Language*, Holt, New York.

BOBKER LEE R.
1969 *Elements of Film*, Harcourt Brace & Jovanovich, New York.

BONITZER P.
1985 *Décadrages, Peinture et cinéma*, Paris, Cahiers du cinéma.

BONNEFOY C.
1965 *Le cinéma et ses mytes*, La nouvelle enciclopedie, Paris.

BORDWELL D.
1985 *Narration in Film Fiction*, Madison, University of Wisconsin Press.

BOUDON R.
1968 *A quoi sert la notion de "structure"?*, Gallimard, Paris.

BRANDI C.
1975 *Teoria generale della critica*, Einaudi, Torino.

BRÉE G.
1969 *Du temps perdu au temps retrouvé*, Les Belles Lettres, Paris.

BREMOND C.
1973 *Logique du récit*, Paris, Seuil [Trad. it. Bompiani, Milano 1977].

BROOKS C. E W./PENN R.
1943 *Understanding Fiction*, New York.

BROWNE N.
1982 *The Rethoric of Filmic Narration*, UMI Research Press, Ann Arbor.

BRUNETIÈRE F.
1980 *L'evoluzione dei generi nella storia della letteratura*, Pratiche, Parma.

BRUNETTA G.P.
1974 *Nascita del racconto cinematografico*, Pàtron, Padova.
1976 *Letteratura e cinema*; Zanichelli, Bologna.

BRUNO E.
1965 *Tendenze del cinema contemporaneo*, Samonà e Savelli, Roma.
1978 *Film: altro reale*, Il Formichiere, Trento.
1984 *Il film e l'oggetto*, Bulzoni, Roma.
1986 *Film come esperienza*, Bulzoni, Roma.

BUCHANAN A./READ S
1978 *Scegliere e capire i film*, Fratelli Fabbri, Bologna.

BURCH N.
1969 *Praxis du cinéma*, Gallimard, Paris [trad. it. *Prassi del cinema*, Pratiche, Parma 1980].

CALABRESE O. & MUCCI E.
1975 *La semiotica*, G.C. Sansoni, Firenze.

CALABRESE & VOLLI
1983 *Come si vede il telegiornale*, Laterza, Bari, pp. 14-17.

CALZAVARA E. & CELLI E
1977 *Il lavoro di spettatore*, Nuove edizioni romane, Roma.

CAMPARI R.
1980 *Hollywood-Cinecittà. Il racconto che cambia*, Feltrinelli, Milano.
1983 *Il racconto del film. Generi, personaggi, immagini*, Laterza, Roma-Bari.

CARLUCCIO G.
1988 *Lo spazio e il tempo*, Loescher, Torino.

CARNAP R.
1942 *Introduction to Semantics*, Harvard University Press, Cambridge
1947 *Meaning and Necessity*, The Un. of Chicago Press, Chicago.

CARPENTER E. & MCLUHAN M.
1960 *Explorations in Communications*, Beacon Press, Boston [trad. it. La Nuova Italia, Firenze 1966].

CASETTI F.
1978 *Teorie del cinema dal dopoguerra a oggi*, Espresso strumenti, Roma.
1981 "I bordi dell'immagine" in "*Versus*", n° 29.
1986 *Dentro lo sguardo*, Bompiani, Milano.
1993 *Teorie del cinema*, Bompiani, Milano

CASETTI F. & DI CHIO F.
1990 *Analisi del film*, Bompiani, Milano.

CASETTI F. & ODIN R.
1985 "L'analisi del film, oggi", in *Carte Semiotiche*, n. 1, Sett., La Casa Usher.

CASTY ALAN H.
1970 *The Dramatic Art of Film*, Harper & Row, New York.

CERAMI V.

1996 *Consigli a un giovane scrittire*, Einaudi, Torino.

CHATMAN S.
1978 *Story and Discourse*, Cornell University Press, Ithaca [trad. it. Pratiche, Parma 1981].

CHERRY C.
1961 *On Human Communication*, Wiley, New York.

CHIARINI L.
1972 *Cinema e film. Storie e problemi*, Bulzoni, Roma
1965 *Arte e tecnica del film*, Laterza, Bari.

COHEN K.
1982 *Cinema e narrativa. Le dinamiche di scambio*, ERI, Torino.

COLLET JEAN
Le cinéma en question, Cerf, Paris.

COLLET J./MARIE M./PERCHERON D./SIMON J.P./VERNET M.
1978 *Attraverso il cinema: semiologia, lessico, lettura del film*, Longanesi, Milano.

COLPI H.
1956 "Debasement of the Art of Montage", in *Cahiers du Cinéma* 65, dic.

COMOLLI J.L
1982 *Tecnica e ideologia*, Pratiche, Parma.

COMUZIO E.
1980 *Colonna sonora*, Il formichiere, Milano.

Campagnol M.C.
1958 "Riflessi del cinema sulla psiche dello spettatore", in *Cenobio*.

COSTA ANTONIO
1985 *Saper vedere il cinema*, Bompiani, Milano.
1978 (a cura di) *Attraverso il cinema*, Longanesi, Milano.

CREMANTE R./RAMBELLI L. (a cura di)
1980 *La trama del delitto: teoria e analisi del racconto poliziesco*, Pratiche Ed., Parma.

CREMONINI G.
1988 *L'autore, il narratore, lo spettatore*, Loescher, Torino.
1983 *La scena e il montaggio cinematografico*, Il Mulino, Bologna.

CREMONINI G. - FRASNEDI F.
1982 *Vedere e scrivere*, Il Mulino, Bologna.
1984 *Scena e racconto*, Il Mulino, Bologna.
1986 *Nell'universo del senso*, Il Mulino, Bologna.

CUCCU L. - SAINATI A.
1987 *Il discorso del film*, ESI, Napoli.

DELLA FORNACE L.
1981 *Come si legge un film*, Bulzoni Editore, Roma.

DELLA VOLPE G.
1971 *Il verosimile filmico*, Samonà e Savelli, Roma.

DELEUZE G.
1983 *Cinéma 1 L'image-mouvement*, Ed. de Minuit, Paris [trad. it. Ubulibri, Milano 1984]
1985 *Cinéma 2 L'image-temps*, Ed. de Minuit, Paris [trad. it. Ubulibri, Milano 1989].

Di Giammatteo F.
1985 *Dizionario Universale del cinema*, Editori Riuniti, 2. vol.
1985 *La terza età del cinema*, Ed. Riuniti, Roma.

Ducrot O. & Todorov T.
1972 *Dictionnaire encyclopédique des sciences du langage*, Seuil, Paris.

Durant J.
1958 *Le cinema et son public*, Sirey, Paris 1958.

Eco U.
1968 *La struttura assente*, Bompiani, Milano.
1975 "Ore 9: Amleto all'assedio di Casablanca", in *L'Espresso*, 17, agosto, (anche in Brunetta,1976).
1978 *La definizione dell'arte*, Garzanti, Milano.
1979 *Lector in fabula*, Bompiani, Milano.
1982 *Trattato di semiotica generale*, Bompiani, Milano.
1983 "Postille a Il nome della rosa", in *Alfabeta*, n. 49.
1984 *Semiotica e filosofia del linguaggio*, Einaudi, Torino.

Egri L.
1960 *The Art of Dramatic Writing*, Simon and Schuster, New York.

Eisner L.
1981 *L'ecran démoniaque. Les influences de Max Reinhardt et de l'expressionisme*, Le Terrain Vague, Paris [trad. it. Editori Riuniti, Roma 1983].

Ejzenstejn S.M.
1985 *Teoria generale del montaggio*, Marsilio, Venezia.
1964 *Forma e tecnica del film e lezioni di regia*, Einaudi, Torino.
1982 *Il colore*, Marsilio, Venezia.
1958 "Potemkin" in *Cahiers du Cinéma*, n. 82, apr.

Elam K.
1980 *The Semiotics of Theatre and Drama*, Methuen & Co., New York.

Fabbri P.
1981 "Enunciati misteriosi e enunciazioni ombre", in: Bruno E. (a cura di), *Per Alfred Hitchcock*, Editori Del Grifo, Montepulciano

Fenin G.N.-Everson W.K.
1978 *The Western*, Penguin Books, London-New York.

Ferrero A.
1978 "Nascita del cinema tra arte e industria", in *Storia del Cinema*, vol. I, Marsilio, Venezia

Ferrini F.
1974 "I generi classici del cinema americano" in *Bianco e Nero*, n. 3-4, marzo-aprile.

Field S.
1979 *Screenplay: The Foundations of Screenwriting*, Dell., New York.

FINK G.
1982 "From Showing to Telling: Off-Screen Narration in the American Cinema" in *Letterature d'America*, n. 12.

FISKE J.
1982 *Introduction to Communication Studies*, Methuen & Co., New York.

FISKE J. & HARTLEY J.
1978 *Reading Television*, Methuen & Co., New York.

FOFI G.
1977 *Capire con il cinema*, Feltrinelli, Milano.

FORSTER E.M.
1927 *Aspects of the Novel*, London [trad. it. Mondadori, Milano 1963].

FRIEDMAN M.
1955 *Stream of Consciousness: a Study in Literary Method*, Yale University Press, New Haven.

FRYE N.
1957 *Anatomy of Criticism*, Princeton University Press, Princeton [trad. it. Einaudi, Torino 1967].
1963 *Fables of Identity*, New York [trad. it. Einaudi, Torino 1973].

GANDINI L.
1998 *La regia cinematografica*, Carocci, Roma.

GARDIES A.
1980 *Approche du récit filmique*, Albatros, Paris.

GARDIES A.
1981 "La forme générique. Histoire d'une figure révélatrice" in *Annales de l'Université d'Abidjan*, série D, tome 1.

GARRONI E.
1968 *Semiotica ed estetica*, Laterza, Bari 1968
1972 *Progetto di semiotica*, Laterza, Bari.

GENETTE G.
1966 *Figures*, Seuil, Paris [trad. it. Einaudi, Torino 1973].
1972 *Figure II*, Einaudi, Torino.
1972 *Figure III*, Seuil, Paris [trad. it. Einaudi, Torino 1976].
1987 *Nuovo discorso del racconto*, Piccola Biblioteca Einaudi, Torino.

GESSNER ROBERT
1968 *The Moving Image: A Guide to Cinematic Literacy*, Dutton, New York.

GHISLOTTI S.
1985 "Filmologia, semiotica, pragmatica: ipotesi di lavoro per l'analisi del film", in *Carte Semiotiche*, n. 1, settembre., La Casa Usher.

GIUSTINI R.
1980 *The Film Script. A Writer's Guide*, Prentice Hall, Englewood Cliffs.

GODARD J.L.
1956 "Montage, mon beau souci" in *Cahiers du Cinéma*, n° 65, dicembre.

GRASSI C.
1987 *Tempo e spazio nel cinema*, Bulzoni, Roma.

GREIMAS A.
1966 *Sémantique structurale*, Larousse, Paris [trad. it. Rizzoli, Milano 1968].
1974 *Del senso*, Bompiani, Milano.

GREIMAS A.J. & COURTES J.
1979 *Sémiotique. Dictionnaire raisonné de la théorie du langage*, Hachette, Paris [trad. it. La casa Usher, Firenze 1986].

GUIRAUD P.
1971 *Essais de stylistique*, Klincksieck, Paris.
1978 *Semiology*, Routledge & Kegan, London

HAMMOND L.
1974 *Thriller Movies*, Octopus Books, Cathay Books, London.

HAMON PH.
1972 "Analyse du récit" in *Le Français moderne*, D'Artey, Paris [trad. it. in *Semiologia, lessico, leggibilità del testo narrativo*, Pratiche, Parma, 1984].

HARRINGTON J.
1973 *The Rethoric of film*, Holt & Rinehart and Winston Inc., New York.

HEATH S.
1981 *Questions of Cinema*, Indiana University Press, Bloomington.

HENRY A.
1975 *Metonimia e metafora*, Einaudi, Torino.

HITCHCOCK A.
1938 "Direction" in *Footnotes to the Film,* a cura di Charles Davy, Lovat Dickson.

HUSS R. & SILVERSTEIN N.
1968 *The Film Experience*, Harper & Row, New York.

IVANOV/LOTMAN/PJATIGORSKIJ/TODOROV/USPENSKIJ
1980 *Tesi sullo studio semiotico della cultura*, Pratiche Ed., Parma.

JACOBS L.
1966 *L'avventurosa storia del cinema americano*, Einaudi, Torino.

JAKOBSON R.
1958 *Closing Statement: Linguistics and Poetics*, Sebeok, N.Y.
1960 *Style and Language*, M.I.T. Press, Cambridge, Mass.
1963 *Essais de linguistique générale*, Ed. de Minuit, Paris [trad. it. Feltrinelli, Milano 1966].
1967 "Conversazione sul cinema con Roman Jakobson", a cura di A. Aprà e L. Faccini in *Cinema & Film* n. 2.

JAKOBSON/LEVI-STRAUSS/BARTHES/KRISTEVA/RUWET/GRUMBACH/METZ/TODOROV/VERNANT/MILNER
1979 *Lingua, discorso, società*, Pratiche Ed., Parma.

JARVIS I.C
1977 *Una sociologia del cinema*, Angeli, Milano.

JENSEN P.M.
1969 *The Cinema of Fritz Lang*, Barnes & Co., New York, e Zwemmer Ltd., London.

KRACAUER S.
1947 *From Caligari to Hitler*, Princeton University Press, Princeton [trad. it. Mondadori, Milano 1954].
1960 *Theory of Film*, Oxford University Press, New York [trad. it. Il Saggiatore, Milano 1962].

KRAISKI G.
1971 *I formalisti russi nel cinema*, Garzanti, Milano.

KUNTZEL T.
1972 "Le travail du film 1" in *Communications* n. 19.
1975 "Le travail du film 2" in *Communications* n. 23.

KURTZ R.
1926 *Expressionismus und Film*, Verlag der Lichtbildbuhne, Berlin [trad. it. Longanesi, Milano 1981].

LANE T.
1936 *New Technique of Screen Writing*, Whittlesey House, New York.

LAWDER S.
1983 *The Cubist Cinema*, N.Y. University Press, New York [trad. it. Costa & Nolan, Genova 1983].

LAWSON JOHN H.
1964 *Film: The Creative Process*, Hill & Wang, New York.

LAZARFELD P.F. & MERTON R.K.
1967 *Mezzi di comunicazione di massa. Gusti popolari e azione sociale organizzata*, Il Mulino, Bologna.

LEACH E.
1976 *Culture and Communication*, Cambridge University Press, London.

LEAN D.
1947 "Film Director" in *Working for the Films* (a cura di Oswell Blakeston), Focal Press, London.

LEFEBVRE M.J.
1971 *Structure du discours de la poésie et du récit*, La Bacconiére, Neuchatel.

LEGRAND G.
1980 *Cinémanie*, Stock-Cinema, Paris.

LEROI-GOURHAN A.
1965 *Le geste et la parole. La mémoire et les rythmes*, A. Michel, Paris [trad. it. Einaudi, Torino 1977].

LEVORATO M.C.
1988 *Racconti, storie e narrazioni*, Il Mulino, Bologna.

LINDGREN ERNEST
1968 *The Art of the Film*, Macmillan, New York.

LONDEN K.
1936 *Film Music*, Faber & Faber LTd, London.

LOTMAN JURIJ
1977 *Esthétique et sémiotique du cinema*, Editions sociales, Paris [Trad. It. *Introduzione alla semiotica del cinema*, Officina, Roma 1979].

LUBBOCK P.
1921 *The Craft of Fiction*, London.

MADRON P. (a cura di)
1984 *L'analisi del film*, Pratiche Editrice, Parma.

MARCHESE A.
1978 *Dizionario di retorica e di stilistica*, Mondadori, Milano.
1983 *L'officina del racconto*, Mondadori, Milano

MCLUHAN M.
1977 *Gli strumenti del comunicare*, Garzanti, Milano.

MENDILOW A.A.
1952 *Time and the Novel*, London 1952.

MERLEAU-PONTY M.
1967 *Senso e non senso*, Il Saggiatore, Milano.

MESSEL R.
1928 *This Film Business*, Benn, London.

METZ CHRISTIAN
1972 *Essais sur la signification au cinéma*, Klincksieck, Paris [trad. it. *La significazione nel cinema*, Bompiani, Milano, 1975].
1971 *Langage et cinéma*, Larousse, Paris [trad. it.es.: Bompiani, Milano 1975].
1977 *Le signifiant imaginaire*, UGE, Paris [trad. it. *Cinema e psicanalisi,* Marsilio, Venezia 1980].

MICHELI M. DE
1979 *Le avanguardie artistiche del novecento*, Feltrinelli, Milano.

MITRY J.
1963 *Esthétique et psychologie du cinéma 1. Les structures*, Editions Universitaires, Paris
1965 *Esthétique et psychologie du cinéma 2. Les formes*, Editions Universitaires, Paris

1967 *Histoire du cinéma. Art et industrie (1895-1914)*, Editions Universitaires, Paris
1971 *Storia del cinema sperimentale*, Mazzotta, Milano.
1987 *La sémiologie en question*, Les Editions du Cerf, Paris.
1990 *Esthétique et psychologie du cinéma*, Editions Universitaires, Paris, (volume unico a cura di Benoît Patar).

1973 "De quelques problémes d'histoire et d'esthétique du cinéma" in *Les Cahiers de la cinémathéque*, n. 10-11.

MONACO J.
1977 *How to Read a Film. The Art, Technology, Language, History and Theory of Film and Media*, Oxford University Press, New York.

MORIN E.
1956 *Le cinéma ou l'homme imaginaire*, Les Editions de Minuit, Paris, [trad. it. Feltrinelli, Milano, 1982].
1963 *L'industria culturale*, Il Mulino, Bologna.

MOSCARIELLO A.
1982 *Come si guarda un film*, Editori Laterza, Roma-Bari.
1983 *Le figure del cinema*, Pitagora Editrice, Bologna.

MOUNIN G.
1983 *Guida alla semantica*, Feltrinelli, Milano.

MUNSTERBERG HUGO
1980 *Film. Il cinema muto nel 1916*, Pratiche, Parma.

MUSCIO G.
1981 *Scrivere il film*, Savelli, Roma.

NASH C. AND OAKEY V.
1974 *The Screenwriter's Handbook*, Barnes and Noble Books, New York.

O' Dell P.
1979 *Griffith and the Rise of Hollywood*, Castle Books, New York.

ODIN R.
1972 "Sèmiologie et analyse du film" in *Travaux de linguistique*, II.
1983 "Pour une sémiopragmatique du cinéma" in *Iris*, 1.
1988 "Semiotica e analisi testuale dei film" in *Bianco e Nero*, n. 11.

PANOFSKY E.
1955 *Meaning in the Visual Art. Papers in and on Art History*, Garden City [trad. it. Einaudi, Torino 1976].
1947 "Style and Medium in the Motion Picture", in *Critique*, n. 3, gennaio-febbraio [trad. it. "Stile e mezzo nel cinema", in *Bianco e Nero*, n. 5-6].

PARENT-ALTIER
1997 *Introduzione alla sceneggiatura*, Lindau, Torino.

PASOLINI P.P.
1972 *Empirismo eretico*, Garzanti, Milano.

PEIRCE CH.S.
1931 *Collected Papers*, Harvard University Press [trad. it. parz. Einaudi, Torino 1980].

PERKINS V.F.
1978 *Film as Film: Understanding and Judging Movies*, Penguin Books, London.

PEZZELLA M.
1996 *Estetica del cinema*, Il Mulino, Bologna.

PIRIE D. (a cura di)
1981 *Anatomy of the Movies*, MacMillan Publishing Co., New York.

PONTALIS J.B.
1979 *Seminari di Jacques Lacan (1956-1959)*, Pratiche Ed., Parma.

POUILLON J.
1946 *Temps et Roman*, Gallimard, Paris.

PRINCE G.
1984 *Narratologia*, Pratiche, Parma.

PROPP V.
1928 *Morfologija skazki*, Leningrad [trad. it. Einaudi, Torino 1966].

PUDOVKIN V.
1961 *La settima arte*, Editori Riuniti, Roma.

RAFFA P.
1976 *Semiologia delle arti visive*, Patron, Bologna.

RAIMOND M.
1966 *La crise du roman, des lendemains du naturalisne auxannées '20*, Corti, Paris.

RAMBELLI L.
1980 *Storia del giallo italiano*, Garzanti, Milano.

RICARDOU J.
1967 *Problémes du nouveau roman*, Seuil, Paris.

RICOEUR P.
1983 *Temps et récit I*, Seuil, Paris [trad. it. Jaca Book, Milano 1986].
1984 *Temps et récit II*, Seuil, Paris.
1985 *Temps et récit III*, Seuil, Paris.

RODGERS B.G.
1965 *Proust's Narrative Techniques*, Droz, Genéve.

RONDOLINO G.
1991 *Cinema e musica*, Utet, Torino.
1972 *L'occhio tagliato. Documenti del cinema dadaista e surrealista*, Martano, Torino.

1977 *Il cinema astratto: Testi e documenti*, Tirrenia, Torino
1974 *Roberto Rossellini*, Nuova Italia, Firenze
1980 *Storia del cinema*, Utet, Torino.

RONDOLINO G. - TOMASI D.
1995 *Manuale del* film, Utet, Torino.

ROOT W.
1980 *Writing the Script: A Practical Guide for Films and Television*, Holt, Reinehart and Winston, New York.

ROPARS M.CL.
1976 "Le film comme texte" in *Le Français Aujourd'hui*, n° 32.

ROUSSET J.
1962 *Forme et Signification*, Corti, Paris [trad. it. Einaudi, Torino 1975].

SADOUL G.
1947 *Les pionniers du cinéma*, Les editions Denoel, Paris.
1949 *Il cinema*, Einaudi, Torino.
1967 *Storia generale del cinema (1909-1920)*, Einaudi, Torino.
1968 *Il cinema: i film*, Sansoni, Firenze.
1977 *Storia del cinema mondiale*, Feltrinelli, Milano.

SAUSSURE F., DE
1916 *Course de linguistique générale*, Payot, Paris [Tr. it. *Corso di linguistica generale*, Laterza, Bari, 1967].

SCHOLES R. & RABKIN E.S.
1979 *Fantascienza: storia, scienza, visione*, Pratiche Ed., Parma.

SEGRE C.
1974 *Le strutture e il tempo*, Einaudi, Torino.

SORLIN P.
1997 *Estetiche dell'audiovisvo*, La Nuova Italia, Firenze 1997.
1977 *Sociologie du cinéma*, Aubier, Paris [trad. it. Garzanti, Milano 1977].

STEINER R.
1982 *L'essenza dei colori*, Antroposofica Ed., Milano.

STEPHENSON RALPH, DEBRIX J.R.
1965 *The Cinema as Art*, Penguin, Baltimore.
1981 *Successful Scripts for Theatre, Television & Film*, Coles, Toronto.

TARRONI E.
1972 *I mezzi di comunicazione di massa*, Vallardi, Milano.

THIBAULT-LAULAN A.M.
Image et communication, Ed. Universitaires, Paris.

TODOROV T.
1967 *Litérature et signification*, Larousse, Paris
1982 *I formalisti russi*, Einaudi, Torino.

TONE P.G.
1978 *Struttura e forma del cinema tedesco degli anni venti*, Mursia, Milano.

TRUFFAUT F.
1985 Il cinema secondo Hitchcock, Pratiche, Parma, 1985.

VALÉRY P
1934 La conquête de l'ubiquité" in *Pieces sur l'art*, Gallimard, Paris.
1895 *Introduction à la mèthode de Lèonard de Vinci.*

VERDONE M.
1977 *Le avanguardie storiche e il cinema*, SEI, Torino.
1975 *L'operazione creativa del film*, Officina, Roma.
1977 *La cultura del film*, Garzanti, Milano.

VERNET M.
1985 "Strade per l'analisi" in *Carte Semiotiche*, n. 1, settembre, La Casa Usher.

VOLLI C.
1983 *Come si vede il telegiornale*, Laterza, Bari.

WHITAKER ROD.
1970 *The Language of Film*, Prentice-Hall, Englewood Cliffs N.J.

WITTGENSTEIN L.
1981 *Osservazioni sui colori*, Einaudi, Torino.

WOLF MAURO
1985 *Teorie della comunicazione di massa*, Bompiani, Milano.

WOLLEN P.
1969 *Signs and Meanings in the Cinema*, Secker & Warburg, London.
1982 *Readings and Writings*, Verso, London.

2. Tecnica e "grammatica" filmica

AA. VV.
1973 "Single Camera and Multi Camera Lighting Methods" in *American Cinematographer*, settembre.
1987 *Kodak Pocket Guide to Video*, Simon and Schuster, New York 1987.
1974 *The Video Handbook*, Media Horizons, New York.

ALKIN G.
Sound with Vision: Sound Techniques for Television and Film, Newnes Technical Books

ALTON J.
1949 *Painting with Light*, Macmillan Co.

ARJON DANIEL
1986 *Grammar of the Film language*, Focal press, London.

BAUDROT S.
1990 *Le Script-girl*, F. E. M. I. S., Paris.

BENFORT FRANK
1975 *Studies in Projection of Light*, U.S. Institute of T.T.

BERMINGHAM, TALBOT, SYMONS, ANGOLD
1975 *The Small TV Studio*, Focal Press, Londra.

BILLMEYER F., BILLMEYER M.
1967 *Principles of color technology*, Saltzman Interscience Publishers.

BONITZER P. & CARRIÉRE J.C.
1990 *Exercise du scénario*, F. E. M. I. S., Paris.

BROSNAN J.
1976 *Movie Magic. The Story of Special Effects in the Cinema*, Plume Books, New York.

BUCKWALTER L.
The Complete Home Video Recorder Book, Bantam Books.

CALVENZI/CELENTANO/LAZZARIN
1985 *Il dizionario della fotografia*, Cesco Ciapanna Editore, Roma.

CHESHIRE D.
1982 *The Book of Movie Photography*, Ebury Press; *The Video Manual*, Mitchell Beazley Artists House, London.

COLE S.
1944 "Film Editing" in *British Film Institute pamphlet.*

CONRAD J.J.
1986 *Fare Spot*, Lupetti & Co., Milano.

CONSIGLIO S. & FERZETTI F.
1983 *La bottega della luce. I direttori della fotografia*, Ubulibri, Milano.

DUNTON M. AND OWEN D.
1982 *The Complete Video Handbook*, Marshall Ed., London.

EVANS R.
1948 *An introduction to color*, John Wiley & Sons Inc.

FAHRY, PALME
1979 *Video Technik*, Oldenbourg, Monaco.

FEININGER A.
1966 *Il libro della fotografia a colori*, Garzanti, Milano.

FLAISCHER D.
1974 *Praxis der Videoband-Aufzeichnung*, Siemens, Berlino.

GASKILL A.L. & ENGLANDE D.A.
1960 *The Technique of Pictorial Continuity*, Morgan & Morgan., New York.

GOODELL G.
1982 *Indipendent Feature Film Production*, St. Martin's Press., New York.

GOLDSTAUB M.
1990 *La direction de production*, F. E. M. I. S., Paris.

HITCHCOCK A.
11949 "Film Production Technique" in *British Kinematography*, Vol. 14, 1.

HOLLYN N.
1984 *The Film Editing Room Handbook*, Arco, New York

JENN P.
1990 *Techniques du scenario*, F. E. M. I. S., Paris.

JURGENSON A.
1990 *Pratique du montage*, F. E. M. I. S., Paris.

LA ROSA A.
1970 *Principi di TV a colori*, ERI, Torino.

LEWIS ROLAND
1987 *The Home Video maker's Handbook*, Crown Publishers, New York.

LINDER CARL
1976 *Filmmaking A Practical Guide*, Prentice-Hall Inc., Englewood Cliffs N.J.

MAGGIONI D.
1997 *Film Maker*, Mondadori, Milano.

MARNER T. ST. JOHN
1987 *Grammatica della regia*, Lupetti & Co., Milano.

MARTIN M.
1985 *Le language cinématografique*, Les Éditions du Cerf, Paris.

MAY R.
1964 *Le tecniche della realizzazione cinematografica*, Ed. I 7, Milano.

MAZZANTI M.
1979 *L'illuminazione in Televisione*, Quarz Color Janiro, Roma.

MILLERSON G.
1979 *The Tecnique of Television Production*, Focal Press, Londra.
1975 *TV Lighting Methods*, Focal Press, Londra.
1976 *Effective TV production*, Focal Press, Londra.

OTHNIN-GIRAD V.
1990 *L'assistant réalisateur*, F. E. M. I. S., Paris.

PINCUS E.
1969 *Guide to Filmmaking*, New American Library, New York.

PINEL V.
1981 *Techniques du cinéma*, PUF, Paris 1981 [trad. it. Marsilio, Venezia 1983].

QUICK, WOLF
1972 *Small Studio Videotape Production*, Addison Wesley, Boston.

REISZ K. AND MILLAR G.
1983 *The Techniques of Film Editing*, Focal Press [trad. It. *La tecnica del montaggio cinematografico*, SugarCo Edizioni, 1983].

ROBINSON J. & BEARDS P.H
1978 *Using Videotape*, Focal Press, London.
1980 *Videotape Recording: Theory and Practice*, Focal Press, London.

ROBINSON R.
1974 *The Video Primer*, Links Books, New York.

SCHWARTZ T.
1985 *How to Make Money With Your Video Camera*, Tice-Hall, New Jersey.

SPEED A. H.
1988 *Desktop Video: a Guide to small Business Video Production*, H.B.J. publishers, New York.

SPOTTISWOODE R.
1950 *A Grammar of the Film*, University of California Press, Berkeley and Los Angeles.

TREMAINE H.M.
1969 *Audio Cyclopedia*, H.W.Sams & Co., Indianapolis.

YOUNG F.
1973 "Lighting for Motion Pictures", in *BKSTS Journal*, vol. 55, n. 4, aprile.

WILKIE B.
1982 *Creating Special Effects for TV & Films*, Focal Press, London [trad. it. Gremese, Roma 1982].

INDICE DEI NOMI E DEL FILM

DAL NOSTRO CATALOGO

TRIANGOLI I TASCABILI

Andrea Semprini
La marca
Dal prodotto al mercato,
dal mercato alla società
pp. 220 - L. 12.000

Jacques Séguéla
Hollywood lava più bianco
Il manifesto della pubblicità spettacolo
pp. 236 - L. 12.000

Alberto De Martini
Pubblicità sull'Internet
pp. 96 - L. 10.000

Gianni Lombardi
Lettere Vincenti
I segreti del direct marketing
pp. 120 - L. 10.000

Lorenzo Marini
Questo libro non ha titolo perché è scritto da un art director
pp. 192 - L. 12.000

Paul Le Roux
Presentare per convincere
pp. 160 - L. 12.000

James Webb Young
Tecnica per produrre idee
pp. 34- L. 12.000

Jean Baudrillard
Il sogno della merce
pp. 104 - L. 14.000

Maxwell Sackheim
Come fare pubblicità a se stessi
pp. 90 - L. 10.000

Jacques Séguéla
Non dite a mia madre che faccio il pubblicitario
pp. 177 - L. 12.000

Giorgio Fanfani
Hit parade del linguaggio pubblicitario Piccolo dizionario
pp. 83 - L. 10.000

R.K. Skacel
Emme come marketing
Le leggi fondamentali del mercato
pp. 69 - L. 10.000

Giacomina Lapenna
Parlare in pubblico con travolgente insuccesso
pp. 132 - L. 12.000

G. Francione-G.D. De Bono
Vademecum del consumatore
pp. 130 - L. 12.000

Paolo Nucci
Come farsi capire e amare dai propri pazienti
La comunicazione in medicina
pp. 96 - L. 16.000

A. Curtò-G. D'Andrea
Trovare lavoro oggi
Ovvero l'arte di presentarsi
pp. 102- L. 18.000

Barry Day
Avete 30 secondi
pp. 257 - L. 30.000

Claude Degres/Patrick Amory
Il grande gioco della seduzione
pp. 347 - L. 38.000

Eleonora Fiorani
La comunicazione a rete globale
pp. 192 - L. 30.000

LIBRI SULLA NUOVA CULTURA E IL MARKETING D'IMPRESA

Garth Hallberg
Differential Marketing
Non tutti i consumatori sono uguali
pp. 320 - L. 45.000

A. Bernini/A. Succi
Leader di se stessi
pp. 120 - L. 42.000

Fabrizio M.Pini
Verde Marketing
pp. 192 - L. 26.000

Giovanni Siri
Sogni & Bisogni
Il nuovo consumatore
pp. 246 - L. 32.000

Mario Poiani
Alti Consumatori
Il marketing dei beni ad alto valore simbolico
pp. 192 - L. 34.000

Jacques Volgensinger
André Citröen
Prefazione di Walter Brugnotti
pp. 240 - L. 32.000

G. Aicardi/P. E. Rossi/R. Roseano
Percorsi di ricerca
Guida pratica per orientarsi nel mondo del marketing
pp. 200 - L. 34.000

Stefania Tamborini
Marketing e comunicazione sociale
pp. 272 - L. 35.000

Roberto Monachesi
Il Marchio
Storia, semiotica, produzione
pp. 285 - L. 37.000

Yves Derisbourg
Il signor Honda
Biografia
pp. 260 - L. 30.000

Advertising Age (a cura di)
La storia della Procter & Gamble
pp. 310 - L. 42.000

D. Brodberck/J. F. Mongibeaux
Vero & Falso
Storie di contraffazioni vere
pp. 197 - L. 30.000

Società Italiana Brevetti
Il marchio controllo totale
Guida alla scelta per la protezione e l'uso del marchio
pp. 72 - L. 45.000

LIBRI PER CONOSCERE E USARE I MEDIA

Andrea Barbano
Professionisti del dubbio
Percorsi per un nuovo giornalismo: da mestiere a professione (manuale)
pp. 176 - L. 25.000 - Lupetti Manni

Dominique Villain
Il montaggio al cinema
Cahiers du Cinèma
pp. 182 - L. 25.000

Costantino Jannacone
La radio Un medium vincente
In allegato il Cd con Renzo Arbore
"Tutta la radio minuto per minuto"
pp. 160 - L. 30.000

Andrea Giovenali
Multimedialità
Dai nuovi media alla nuova pubblicità
pp. 315 - L. 35.000

Roberto Grandi
I mass media fra testo e contesto
Con due saggi di Giovanni Manetti
e Maria Pia Pozzato
2a edizione riveduta e ampliata
pp. 350 - L. 35.000

Roberto Grandi (a cura di)
Il pensiero e la radio
Cento anni di scritti classici
Interventi di Adorno, Baudrillard, Benjamin, McLuhan, Brecht, Arnheim, Lazarsfeld, McWhinnie, Rodger, Gadda, Enzensberger
pp. 160 - L. 26.000

Syd Field
La sceneggiatura
Il film sulla carta
pp. 165 - L. 30.000

Terence St. J. Marner
Grammatica della regia
Prefazione di Ridley Scott
pp. 174 - L. 30.000

Hans Magnus Enzensberger
Per non morire di televisione
pp. 125 - L. 26.000

Jacques Séguéla
Domani Sarà Troppo Star
pp. 240 - L. 32.000

A. Abruzzese/G. Montagano (a cura di)
Caro Enzensberger
pp. 198 - L. 30.000

Michael J. Arlen
30 secondi
pp. 190 - L. 22.000

Enzo Argante
Buna Tv
pp. 198 - L. 30.000

Roberto C. Provenzano
Il linguaggio del cinema
pp. 260 - L. 38.000

LIBRI DEL TECNICO PUBBLICITARIO

Maurizio Fusi/Paolina Testa
Diritto e Pubblicità
(nuova edizione)
pp. 538 - L. 60.000

F. Brigida/L. Francia/P. Baudi di Vesme
La pubblicità in Italia
Il mercato, i mezzi, le ricerche
pp. 300 - L. 37.000

Costantino Jannacone
Come misurare l'audience della stampa
pp. 121 - L. 28.000

Mauro de Vincetiis
L'ufficio stampa
Chi, come, dove, quando, perché
pp. 112 - L. 20.000

LIBRI SULL'UNIVERSO DELLE IMMAGINI E DELLO STILE

Alberto Abruzzese
Il Mito Micra
L'auto a tutto tondo che simbolizza i cambiamenti degli anni novanta.
Illustrato a colori
pp. 208 - L. 38.000

Caterina Gerardi
Password
Libro fotografico - Testi di Jacqueline Ceresoli
pp. 96 - L. 50.000

Vittorio Parazzoli
La Divina Coca-Cola
Illustrato a colori
pp. 128 - L. 38.000

Maria Grazia Torri (a cura di)
Nuovo Paesaggio Italiano
Le opere più significarive di trentadue artisti italiani realizzate con tecniche diverse: dalla tempera al Vhs, dalla fotografia al computer
Illustrato a colori - Italiano/inglese
pp. 132 - L. 40.000

Aa. Vv.
L'arte della pubblicità
Le più grandi campagne del XX secolo
In appendice i padri della pubblicità
pp. 140 - L. 70.000

Musée de la Publicité de Paris
Le avventure di un dromedario
La storia della comunicazione Camel
pp. 98 - L. 48.000

Giorgio Antonelli
I segni della luce
Un percorso luminosto attraverso i manifesti 1890-1940
pp. 150 - L. 70.000

Aa. Vv.
Trade Mark & Store Design
Un viaggio attraverso gli elementi che creano ed arricchiscnono la storia di un prodotto
Illustrato a colori
pp. 280 - L. 100.000

Aa. Vv.
Il mito di Vespa
Prefazione di Giovanni Alberto Agnelli - Testi di F. Alberoni, A. Baricco, M. Bettini, F. Burkhardt, O. Calabrese, U. Eco, T. Fanfani, G. Filippetti, M. Livolsi, F. Picchi, A. Tabucchi, S. Vassalli, L. Wertmuller
Edizione in lingua italiana e inglese
pp. 167 - L. 38.000

GLI ANNUALS

Annual Art Directors Club Italiano

Edizione 1987 - pp. 350 - L. 85.000
Edizione 1988 - pp. 350 - L. 100.000
Edizione 1989 - pp. 500 - L. 130.000
Edizione 1995 - pp. 500 - L. 160.000
Edizione 1996 - pp. 500 - L .160.000
Edizione 1997 - pp. 500 - L. 160.000
Edizione 1998 - pp. 500 - L. 160.000

DESIGN & COMUNICAZIONE

Università per stranieri di Perugia
Senso & Design
pp. 130 - L. 45.000

Gillo Dorfles
Design Percorsi e trascorsi
pp. 192 - L. 30.000

Andries Van Onck
Design
Il senso delle forme dei prodotti
Presentazione di Tomás Maldonado
pp. 280 - L. 37.000

Marcello Minale
Dall'Ancora alla Zebra
Come aver successo nel mondo del design
pp. 230 - L. 37.000

V. Pasca/F. Carmagnola
Minimalismo
Etica delle forme e nuova semplicità nel design
pp. 183 - L. 25.000

Marco Turinetto
Dizionario di design
Le parole, il prodotto, il progetto
pp. 280 - L. 30.000

E DI PROSSIMA PUBBLICAZIONE!

M. Barbieri
In nome del figlio
Biografia non autorizzata di Alberto Rusconi

M. Barbieri e G. Navach
Marketing a trazione integrale
Intervista a Massimo Ghenzer, presidente di Ford Italia

M. Barbieri
Il golden boy della Tv
Intervista a Giorgio Gori

N. Thornely
La perfetta vendita

A. Leigh e M. Maynard
La perfetta comunicazione

R. Johnson
Il perfetto business plan

D. Sharman
Il perfetto meeting

T. Johns
La perfetta assistenza clienti

A. Leigh e M. Maynard
La perfetta presentazione

S. Brambilla
Come vincere la sfida di nuovi mercati

Enrica Morini
Storia della moda
Il primo testo che affronta il tema della moda nel contesto dei mutamenti sociali e politici degli ultimi quattrocento anni

Attilio Consonni
L'impresa che comunica

J. Lendrevie-D. Lindon
Manuale di marketing europeo

Enrica Bustagnino e Sabrina Vallino
Lettering
Impaginazione
(nuova collana di grafica)

Finito di stampare
nel mese di Febbraio 1999
presso
G.T.E. - L'Aquila
Viale F. Crispi, 43 - Tel. 0862 61234 - Fax 0862 413089